高等职业教育高素质技术技能型人才培养
"双高计划"国家级示范专业物流管理类精品教材

编委会

总主编
许建领　深圳职业技术大学

副总主编（以姓氏拼音为序）
姜　洪　深圳职业技术大学
聂　华　浙江经济职业技术学院
王桂花　南京工业职业技术大学
张　龙　昆明工业职业技术学院
张润卓　辽宁经济职业技术学院

编　委（以姓氏拼音为序）

冯进展	江西外语外贸职业学院	彭　敏	南宁职业技术大学
葛启文	武汉城市职业学院	邱春龙	漳州职业技术学院
郭秀颖	广东机电职业技术学院	邱浩然	青岛职业技术学院
何波波	吉安职业技术学院	涂建军	广东交通职业技术学院
黄红如	惠州城市职业学院	万义国	江西交通职业技术学院
黄焕宗	黎明职业大学	王超维	陕西能源职业技术学院
贾广敏	广州工程技术职业学院	吴春涛	湖北三峡职业技术学院
黎　聪	广西物流职业技术学院	吴庆念	浙江经济职业技术学院
李道胜	宁夏工商职业技术学院	吴砚峰	广西职业技术学院
李　锋	岳阳职业技术学院	杨　晋	武汉交通职业学院
李陶然	河南工业职业技术学院	袁德臻	贵州职业技术学院
刘　琳	河北交通职业技术学院	袁世军	湖南现代物流职业技术学院
刘　明	济南职业学院	周昌红	嘉兴职业技术学院
孟军齐	深圳职业技术大学	周　芳	江门职业技术学院
明振东	杭州自动化技术研究院	周　蓉	武汉职业技术大学

◆ 新形态一体化教材 ◆

高等职业教育高素质技术技能型人才培养
"双高计划"国家级示范专业物流管理类精品教材

总主编　许建领

企业经营创新

How to Innovate in Business

主　编　杨志宁　深圳职业技术大学
副主编　冯　利　广东新安职业技术学院
　　　　王晓君　山西工程职业学院
　　　　崔蕴华　太原工业学院
　　　　吴　浩　山西能源学院

中国·武汉

图书在版编目(CIP)数据

企业经营创新 / 杨志宁主编. -- 武汉：华中科技大学出版社，2024. 11. --（高等职业教育高素质技术技能型人才培养"双高计划"国家级示范专业物流管理类精品教材）. -- ISBN 978-7-5772-1426-9

Ⅰ. F272.3

中国国家版本馆 CIP 数据核字第 2024TU4706 号

企业经营创新
Qiye Jingying Chuangxin

杨志宁　主编

策划编辑：	周晓方　宋　焱　庹北麟
责任编辑：	庹北麟
封面设计：	原色设计
版式设计：	赵慧萍
责任校对：	唐梦琦
责任监印：	周治超
出版发行：	华中科技大学出版社（中国·武汉）　　电话：(027) 81321913
	武汉市东湖新技术开发区华工科技园　　邮编：430223
录　　排：	华中科技大学出版社美编室
印　　刷：	湖北新华印务有限公司
开　　本：	787mm×1092mm　1/16
印　　张：	22　　插页：2
字　　数：	522 千字
版　　次：	2024 年 11 月第 1 版第 1 次印刷
定　　价：	59.90 元

本书若有印装质量问题，请向出版社营销中心调换
全国免费服务热线：400-6679-118　　竭诚为您服务
版权所有　侵权必究

主编简介

杨志宁 深圳职业技术大学管理学院骨干教师,主讲企业经营创新与创新思维等课程。曾在深圳多家知名企业从事经营管理工作,具有丰富的实战经验。在课堂上,他将实践心得与理论学识巧妙融合,善于通过故事启发学生、借助情境阐释事理。其课堂生动幽默,而又不失专业性和启发性。这本《企业经营创新》教材,是杨志宁多年教学实践与理论研究的结晶,不仅可以帮助读者轻松掌握企业经营精髓,而且能够带来全新的阅读体验和思维启发。

内容简介

本教材围绕"我来经营……"项目,精选五种经营创新工具,通过"思想实验+沙盘推演"方式,深入探索企业经营之道。项目涵盖五个关键子项:结合头脑风暴与思维导图,辅助选择项目主题;运用用户情境剧本,深入进行市场用户分析;借助价值主张画布,明确提出项目的价值主张;通过描绘用户故事地图,细致分析用户体验;依据商业模式画布,完成全面的商业模式设计。

本书旨在引领读者深入理解并实践企业经营,培养创新思维与实践能力,为商业世界的未来发展贡献力量。不仅适合本科院校和高职院校管理学等专业课程教学使用,而且可以为企业经营人员和商业爱好者提供参考。

网络增值服务

1. 数字资源

本书每一小节都配有"实例分析"数字资源，以视频讲解或文本解读的方式帮助读者深入理解每一个知识点和技能点。全书"实例分析"数字资源近四百条，读者扫一扫封底"综合数字资源"二维码，注册后输入学习码即可免费查看。

若学习码有误请尽快联系我们，谨防盗版。

2. 课程平台

教师登录华中科技大学出版社图书中心（网址：https://bookcenter.hustp.com），注册审核通过后进入本书页面，可在线浏览教学资源、建立课程、管理学生、布置作业、查询学生学习记录等，实现线上线下同步教学。

3. 数字教材

本书还配套开发有数字教材，登录华中科技大学出版社图书中心，进入数字教材模块（网址：https://textbook.hustp.com/#/）可查看详情。

联系方式：

邮箱：tuobeilin@hutsp.com

电话：15827068411（同微信）

课程平台使用说明

 教师使用流程

（1）登录网址：**https://bookcenter.hustp.com/index.html**（注册时请选择教师身份）

注册 > 登录 > 完善个人信息 > 等待审核

（2）审核通过后，您可以在网站使用以下功能：

浏览教学资源　　建立课程　　管理学生　　布置作业　　查询学生学习记录等

 学生使用流程

（建议学生在PC端完成注册、登录、完善个人信息的操作）

（1）PC端操作步骤

① 登录网址：https://bookcenter.hustp.com/index.html（注册时请选择学生身份）

注册 > 完善个人信息 > 登录

② 查看课程资源：（如有学习码，请在"个人中心—学习码验证"中先验证，再进行操作）

首页课程 > 课程详情页 > 查看课程资源（选择课程）

（2）手机端扫码操作步骤

手机扫码 → 登录 → 查看课程资源；注册

序言 Foreword

在探索教育的深度与广度时，我们时常思考一个问题：如何能更好地引导学生理解并应对现实世界的复杂性和多样性？我们基于这样的思考，编写了这本《企业经营创新》。本书以"我来经营……"为主题，采用项目化教学的方式，邀请学生自主选择并深入探索多样化的经营场景，帮助他们真正理解和体验企业经营的精髓。

这一教学理念的灵感来源于戴维·珀金斯在《为未知而教，为未来而学》一书中所提出的"像X一样思考"。珀金斯通过介绍生物学中的两个项目——"有丝分裂之舞"和"设计一条鱼"，引发了我们对教学方式的深刻反思。这两个项目各具特色且都能吸引学生参与，但我们认为，相对而言，"设计一条鱼"项目更有利于学生深入理解生物学概念。

这使我们意识到，真正高效的教学应能引导学生像某一领域的专家那样去思考和行动。在《企业经营创新》这本教材中，我们期望学生能"像企业家一样思考"，"我来经营……"项目因此应运而生。该项目鼓励学生自主选择经营项目，无论是"我来经营一个直播号"，还是"我来经营一家童话主题餐厅"，抑或其他项目。我们的目标是让学生通过实际操作，学习并实践企业家的思考方式和行事方法。

在"我来经营……"项目的指导下，学生将投身一系列项目实践活动，如模拟经营和沙盘推演。这些活动涵盖项目主题选择、市场用户分析、价值主张设计、用户体验过程分析、商业模式设计等企业经营的关键环节。每一环节都经过精心设计，旨在为学生提供具体且有挑战性的任务。通过这样的实践活动，我们期望学生能够更深入地理解企业经营的实质，并培养他们在复杂商业环境中的实践操作能力。

然而，引导学生真正像企业家一样思考并经营一个项目，并非易事。具身心理学表明，如果个体无法亲身体验，他就难以获得深层的理解和感悟。但现实情况是，学习环境并不总是能够提供真实的经营场景。这就引出了一个关键问题：如何在无法真实体验企业经营的环境中，创造出一种学习情境，使学生能够深入理解和掌握企业经营的精髓？

真实性情境的特征是"为了真实"，即它必须包含真实的元素，但并不必须是完全真实的。范梅里恩伯尔提出了三种逼真度的概念：心理逼真度、功能逼真度和物理逼真度。在这三者之中，心理逼真度在复杂认知技能的学习中最具有价值。企业经营正是一种需要高度复杂认知的领域，因此，在本教材中，我们致力于创造一种具有高心理逼真度的学习情境。

为了实现较高的心理逼真度,"我来经营……"项目将紧紧围绕"器",即经营创新工具来展开。其核心理念在于:知器学器,用器成器。在教材构建过程中,我们着重完成了以下两方面内容。

一是以器载道。我们将打造一套完善的虚拟仿真沙盘工具,使学生能够借助这套工具进行商业经营的沙盘推演,从而顺利完成"我来经营……"项目。

二是刻意练习。我们将建立以问题和任务为驱动的教学模式,引导学生运用所学工具对"我来经营……"项目进行持续的迭代与优化。

为了实现"知器学器,用器成器",我们特别整合了五种可视化工具,并围绕这些工具的使用设计了五个核心项目。

项目一:"我来经营……"项目主题选择。使用"头脑风暴+思维导图"组合工具,激发学生的创新思维,帮助他们在项目初期即涌现出丰富的创意与构想。

项目二:"我来经营……"市场用户分析。通过"用户画像+用户故事",引导学生深入洞察用户需求,为顺利实施项目寻找坚实的市场基础。

项目三:"我来经营……"价值主张设计。利用"价值主张画布",指导学生构建独具特色的价值体系,使项目从市场中脱颖而出。

项目四:"我来经营……"用户体验过程分析。借助"用户故事地图",帮助学生优化用户体验,理解用户期望,提供优质服务。

项目五:"我来经营……"商业模式设计。通过"商业模式画布",引领学生深入探索商业之道,构建出既具创新性又具可行性的商业模式。

学生将运用这些工具,在推进项目的过程中不断磨炼技能、积累经验。我们相信,通过这些实践活动的开展与实践工具的运用,学生将更全面地掌握企业经营的精髓,为未来迎接商业挑战做好充分准备。

《企业经营创新》不仅提供了丰富的理论知识,更通过实践活动,为学生打造出真实而有挑战性的学习环境。我们期待每位学生都能在这个环境中不断成长,最终成为商业领域的佼佼者。

本书编写分工如下:主编杨志宁(深圳职业技术大学),负责教材整体规划和编写项目一中的情境一和情境二;副主编王晓君(山西工程职业学院),负责编写项目二中的情境三和情境四;副主编崔蕴华(太原工业学院),负责编写项目三中的情境五和情境六;副主编冯利(广东新安职业技术学院),负责编写项目四中的情境七和情境八;副主编吴浩(山西能源学院),负责编写项目五中的情境九和情境十。

编 者

2024 年 12 月

目录 Contents

项目一　"我来经营……"项目主题选择

情境一　如何完成你的项目 _ 003
　　任务一　我应该做什么项目 · 004
　　任务二　如何获得商业成功 · 011
　　任务三　运用工具完成项目 · 017
　　任务四　经营创新玩转沙盘 · 024

情境二　商业中的创新创意 _ 033
　　任务一　从豌豆公主做起 · 034
　　任务二　头脑风暴开脑洞 · 040
　　任务三　思维导图做脑补 · 047
　　任务四　提升你的创造力 · 055

项目二　"我来经营……"市场用户分析

情境三　市场选择与战略规划 _ 067
　　任务一　经营创新规划 · 068
　　任务二　培养蓝海思维 · 075
　　任务三　创造用户需求 · 083
　　任务四　进行市场细分 · 089
　　任务五　制定竞争战略 · 096

情境四　用户画像与用户故事 _ 104
　　任务一　经营企业与讲故事・105
　　任务二　从画像到故事再到决策・112
　　任务三　刻画你的用户画像・119
　　任务四　讲出你的用户故事・126
　　任务五　完成用户情境剧本・133

项目三　"我来经营……"价值主张设计

情境五　产品价值与价值主张 _ 145
　　任务一　从产品价值到价值主张・146
　　任务二　分析产品的价值主张・152
　　任务三　挖掘卖点・158
　　任务四　提供独特的价值主张・165
　　任务五　调整和改变价值主张・172

情境六　价值主张画布 _ 179
　　任务一　实现"用户目标达成"・180
　　任务二　洞察用户的真实需求・187
　　任务三　认识价值主张画布・194
　　任务四　完成价值主张画布・200

项目四　"我来经营……"用户体验过程分析

情境七　用户体验过程感受 _ 211
　　任务一　如何分析用户体验・212
　　任务二　心理旅行思想实验・219
　　任务三　业务流程的拆解和破解・226
　　任务四　运用峰终定律提升用户体验・232
　　任务五　让用户无法离开你・241

情境八　用户故事地图 _ 248
　　任务一　善用地图进行描述分析・249
　　任务二　用户故事地图分析体验・258
　　任务三　绘制用户故事地图・266
　　任务四　用户故事地图案例分析・273

项目五　"我来经营……"商业模式设计

情境九　全面理解商业模式 _ 283
　　任务一　经营企业与商业模式・284
　　任务二　赚别人赚不到的钱・291
　　任务三　算别人不会算的账・297
　　任务四　做别人做不了的事・304

情境十　商业模式画布 _ 311
　　任务一　认识商业模式画布・312
　　任务二　画布右端，种摇钱树・319
　　任务三　画布左端，建护城河・326
　　任务四　画布底部，找盈利模式・333

Project

01

项目一
"我来经营……" 项目主题选择

情境一　如何完成你的项目
情境二　商业中的创新创意

企业经营创新地图				
项目一	项目二	项目三	项目四	项目五
启程： 项目主题选择	探索： 市场用户分析	创新： 价值主张设计	实践： 用户体验过程分析	整合： 商业模式设计

主题

"我来经营……"项目主题选择

目标

理解"想做、可做、能做"三个维度，了解商业成功的关键因素，掌握项目模拟经营的五大核心工具。学会利用"头脑风暴"和"思维导图"相结合的方法来有效选定项目主题，为后续的沙盘推演提供坚实的基础和明确的载体。

内容

我们将借助五种经营创新工具，围绕"我来经营……"项目进行模拟经营和沙盘推演。在此过程中，首要任务是明确自己的项目主题，以确保后续的模拟和推演工作能够有针对性地展开。

（1）**如何选择自己的项目**。避开雷区，寻找"想做、可做、能做"三个维度的交集，同时明确成功的方法和路径。

（2）**知器学器，用器成器**。围绕"我来经营……"项目，通过"知器、学器、用器、成器"提升经营能力。

（3）**模拟经营，沙盘推演**。像企业家一样思考，围绕"我来经营……"项目展开模拟经营活动，推演项目的整个经营过程。

（4）**头脑风暴，打开脑洞**。通过头脑风暴，让大脑进行疯狂而自由的思考，从而产生创新想法。

（5）**思维导图，可视呈现**。利用思维导图进行发散性思考，整理和记录思维过程，并通过可视化的方式呈现。

（6）**多维结合，选择主题**。运用"头脑风暴＋思维导图"，结合商业机会和自身能力，确定适合自己的项目主题。

情境一
如何完成你的项目

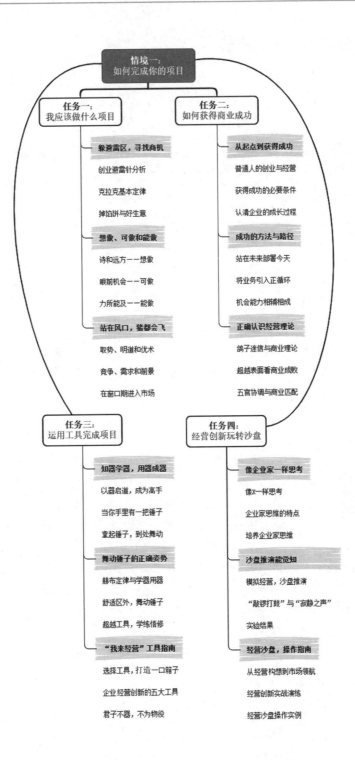

任务一　我应该做什么项目

一、躲避雷区，寻找商机

思考讨论

假设你打算开发一个"商机探测器"，这个探测器的核心功能是帮助人们判断一个项目对他们来说是不是个好生意。请思考并列出这个"商机探测器"应该从哪些维度来评估一个项目的好坏。

_____

_____

1. 创业避雷针分析

在商业领域，人们常常容易被成功的光芒所吸引，而忽视了那些隐藏在背后的失败案例。这种"幸存者效应"导致我们只能看到经过市场、时间等因素筛选后的结果，却忽略了那些同样重要但被筛选掉的信息。因此，从失败中学习很重要，有时甚至比从成功中学习更具价值。

1.1.1　视频
咸鱼网的"创业避雷针"

经营企业如同在大海上航行，难免会遇到风浪和暗礁。为了安全到达目的地，船长需要准确地识别并避开这些潜在的危险。同样地，企业经营者也需要分析和规避经营过程中可能遇到的"雷区"。这些雷区可能是市场饱和、竞争激烈、技术壁垒高、法律法规有限制、资金链断裂等。它们就像隐藏在暗处的地雷，一不小心就可能触发爆炸，导致创业的失败。

咸鱼网是一个闲置物品交易平台，该平台利用"倒闭了"和"店不开了"等标签，找出遭遇失败最多的项目，并基于此发布了一份《创业避雷指南》，部分信息如图 1-1-1 所示。你是否赞同咸鱼网的这一结论？

选择项目的难点：风险高的地方，机会也可能多；而看似安全的选择，可能隐藏着更大的风险。

你看到它市场大，没看到它是红海——内卷严重；

你想着避开红海,就可以避开内卷——进入蓝海;

你以为它是蓝海,没想到却是死海——无法生存。

那么,我们到底该选择什么样的项目呢?

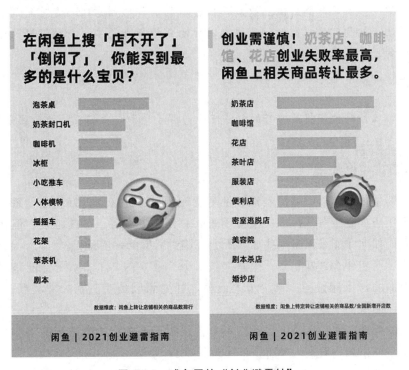

图 1-1-1　咸鱼网的"创业避雷针"

2. 克拉克基本定律

上一节中,我们提出了一个颇具挑战性的问题:我们到底该选择什么样的项目?为了更好地解答这一难题,我们不妨暂且跳出这个问题本身,转而寻求克拉克基本定律带来的启示。

克拉克基本定律的相关内容如下:

定律一:如果一个年高德劭的杰出科学家说,某件事情是可能的,那他几乎就是正确的;但如果他说,某件事情是不可能的,那他很可能是错误的。

定律二:要发现某件事情是否可能,唯一的途径是跨越这个可能性界限,从不可能走到可能中去。

定律三:在特别先进的技术和魔法之间,我们无法做出区分。

1.1.2　视频
克拉克基本定律与
商业创新

克拉克基本定律是由著名科幻作家阿瑟·C. 克拉克提出的有趣观点。虽然名字中包含"定律"二字,但它实际上并非科学界公认的定律。不过,克拉克以这种风趣的方式提出的这三条"定律",可以给我们带来不少启示。

创造＝复制＋转化＋结合。因此,我们可以借鉴克拉克基本定律,将其融入企业经营创新的理念中,从而创造出如下"定律"。

定律一:如果一个杰出企业家或投资人说,你的创意项目是可行的,那你的项目几乎就是可行的;但如果他说,你的创意项目是不可行的,那他很可能是错误的。

定律二:要发现某创意项目是否处于蓝海,唯一的途径是从红海跑到蓝海中去。

定律三:对于任何足够好的创意点子与骗子手法,我们无法做出区分。

3. 掉馅饼与好生意

查理·芒格曾提到,巴菲特经常讲好生意和烂生意的区别:好生意,每个决定都简单,想都不用想;烂生意,每个决定都困难,总是进退维谷、步履维艰。但在面对众多商机时,我们如何才能辨识出那些如"天上掉馅饼"般的好生意呢?

我们需要明确什么是好生意。生意大致可分为喜欢的与不喜欢的、能赚钱的与不能赚钱的、能做的与不能做的。对于个人而言,好生意应是这三者的交汇点——既喜欢,又能赚钱,还能做的生意。

好生意的标准并非一成不变。我们不应假设自己有独特的资源或能力。因此,并不存在只对我是好生意,对别人却不是好生意的项目。

1.1.3 视频

三只松鼠的"馅饼问题"

我们喜欢的生意也有好坏之分。显然,我们应该选择那些既喜欢又能盈利的生意。实际上,有些生意对他人而言是好生意,但对我个人可能并不适合。这往往是因为他们拥有某些我所缺乏的特定能力或资源。

在寻找项目的过程中,"馅饼问题"可以作为一个有用的思考框架:天上为什么会掉馅饼?这引导我们关注商机的来源和成因。馅饼凭什么会掉在我们头上?这促使我们思考自身具备哪些优势和条件才能够捕捉到商机。如何将这个馅饼吃进嘴巴里?这要求我们考虑如何制订切实可行的商业计划并付诸实施。

二、想做、可做和能做

思考讨论

有一个将火箭送往太空的项目。考虑到普通人去太空的难度非常大,成本也非常高,于是有人提出了一个创新的想法：允许人们购买"火箭票"，将他们的名字送上太空。你认为这个项目的商业潜力和市场前景如何？

_____

_____

_____

在上一节，我们对好生意进行了分析。如图1-1-2所示，判断一个生意是不是适合自己，需要考虑三个方面：对此生意的兴趣（想做）；这个生意的价值和潜力（可做）；经营该生意所需的资源和能力（能做）。

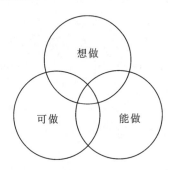

图1-1-2　好生意的三个考虑因素

1. 诗和远方——想做

唐寅曾有一句诗："别人笑我太疯癫，我笑他人看不穿。"在企业经营创新的道路上，我们常常需要有一些超前的想法和愿景，不被常人理解也没关系，因为我们追求的是"诗和远方"。它不仅是一个目标，更是一种动力，激励着创业者不畏艰难，勇往直前。

项目的诞生往往源于我们内心的"想做"。当对自己的梦想充满热情和信念时，人们会全身心投入自己的事业，直至梦想成真。这种对愿景的执着追求，让他们在面对困难和挑战时不会退却。他们坚信，只有不断前行，才能到达心中的那个"诗和远方"。

当然，并非每个人的梦想都很伟大。但无论如何，我们心中都应该有一份对美好生活的向往和追求。哪怕只是想过上更好的生活，想要"升职加薪、当上总经理、出任CEO……"，这些也都是我们内心的动力。

选择项目，首先需要有一个动力，那就是我们内心的"想做"，因为创业不仅仅是为了赚钱，更是一个不断追求自我、实现自我价值的过程。只有当我们真正热爱并投入自己的事业，才能收获那份属于创业者的独特幸福和成就感。

1.1.4　视频
马斯克的愿景

2. 眼前机会——可做

当创业者具有了"别人笑我太疯癫，我笑他人看不穿"的心态之后，还须"桃花仙人种桃树，又摘桃花换酒钱"。对于创业者来说，它意味着不仅要有远大的梦想和愿景，还要有将梦想转化为现实的能力。

当面对许许多多的项目和机会时，"可做"可以作为一个重要的筛选标准。在创业的旅程中，创业者常常被内心的"想做"所驱动。然而，现实往往更为复杂。用户不会为创业者的梦想买单；相反，他们只会为满足自身需求的产品或服务付费。这意味着创业者不仅要追寻个人的梦想，还要敏锐地捕捉市场的需求，并找到二者的交汇点。

1.1.5 文本

在商言商，商亦有道

对于创业者而言，"想做"是实现理想、改变世界的内在动力，它源于内心的渴望和对未来的憧憬。而"可做"不仅意味着捕捉眼前的市场机遇，更代表着坚守法律道德与自己的价值观。

简言之，"可做"意味着在创业过程中，创业者应专注于发掘那些既符合市场需求，又能体现自身价值和商业理念的机会。

3. 力所能及——能做

在项目选择上，"想做""可做"与"能做"是三个不可或缺的考量维度。它们分别代表着创业者的愿景、市场机会以及实际能力。在之前的探讨中，我们已经对"想做"和"可做"进行了剖析。除了"想做"和"可做"之外，创业者还需要关注"能做"，即他们实际具备的能力和资源。这是创业者实现愿景、抓住市场机会的基础。如果缺乏必要的能力和资源，那么再美好的愿景和再诱人的市场机会也只会停留在纸上，无法转化为实际的成果。

因此，"能做"回答这样一个问题：凭什么是我？在选择项目时，我们会受到各种限制，其中最主要的限制条件就是"能做"。这决定了我们是否有能力去实施这个项目，以及我们是否具备成功完成这个项目所需的资源和能力。

1.1.6 文本

雷军的"馅饼"与罗永浩的"陷阱"

"能做"要求创业者对自己的能力和资源有清晰的认识，包括技术、管理、营销、资金等各个方面。他们需要确保所选择的项目在自己的能力范围内，以便有信心推进项目，并在遇到困难时找到解决方案。

同时，"能做"也并不是一成不变的。随着项目的推进和市场的变化，创业者需要不断提升自己的能力和有效地整合资源，包括学习新知识、掌握新技能、拓展人脉关系等各个方面。只有这样，创业者才能适应新的挑战，抓住新的机遇，确保项目的顺利进行。

三、站在风口，猪都会飞

思考讨论

"站在风口，猪都会飞"，是说在某种大势或潮流的推动下，即使是没有飞翔能力的"猪"也能顺势起飞。假定你就是这头"猪"，起飞之后你会如何行动？你会采取哪些策略确保自己能够持续飞翔，甚至飞得更高更远？

---

1. 取势、明道和优术

"取势、明道和优术"是企业经营创新的三个层面。取势是市场选择，明道是战略规划，优术是"精进制胜"。

（1）取势：乘风破浪，选对市场航向

"取势"是指在快速变化的商业环境中，企业要紧随市场趋势，选择正确的发展方向。正如乘风破浪的船只，只有选对了航向，才能顺利前行。"风口上，猪都会飞，扶摇直上"，这是说选对方向，即使是相对较弱的企业也能获得暂时的成功。但是，仅仅依靠市场趋势是不够的，企业还需要有实力来应对市场的变化。

（2）明道：点亮灯塔，照亮前行之路

"明道"是指企业在市场竞争中有明确的战略规划，就像灯塔被点亮一样，可以照亮自己前行的路，避免迷失方向。"风过去，摔死的是猪，鹰击长空"，这是说当市场趋势不再，只有那些真正具备实力、有清晰战略规划的企业才能像鹰一样在空中自由翱翔，而那些仅仅随着市场趋势沉浮的企业则可能会遭受失败。

（3）优术：磨砺刀刃，决胜竞技场

"优术"强调的是，企业只有具备强大的核心竞争力，才能在激烈的竞争中脱颖而出。这就像磨砺刀刃一样，只有不断地磨砺，才能在竞技场上取得优势。"风停后，鹰立如睡，安稳落地"，这是说即使市场环境发生变化，那些具有强大竞争力的企业也能像鹰一样安稳落地并继续保持警惕和准备态势。

1.1.7 视频
取势，明道，优术

2. 竞争、需求和前景

在选择项目时，我们会从"想做""可做""能做"三个维度进行思考，找到三者的交汇处。那么，理想的项目通常具有哪些特质呢？

（1）竞争不激烈

这并不意味着市场上没有其他竞争者，而是指市场尚未饱和，参与者有足够的机会和空间去发展。在这样的市场中，企业可以更容易地获得市场份额，建立起自己的品牌和地位。例如，当智能手机市场刚刚兴起时，虽然已有一些知名品牌存在，但整体市场尚未饱和，雷军创办小米科技时，就抓住了这样的时机。

（2）需求旺盛

一个理想的项目，其产品或服务应该能够满足大量消费者的迫切需求。这种需求可能源于消费者的日常生活，也可能是由某种社会趋势或技术革新所驱动。旺盛的需求意味着潜在的市场规模巨大，为项目的成功提供了坚实的基础。

1.1.8 视频
方便面市场的沉沦

（3）前景美好

除了适应当前的市场状况外，值得投入的项目还应该展现出美好的未来前景。这种前景可能基于技术的不断进步、消费者偏好的变化，或者社会经济的发展趋势。以人工智能技术为例，随着它的不断发展，与之相关的智能家居、自动驾驶等领域都展现出了广阔的市场前景。

然而，现实中完全符合这些特点的项目是非常少见的。因此，在选择项目时，我们可能需要权衡不同因素的重要性，并根据自己的实际情况作出决策。

3. 在窗口期进入市场

每个行业或市场都会经历不同的生命周期。其中存在一个特别的时期，被称为"窗口期"，它是市场或行业在快速增长之前出现的短暂且有利可图的进入时机。准确抓住窗口期，就如同在赛跑中抢占有利的起跑位置。

"风口上，猪都会飞"这句话形象地描绘了窗口期市场的繁荣景象。当某个行业或市场成为热点、受到广泛关注时，即使是实力相对较弱的企业，也有可能因为市场的势头而获得意外的成功。

首先，窗口期是市场或行业发展的关键时刻，此时竞争尚未白热化，为企业提供了相对宽松的市场环境。在这个时期，创业者或企业可以更加专注于产品研发、市场布局和品牌建设，而不用过分担心来自竞争对手的激烈打压。

1.1.9 视频
我该选择什么项目？

其次，窗口期往往伴随着大量的市场投资和消费者关注。这意味着，只要企业能够迅速进入市场并提供符合消费者需求的产品或服务，就有可能迅速占领市场，快速增长。同时，由于消费者对新事物的好奇心和尝试欲望较强，因此在这个时期进入市场的企业也更容易获得人们的认可。

然而，窗口期并非一直存在，它只会持续一段时间。随着市场的逐渐成熟和竞争的加剧，窗口期将逐渐关闭。因此，创业者必须具备敏锐的市场洞察力和快速的行动力，以便在窗口期内迅速进入市场并抓住机遇。

 小组任务

确定项目主题

综合考虑"想做""可做""能做"三个维度，通过讨论和分析，确定"我来经营……"项目主题。

1. 列出自己感兴趣的项目，这些领域反映了我们的热情和动力所在。（想做）
2. 分析当前市场趋势和潜在机会，找出那些可能具有较高价值和增长潜力的领域。（可做）
3. 评估自身所具备的资源和能力，这将帮助我们了解自己可以胜任哪些类型的项目。（能做）

任务二　如何获得商业成功

一、从起点到获得成功

思考讨论

一个好点子如同摇钱树的种子，孕育着商业潜能，有可能成长为一棵摇钱树。当创业者发现这样的点子后，应该考虑是采取游击战术，还是开展阵地战构建护城河，或者实施其他构想。

1. 普通人的创业与经营

我唱歌不佳，无法成为歌手；口才不好，无法拉来投资；也不懂机械技术，不能在路边修车。但我依然怀揣梦想，决心创业。然而，创业之路并非坦途，而是充满了崎岖与挑战。

我们并不打算涉足成功学的领域，而是致力于通过深入的分析和研究，探讨在现实环境中取得成功的策略和方法。尽管我们的项目设定是"我来经营……"，但在这个过程中，我们不能假设自己拥有特殊的资源或独特的能力。

1.2.1 视频
非权贵、非天赋、非幸运——精益创业的思路

由于出身、家庭背景、教育经历等多重因素的影响，人们拥有的资源和机会并不均等。对于一些人来说，轻易达成的"小目标"可能是他人遥不可及的目的地。同样地，有些人终其一生所取得的成就，对于另一些人来说，可能只是他们人生的起点。在创业道路上，天赋异禀或家境优越的人往往能够拥有更多的优势和便利。

因此，我们有必要明确这里探讨的"创业和经营"的具体语境和含义。在这里："你非权贵之后"，没有特殊资源；"你非天赋异禀"，没有特别能力；"你非幸运之子"，没有特好运气。

简而言之，你就是一个普通人。基于这样的前提和情景设定，我们关注的是一个普通人如何在没有特权、特殊才能或好运气的条件下进行创业和经营的故事。

2. 获得成功的必要条件

成功从来不是偶然的产物，它是多个关键因素交织作用的结果，其中五大要素尤为关键：高人指路、贵人相助、小人监督、个人奋斗与运气眷顾。

"高人指路"可以帮助明确前行的方向。这些"高人"可能是身边的智者，也可能是那些经过时间沉淀的智慧结晶。他们为我们提供了一种洞察事物的视角，使我们得以找到属于自己的航道。

"贵人相助"如同船只得顺风而行。这些"贵人"在关键时刻伸出援手，或提供资金支持，或给予资源支撑……他们的助力让我们在道路上走得更加顺畅。

"小人监督"则像是一面镜子，时刻提醒我们自身的不足。他们的质疑、挑战、批评，都可以成为我们不断完善自我、提升产品和服务质量的动力。正是他们的存在，让我们在竞争中始终保持警醒，不断前行。

1.2.2 文本
马斯克的成功密码

"个人奋斗"是成功的基石。无论外界环境如何变化，个人的努力、毅力和创新精神都是不可或缺的。只有通过不断的学习和实践，我们才能将梦想转化为现实，才能在创业的道路上走得更远。

"运气眷顾"也是一个重要的因素。虽然运气难以捉摸，但它在取得成功的道路上扮演着重要角色。有时候，一分好的运气确实能够为我们带来意想不到的收获。同时，运气也并非完全不可捉摸。通过充分的准备和灵活的策略，我们可以在一定程度上影响运气的走向，为成功创造更多可能。

3. 认清企业的成长过程

企业的成长总伴随着未知与探索，这一成长之旅往往从一个"好点子"开始，这个点子源于创业者"想做""可做"和"能做"的交集，是他们既热爱又擅长还有发展潜力的事业。当找到"好点子"后,许多人憧憬着"大鹏一日同风起,扶摇直上九万里",但真正进入商海后,他们才会深刻体会到其中的复杂与挑战。

初创企业或小企业,能更迅速地调整策略和方向,以应对市场的快速变化,因此常被形容为"船小好掉头"。这种灵活性使得初创企业的成长过程更像是一场游击战,而非阵地战,因为游击战讲究的是灵活与速度。这使初创企业可以在资源有限的情况下,快速把握机会、作出决策、调整策略。

随着市场的开拓和经验的积累,初创企业将逐渐发现"摇钱树"——那些能够带来稳定收益和增长的业务领域。这些"摇钱树"有可能成为企业的"根据地",为企业的长期发展提供坚实的基础。于是,初创企业开始挖战壕、架机枪、筑碉堡,打阵地战,逐步占据较大的市场份额,建立起自己的市场地位,形成一定的品牌影响力。在这个过程中,企业也逐渐构建起了自己的"护城河"——能够抵御竞争对手入侵的优势和壁垒。

1.2.3 视频
"韩乔生现象"与创业之路:从初步构想到成功的奇特过程

二、成功的方法与路径

思考讨论

三年后,外星人将与地球建立首次接触。然而,这些外星生命体由于生理结构的差异,无法用声音进行沟通,它们唯一的交流方式就是手语。站在未来看待今天,你会如何部署行动计划来为这个前所未有的事件做好准备?

1. 站在未来部署今天

许多人为了打发时间会在手机上阅读网络小说,其中,轻松愉快的爽文很受欢迎。然而,爽文中配角的智商如果过低,会影响读者的阅读体验,这就需要主角具备合理的优势。但如果主角一开始就过于强大,如"龙傲天"一般,小说又会显得索然无味。

那么,如何在确保主角"天下无敌"的同时,又保持故事的逻辑性和吸引力呢?一种常见的方法是让主角重生或穿越到过去。在这种情形下,主角可以利用对未来的知识或经验来获得优势。这种"知未来者得天下,知未来者无敌于天下"的设定为故事增添了更多看点。

同样地,在企业经营创新中,"站在未来看今天"的视角也很重要。这种前瞻性的思

1.2.4 视频
站在未来看今天——
石油大王哈默的酒桶传奇

维方式对于企业和个人来说都不可或缺，因为它能够帮助我们提前洞察市场的微妙变化，捕捉新的消费趋势，以及发现行业的潜在机遇。

通过从未来的角度审视今天的市场环境和业务需求，企业可以作出更加精准的决策。具备预见能力的企业可以及时调整战略方向，开发出符合未来市场需求的新产品或新服务。这不仅有助于企业在激烈的市场竞争中占据有利地位，更重要的是，它还能激发企业内部的创新思维，推动企业在不断变化的市场环境中实现持续成长和进步。

2. 将业务引入正循环

企业的成功并非一蹴而就，而是要经历一系列挑战，同时抓住各种机遇，通过实施有效的策略与方法，逐步积累成就。在这个过程中，"借东风"与构建"正循环"成了两个重要的成功要素。

"借东风"是指企业在捕捉市场中的机遇后，巧妙地借助外部力量来助推自身的发展。这些"东风"可能源于新兴的市场趋势、政策的扶持、技术的革新或消费者需求的变化等。一旦识别到这些机会，企业必须迅速且果断地采取行动，以便利用这些"东风"实现自身的迅速成长。

1.2.5 视频
借东风启航，正循环助力

然而，仅仅依赖"东风"并不足以保证企业的长期成功。为了持续推动企业业务增长，我们还需要建立一个"正循环"机制，通过明智的决策和积极的行动，使业务逐渐进入稳步提升的轨道。

在这个循环中，每一个小的成就都会为企业带来更多的机遇和资源，从而推动企业实现更大的发展。这个过程类似于滚雪球，随着雪球的持续滚动，它会聚积起更多的雪，体积逐渐增大。

通过"借东风"与构建"正循环"，企业能够在激烈的市场竞争中脱颖而出，实现持续稳定的发展。

3. 机会能力相辅相成

正如打开一扇门，会发现很多新东西；在了解这些东西后，还会看到新的门；打开这扇新门后，又会有很多新东西进入眼帘。机会和能力就是这样相辅相成、相互促进的：好的能力可以帮助企业抓住市场机会，好的机会可以推动企业培养相关能力。

企业通过市场洞察可以发现新的机会。这就像打开了一扇门，展现出一个全新的世界，其中充满新奇的事物和各种可能性。为了深入理解和有效抓住这些机会，企业需要具备一系列能力，如先进的技术能力、敏锐的市场洞察力和高效的管理能力等。

这些能力的运用不仅能帮助企业更好地把握市场机会，还能进一步推动企业拓展业务领域或研发新产品。例如，当企业发现一个新的市场需求时，它可以利用自身的技术能力迅速开发出符合需求的产品。在抓住这些机会后，企业会面临新的挑战和需求，这会促使他们进一步提升和锻炼相关能力。比如，为了满足新的客户需求，企业可能需要提高生产效率、优化产品设计或提升服务质量等。

同时，新的机会和挑战也会带来新的学习和成长机会。企业通过不断学习和实践，可以发现和打开新的门，进入新的领域和市场。如此循环往复，每一次打开一扇新的门后，企业都会发现更多新的机会和挑战。

1.2.6 文本
美团——机会与能力共舞

三、正确认识经营理论

思考讨论

一些人尽管系统学习了商业理论，但在实际经营企业的过程中遭遇了失败，而另一些人并未系统学习商业理论，却仅凭过往经验和直觉，在商业领域取得了成功。这是否意味着商业理论没有实际用处？

_____
_____
_____

1. 鸽子迷信与商业理论

商业理论是在对众多成功与失败案例进行深入剖析后总结出的规律和原则。然而，在商业实践中，我们不难发现，有些人即使没有接受过系统的商业教育，也能依靠直觉和经验取得不俗的成就。这种情况下，人们常常会试图从他们的经历中总结出某种规律，以阐释其成功或失败的根源。

但必须指出的是，这些从个人经验中总结出的规律有可能是错误的。如果用来指导新的行为，可能会导致事与愿违的结果。这并不是真正的规律，而是某种迷信。有人曾这样描述这种迷信：在没有道理的地方寻找道理，在没有意义的地方找到意义，在没有规律的地方发现规律，在没有因果的地方强加因果。

假设一对经营小餐厅的夫妻最终在餐饮界取得很高的地位，并受邀分享他们的成功经验。在准备讲座时，他们可能会陷入困境，因为他们也难以确切说明自己成功的秘诀。

1.2.7 视频
电梯里的"成功人士"与箱子中的"转圈鸽子"

为了给出一个合理的解释，他们可能会花一整夜的时间来思考，最后发现成功秘诀就在于起得早、睡得晚。能力是在实践中逐步培养的，他们的确培养出了经营餐厅的能力，但是可能并没有提升总结规律的能力。因此，在借鉴他人经验时，我们应保持审慎态度。

2. 超越表面看商业成败

在商业领域，人们常常采用一种事后分析的方法：从成功或失败的故事中进行反向推导。这种做法类似于先射箭后画靶子：企业就像是已经射出的箭，而我们根据箭的落点来画出靶子。这种分析方法很容易自圆其说。

1.2.8 视频
与老天爷对赌？从夜观天象到下雪就免费

柯达公司的倒闭，有人认为是公司不创新；苹果公司的东山再起，有人归功于乔布斯重视细节。这些看法或许都有一定的道理，但它们往往只触及问题的表面，没有深入挖掘背后的根本原因。

影响商业成败的因素很多，包括市场趋势、竞争环境、管理团队的效能、技术革新以及资金状况等。更重要的是，这些因素之间存在着错综复杂的相互作用。因此，仅从成败的结果来逆向推断其原因，往往是片面的。此外，成功的商业故事在传播过程中经常被简化和美化，其中的挫折和失败往往被忽略。这导致人们只能看到成功的表象，而无法洞悉其真正的原因和背后的艰辛。

事实上，企业经营的成败受多重因素影响，任何一个关键环节的失误都可能导致整体的失败。同时，商业世界中的运气成分也不容小觑。然而，这并不意味着商业理论和知识不重要。相反，这些理论为我们提供了宝贵的分析框架和工具，帮助我们降低风险，更深入地理解商业的本质，从而更有效地应对挑战。

3. 五官协调与商业匹配

当我们描述一个人拥有线条流畅的脸型、明媚动人的眼睛、立体有型的鼻子以及美艳诱人的嘴巴时，我们可能会立刻认为她是一个美女。但这样的判断是有问题的。有时，

1.2.9 文本
商业匹配的艺术：
洞察成功背后的本质

尽管五官各自出众，但整体效果可能因五官间的不协调而大打折扣。

正如人们的五官需要相互协调，一家企业也要注意不同经营环节之间的协同作用。商业的成败，往往取决于多个环节如何相互支持，形成合力。

曾经，《海底捞你学不会》和《褚橙你也学不会》等书籍热销，显示人们渴望学习这些成功企业背后的经营之道。然而，我们真的能够完全理解并复制这些企业的做法吗？

如果我们遇到10个美丽的女子，并注意到她们都画了同一种眉毛，就可能得出结论，画这种眉毛的女子都很漂亮。在商业领域，我们经常犯类似的错误。例如，看到某个品牌知名度高，就认为品牌是成功的关键；或者看到某家企业文化受到赞誉，就断定企业文化是其成功的秘诀。然而，这种以偏概全的观察忽略了成功的多维度和复杂性。真正的商业成功不是仅依赖单一因素，而是需要多方面的策略整合和整体性的规划，就像五官需要协调才能展现出美感一样。

小组任务

商业成功发展规划

针对选定的"我来经营……"项目主题，制定一份全面的商业发展规划。该规划需要综合考虑如何利用现有政策和市场机遇，通过提供独特体验与优质服务来吸引客户，进而构建良性的商业循环。同时，该规划也需要探索新的市场机会，以实现团队能力与市场机会的互补。

任务三　运用工具完成项目

一、知器学器，用器成器

思考讨论

在汉语中，"器"和"道"都是含义非常丰富的词汇。说说"器"在汉语中有哪些不同的含义。谈谈你对"以器启道"或"以道御器"的理解，并给出实例加以说明。

_____

_____

1. 以器启道，成为高手

"工欲善其事，必先利其器"，揭示了工具在实现目标、完成任务中不可或缺的作用。若想在某一领域达到较高的境界，除了发挥天赋与不懈努力外，还需要善于运用各种"器"——工具。

高手之所以能在各自领域内如鱼得水，很大程度上是因为他们掌握了一套独特且高效的工具和方法。这些工具可能是有形的，比如艺术家手中的画笔，也可能是无形的，比如科学家的理论模型。这些工具都是高手们在长期实践中选择并磨炼而成，最终成为他们的利器。

依靠工具，你有可能会吃到天鹅肉，因为工具能帮你完成原先无从下手的事情；依靠工具，你不会从青蛙变成王子，因为工具不是万能的巫术，可以解决所有问题。

1.3.1 视频
高手的"暗箱"——
艺术大师的绘画"法宝"

在金庸小说中，独孤求败凭借一柄剑和独孤九剑的招式打遍天下无敌手。但剑和剑招并不是决定胜负的关键。你不能手握利剑就认为自己天下无敌，也不能期望只要学了剑招就所向披靡。关键在于使用工具的人如何运用这些工具来培养和提升自己的能力。

以跑鞋为例，世界上是否存在一双超级跑鞋，能让穿上它的人立刻跑得飞快呢？跑鞋仅为辅助，真正的速度提升来源于跑步者自身的训练。因此，我们学习并使用工具，并不是为了寻找"超级武器"，而是通过工具不断地训练和提升自我。以器启道，方能逐步成为真正的高手。

2. 当你手里有一把锤子

西方有一句流传甚广的谚语："手里拿着锤子，眼中只有钉子。"这句话揭示了人类在学习某种工具或技能后，思维变得局限，倾向于用熟悉的工具解决所有问题，而忽视了其他可能的解决方案。这种偏见类似于盲人摸象，仅从一个维度审视事物，难以把握全局。

思维的僵化不仅会遏制我们的创造力，更可能误导我们的决策。当我们对某种工具或方法产生过度依赖时，可能会对其产生盲目的信任，甚至在明显不适用的场合也坚持使用它们。这就像试图用锤子去开锁一样，不仅无法解决问题，还可能造成不必要的麻烦和损失。

手里拿着锤子，眼中只有钉子，这种"锤子思维"限制了我们的思考和行动。然而，更令人困惑的是，有时我们手中已经有了这样一把"锤子"，在面对明明适合用"锤子"解决的问题时，却不知道要去使用它。

1.3.2 视频
鲁班、锯子与锤子

这种情况在我们初次学习或接触新工具时表现得尤为明显。怀特海将这种现象称为"僵化知识"，形容的是那些我们虽然学习但未能灵活运用的知识。

那么，如何使僵化的知识变得"鲜活"起来？我们需要拿起手中的"锤子"，去实际地敲打、尝试和解决问题。通过不断的实践和探索，我们才能深入地了解工具的应用场景，掌握其使用技巧和精髓。只有这样，我们才能逐步达到"运用之妙，存乎一心"的境界。

3. 拿起锤子，到处舞动

一块石头朝你飞来，不要闭眼睛，而是要睁大眼睛躲开他。你知道了这一教导，那它对你有没有用？

如果你没有进行实践训练，哪怕每天背诵上面这句话 100 遍也没用。因为当石头再次飞来时，你可能会本能地闭上眼睛，结果便是被石头击中。只有通过实践和训练，你才能在石头飞来时无须思考地躲避开来。

每种工具都有其独特用途，尺子用于测量长度，指南针用于确定方向，PPT 则用于有效展示报告。工具的重要性不言而喻，但关键在于如何正确使用并理解其适用场景。例如，"拿起锯子砸向大树"显然不是锯子的正确使用方式。现实当中更有可能的是，当你拿着锯子砸向大树时，你会发现这可能不是正确的做法，从而尝试其他姿势。你会不断试错，你会观察他人，你甚至会询问鲁班。使用工具也是一种实践，其本质不在于"知"而在于"行"。

1.3.3 视频
工具的力量与正确运用

有时候，使用工具的关键并不在于采用何种使用方式，而在于能否解决实际问题。比如，当你需要钉钉子却没有锤子时，随手拿起一块石头也能解决问题，无须费时费力去寻找锤子。使用工具本身就是一种实践，无论使用方式是否标准。这种实践是获取知识和提升技能的重要途径。因此，我们要勇于拿起"锤子"，在实践中不断锤炼和提升自己。

二、舞动锤子的正确姿势

思考讨论

小明一直是一个内向且害羞的人，他总是避免在公众场合发言或参与团队活动，更倾向于独自完成任务。有一天，他决定"走出舒适区"，挑战自己的社交恐惧。请说说你对"走出舒适区"这一概念的理解，并探讨一下它对于个人成长与发展的作用。

> 人们眼中的天才之所以卓越非凡，并非天资超人一等，而是付出了持续不断的努力。一万小时的锤炼是任何人从平凡变成世界级大师的必要条件。
>
> ——《异类》

1. 赫布定律与学器用器

为什么要提倡"学器用器",鼓励人们拿起"锤子"到处实践呢?这背后是赫布定律所揭示的神经元之间相互作用的原理。赫布定律描述道,当两个神经元同时被激活时,它们之间的连接会得到增强。这种连接的增强是学习和记忆的基础。

在生活中实践所学知识,就像是在激活神经元。每当我们通过实践去应用和体验知识,这些知识就与我们的认知结构形成更紧密的联系。这一过程不仅加深了我们对知识的理解,还提高了我们在各种情境中灵活应用知识的能力。

1.3.4 文本

从即兴伴奏到熟练驾驶:探索"组块化"技能的奥秘

"学器用器"的理念,不仅是学习使用工具,更是通过实践不断深化和巩固知识。每次实践,都像是在激活大脑中的知识神经元;而反复的实践,则使这些神经元之间的联系更加紧密,形成强大的神经网络。

通过持续的刺激和训练,大脑中的神经元会形成新的连接,或加强已有的连接,从而构建出专门处理特定任务的神经网络。这类似于在计算机中安装子程序。一旦这些"程序"或神经连接在大脑中安装好,我们就能迅速、准确地执行特定任务,而不需每次都重新摸索。

2. 舒适区外,舞动锤子

从"学器用器"迈向"成器"的旅程,本质上是一个不断挑战自我、突破舒适区的过程。如图1-3-1所示,在舒适区理论中,人类对于外部世界的认知可分为三个区域:舒适区、学习区和恐慌区。舒适区让人轻松自如,学习区提供适当挑战,恐慌区则超出个人能力范围。

在学习和成长的过程中,我们应当采取的策略是:走出舒适区,进入学习区,勿闯恐慌区。走出舒适区,意味着我们需要通过主动尝试和探索,逐渐超越自己熟悉的领域和环境,去接触和学习新的技能、积累经验并深化认知,以此来促进个人的成长和进步。

1.3.5 文本

舒适区、学习区与恐慌区:探索个人成长的三个阶段

通过持续在学习区进行实践,原本陌生的工具和技能会逐渐变得熟悉,这一过程也是扩展舒适区的过程。更重要的是,随着学习区的一部分逐渐转化为我们的舒适区,那些之前令我们感到不安和迷茫的因素,可能因为我们已经掌握了相关的前置技能或知识,而变得不再那么令人畏惧。这样一来,原本的恐慌区就会部分转变为新的学习区。

随着我们在新的学习区不断"学器用器",这个循环会持续进行:学习区转化为舒适区,恐慌区又变为新的学习区。每一次这样的循环,都代表着我们个人能力的提升和认知边界的扩展。这种量变最终会引发质变,使我们真正"成器"。

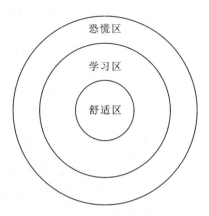

图 1-3-1　人类对于外部世界认知的三个区域

3. 超越工具，学练悟修

学知识、练技能、悟突破、修境界，这是人们不断提升自我的必经之路。

以一条具体知识为例：一块石头朝你飞来，你不能闭眼，你应该睁大眼睛盯着，然后躲开。这个例子讲的是如何应对飞来的石头这一知识。通过练习，我们可以掌握躲避石头的技巧。在这一过程中，我们可能会领悟到如何通过观察和预判来更好地避免危险（每个人的领悟都有所不同，甚至有人能领悟到抛物线方程）。最终，我们"修炼"出一种对危险的敏锐感知和快速应对的能力。

"学知识"是我们探索新知、理解世界的基石，它帮助我们了解事物的本质规律和运作机制；"练技能"则是通过实操和训练，将所学知识转化为实际操作能力；"悟突破"是在学习与实践中形成对复杂问题的深刻理解，它标志着思维的提升和认知的跃进；"修境界"是精神层面的自我完善，涉及对人生意义、自我价值及道德伦理的深刻领悟与追求。

1.3.6　文本
掌握商业模式画布：从学知识到修境界的进阶之旅

通过这四个阶段，我们可以得出一个公式：进步＝学习＋实践＋思考＋坚持。这个公式不仅适用于上述应对飞来的石头的例子，也适用于任何领域的学习和成长。只有不断学习新知识、勇于实践、深入思考并坚持不懈地努力，我们才能在人生的道路上不断进步和成长。

三、"我来经营"工具指南

思考讨论

在如今的数字化时代，我们越来越依赖于使用各种 AI 工具来完成日常任务和工作。

我们该如何巧妙地"用器",既能借助 AI 工具提升效率,又能确保自己不被工具所束缚,并最终真正"成器"呢?

_____

_____

_____

1. 选择工具,打造"一口箱子"

在"我来经营……"项目中,选择恰当的工具就如同为未来的企业经营创新之旅精心准备行囊。我们所说的"一口箱子",不仅是一个收纳经营创新工具的简单容器,而且深层次地体现了我们对经营创新的态度与策略。

1.3.7 视频
"我来经营……":
经营创新"工具箱"

在武侠小说中,关于最强兵器的争论层出不穷。剑因其优雅与灵活受人推崇,刀则因其霸气与力量受到偏爱,还有暗器的变幻莫测也令人着迷。然而,在古龙的小说《英雄无泪》中,一个独特的观点被提出:最厉害的武器其实是一口箱子。此箱内收有各种武器组件,能针对不同敌人灵活地组装出制胜兵器。

就像小说中所描述的这口神秘箱子一样,我们的企业经营创新"箱子"虽然外表普通,但蕴含着无穷的智慧和力量。这个"箱子"可以根据不同的需求和场景,灵活运用各种理论和工具,以找到问题的最佳解决方案。

构建这样一口企业经营创新"箱子",不仅是我们应对复杂商业环境的必要手段,更是我们实现经营目标的重要保障。这个"箱子"要足够大,以容纳我们将使用的各种工具;要足够坚固,以在我们的创新之旅中经受各种考验。但更重要的是,这个"箱子"要能够激发我们的创新思维,引领我们勇敢地踏上企业经营创新的征程。

让我们带着这个装满智慧和力量的"箱子",共同开启企业经营创新的新篇章吧!

2. 企业经营创新的五大工具

要成功推进"我来经营……"项目,我们需要经历五大核心步骤:确定项目主题,分析市场用户,提炼价值主张,优化用户体验,以及设计商业模式。为确保每一步都能得到有效实施,我们精心挑选了五种相辅相成的工具,它们如齿轮般紧密配合,共同组成了我们企业经营创新的"工具箱",如图1-3-2所示。

"头脑风暴+思维导图"帮助我们确定项目主题。通过头脑风暴,我们可以激发创新思维,挖掘出丰富的想法和观点。利用思维导图,我们可以清晰地梳理出这些想法之间的逻辑关系,从而确定我们的项目主题。

"用户画像+用户故事"让我们深入理解目标用户。用户画像刻画出典型的用户特征,而用户故事则生动展现用户需求和期望,使我们更加贴近用户,精准把握其心理和行为习惯。

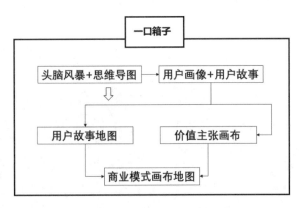

图 1-3-2　一口箱子，五大工具

"价值主张画布"明确连接了用户需求和企业的核心价值，确保我们的产品或服务能够直接回应客户的痛点，提供真正有价值的解决方案。

"用户故事地图"则全景式地呈现了用户与企业的交互过程，帮助我们及时发现并改善影响用户体验的关键环节，进而提升用户满意度。

"商业模式画布地图"融合了价值主张和用户需求，为企业绘制全面的经营蓝图。它不仅揭示了企业的盈利模式和竞争优势，还确保产品或服务始终与用户需求保持高度一致。

1.3.8　文本

《大腕》启示录：运用五大工具构建高端公寓项目蓝图

3. 君子不器，不为物役

在推进"我来经营……"项目的过程中，我们精心挑选了五种工具，并将其整合于一个工具箱内。但在运用这些工具时，我们必须时刻谨记"君子不器，不为物役"的哲理。这一观点提醒我们，人不应被外界事物所限制，应保持独立的思考和行动能力，确保工具是为我们服务，而非使我们成为工具的奴隶。

工具与技术的演变往往是社会变迁的重要推动力，但工具与技术本身并无善恶之分，它们既能推动社会进步与繁荣，也可能引发失业与混乱。其关键在于我们如何掌握并运用这些工具，以及我们是否拥有应对社会变革的智慧与勇气。

在当今时代，工具极大地提高了我们的效率。我们应该重视工具带来的便利，同时避免让它们左右我们的选择和方向。我们必须认识到，工具只是达成目标的桥梁，绝非目标本身。这样，我们才能在"我来经营……"项目中，以及更广阔的学习、生活和工作空间中，游刃有余地驾驭各种工具。

1.3.9　文本

高考语文作文题："工具化"的体验与思考

小组任务

快乐旅馆五大工具挑战

假设你们即将经营一家"快乐旅馆",请结合本章学习的五大工具,完成以下任务:
- 用户画像大揭秘:剖析目标客户,为他们构建细致的用户画像。
- 用户故事编织:基于用户画像,创作引人入胜的用户故事。
- 价值主张设计大比拼:结合用户故事,设计凸显旅馆特色的价值主张。
- 用户体验地图探险:详细描述用户在旅馆内的全流程体验。
- 商业模式画布创想:整合前述分析,构建创新且可行的商业模式画布。

任务四　经营创新玩转沙盘

一、像企业家一样思考

思考讨论

请先独立思考如何吸引更多的年轻消费者,接着,尝试"像企业家一样思考"同样的问题。比较这两种思考方式,你感受到的体验有何不同?

_____
_____
_____

1. 像 X 一样思考

"像 X 一样思考"是戴维·珀金斯在《为未知而教,为未来而学》一书中提出的一种学习和思考方式,目的是授人以渔,而非授人以鱼。这里的"X"代表科学家、数学家、历史学家、艺术家等各学科领域的专业人士。不同学科具有不同的认知方式,"像 X 一样思考"的含义是,人们应能够像各领域的专业人士一样去思考问题。

科学家通常具有严谨的思维和分析能力,能够通过实验和数据来验证假设并得出结论。如果我们像科学家一样思考,那么我们可以培养自己的逻辑思维能力,从而更好地分析和解决问题。艺术家通常具有独特的创造力和想象力,能够将普通的事物转化为充满艺术感的作品。如果我们像艺术家一样思考，那么我们可以培养自己的创造力和想象力，从而更好地表达自己的想法和创意。

以《像火箭科学家一样思考》这本书为例，它鼓励读者学习火箭科学家的思考方式，将看似不可能的问题转化为可能。火箭科学家的思考方式具有创新性和突破性，他们能够超越传统的限制，提出新的解决方案。通过学习他们的思考方式，我们可以培养出更加创新和开放的思维方式。

总之，"像X一样思考"鼓励我们跨越学科界限，汲取不同领域的智慧。它为我们提供了一种全新的视角和方法，使我们能够更全面地理解和应对复杂多变的世界。

1.4.1 文本
角色代入：像不同职业者一样思考

2. 企业家思维的特点

"像X一样思考"鼓励我们模仿不同领域精英的思考模式，以此来提升自身的思维能力，更好地应对未来挑战。在企业经营领域，"像X一样思考"指像企业家一样思考。那么，如何做到这一点呢？

首先，培养市场敏锐度是至关重要的。企业家对市场趋势和客户需求有着超凡的洞察力。因此，你需要时刻关注市场动态，理解客户需求的变化，以便及时捕捉商机并做出相应调整。

其次，快速决策并勇于面对风险。企业家精神的一个重要体现就是敢于冒险和尝试。在面对不确定性和挑战时，你需要学会权衡利弊，迅速作出决策，并勇于承担相应的责任。

再次，要始终保持创新思维。企业家擅长打破常规，探索新的解决方案。因此，你也需要不断挑战自己的思维边界，积极尝试新颖的方法和策略，以推动企业不断创新和进步。

最后，学会从失败中吸取教训。企业家在创业过程中难免会遇到挫折和失败，但他们总能从中汲取经验，不断调整和改进经营方式。你也需要具备这种韧性，将失败视为学习和成长的机会，不断提升自己的思考方式和经营策略。

1.4.2 视频
椅子专卖项目评价

通过实践这些关键步骤，你将逐步培养出更贴近企业家的思考方式。无论是面对复杂多变的市场环境，还是应对各种经营挑战，像企业家一样思考都将成为你的制胜法宝。

3. 培养企业家思维

当我们说"像企业家一样思考"时，我们实际上是在强调一种特定的思维模式，即以企业家的视角和逻辑来审视和解决问题。"像企业家一样思考"，要求我们把自己置于企业家的位置，想象自己面临的是他们日常所遇到的问题和挑战。这种代入感可以帮助我们更深入地理解企业家的决策逻辑和行为动机。

1.4.3 视频
建立自己的思维模型

为了培养企业家思维模式，我们可以采取以下方法：

角色扮演。在模拟的商业环境中，扮演一个企业家角色，这有助于我们更深入地了解企业家的决策过程、责任担当和创新能力。

案例分析。通过研究成功和失败的企业案例，分析企业家的决策过程和思维模式，我们可以发现企业家的成功秘诀和失败原因，并从中汲取经验教训。

实际操作。尝试自己开展小型的商业活动或项目，亲身体验企业经营的各个环节，从而更加了解市场的运作机制、客户的需求和竞争的压力。

除此之外，寻求反馈与持续学习也非常重要。我们需要不断地反思自己的决策和行动，从中总结经验教训，并不断地学习新的知识和技能，以应对不断变化的商业环境。

通过上述方法，我们可以逐渐培养自己的企业家思维模式和行为方式。当我们能够以企业家的视角来审视问题、制定策略并开展行动时，我们就已经迈出了成为优秀企业家的第一步。

二、沙盘推演能觉知

思考讨论

你是否有玩沙盘游戏的经历？如果未曾体验过沙盘游戏，那么你是否玩过棋类游戏，或者大富翁这样的桌游？请结合你的实际体验，谈谈你在玩这类游戏时的感受。

_____
_____
_____

1. 模拟经营，沙盘推演

在学习企业经营创新时，我们经常会发现，纯粹的理论学习显得抽象且难以直接应用于实际。理论知识虽然为我们提供了必要的指导，但要真正掌握企业经营的精髓，亲身实践至关重要。然而，我们的实践环境往往难以匹配学习需求，同时，实践中犯错的代价也相对较高。

幸运的是，我们拥有两种神奇的能力——心理时间旅行和思想实验。心理时间旅行让我们可以在脑海中穿越时空，回溯过去、展望未来，体验各种可能的事件。而思想实验则是一种在大脑中进行的实验，通过假设、推理和逻辑分析等方法，对理论或假设进行验证或反驳。

当我们将这两种思维工具与实际资源相结合时，便可以构建一个高效的"实验室"。在这个实验室中，我们可以进行"纸上谈兵"式的实战模拟，也就是沙盘推演。通过这种方式，我们可以模拟市场的动态运行，深入分析消费者行为，以及预测竞争对手可能采取的策略，从而对市场假设进行全面的验证。

1.4.4 视频
用"最小可行性产品"验证市场

在创业领域，特别是在推进创新型项目时，如何在充满不确定性的市场中迅速验证商业假设和产品理念，是一个重要的挑战。精益创业方法论正是为了应对这一挑战而诞生的。其核心理念是将模拟经营与实际操作紧密结合，从而为创业者提供一种验证商业模式和降低经营风险的有效手段。

2. "敲锣打鼓"与"寂静之声"

本节我们将展示一个具体的"思想实验＋沙盘推演"的例子。在下一节中，我们将基于这个案例，分析并得出实验结论。

设想在一条繁华的商业街上，众多奶茶店中，有一家名为"敲锣打鼓奶茶店"的店铺格外引人注目。该店老板擅长运用各种营销手段，如敲锣打鼓、雇人排队、邀请网红打卡、发布洗脑广告等，成功地将一家又一家竞争对手挤出市场。

然而，在这场激烈的市场竞争中，仍有一家名为"寂静之声奶茶店"的店铺屹立不倒。这家奶茶店之所以能够在竞争中存活下来，主要得益于其优质的奶茶口感。此外，寂静之声奶茶店的老板是一位文艺青年，他坚守自己的经营理念，不被外界喧嚣所干扰。要了解寂静之声奶茶店的独特风格，只需聆听同名歌曲《寂静之声》便可略知一二。

当然，每个人的口味和喜好都有所不同。在不同的心情和时段下，人们可能会选择不同的奶茶店。因此，尽管敲锣打鼓奶茶店声势浩大，但仍有一部分顾客会被寂静之声奶茶店所吸引。

实例分析

关于两家奶茶店的思想实验与沙盘推演

"转移概率"设定：来到敲锣打鼓奶茶店的顾客，有70%的人会继续选择该店，有30%的人则会选择去寂静之声奶茶店；寂静之声奶茶店的顾客，有90%的人会继续选择该店，有10%的人则会选择去敲锣打鼓奶茶店。

初始条件：两家奶茶店初始顾客数量相等，均为5000人。

思想实验一：平衡状态下的竞争

推演过程：

- 从初始状态开始，每家店都按照自己的保留率和转移率进行顾客数量的调整。
- 经过多轮调整后，观察两家店的顾客数量变化。

预期结果：

- 敲锣打鼓奶茶店的顾客数量将逐渐减少至 2500 人。
- 寂静之声奶茶店的顾客数量将逐渐增加至 7500 人。

结论：在平衡状态下，即使敲锣打鼓奶茶店有着较丰富的营销手段，但长期来看，寂静之声奶茶店可能因其更高的顾客保留率而占据更大的市场份额。

思想实验二：新店开业的冲击

改变条件：初始时只有敲锣打鼓奶茶店拥有全部 10000 名顾客。寂静之声奶茶店作为新店开业。

推演过程：

- 初始状态设置为敲锣打鼓奶茶店独占市场。
- 寂静之声奶茶店开业后，按照相同的保留率和转移率进行调整。
- 观察两家店在新市场环境下的顾客数量变化。

预期结果：

- 敲锣打鼓奶茶店的顾客数量将逐渐减少至 2500 人。
- 寂静之声奶茶店的顾客数量将逐渐增加至 7500 人。

结论：新店的开业会对市场造成短期冲击，但长期来看，寂静之声奶茶店可能因其更高的顾客保留率而占据更大的市场份额。

思想实验三：营销策略的影响

改变条件：寂静之声奶茶店推出"唱神曲送奶茶"活动，成功吸引了全部 10000 名顾客。

推演过程：

- 初始状态设置为寂静之声奶茶店独占市场。
- 两家店按照相同的保留率和转移率进行调整，观察顾客数量的变化。

预期结果：

- 敲锣打鼓奶茶店的顾客数量将逐渐减少至 2500 人。
- 寂静之声奶茶店的顾客数量将逐渐增加至 7500 人。

结论：尽管通过营销策略可以暂时提升市场份额，但长期来看，寂静之声奶茶店可能因其更高的顾客保留率而占据更大的市场份额。

3. 实验结果

在上一节敲锣打鼓奶茶店与寂静之声奶茶店的思想实验与沙盘推演中，我们通过设定恒定的"转移概率"进行了三个关键的思想实验：平衡状态下的竞争、新店开业带来的市场冲击，以及营销策略变动对市场的影响。这些实验揭示了市场竞争中的一些规律。

首先，我们认识到初始市场份额对于企业长期竞争地位的影响并不显著。即便一家企业在市场初期占据优势，这也不能保证其在长期内维持领先地位。这一发现削弱了传统观念中对于"先发优势"的过分强调。

其次，企业的历史、传统和声誉在现代市场竞争中的作用逐渐减弱。消费者越来越注重产品质量、服务水平以及品牌的创新能力，而非企业过去的辉煌成就。这意味着企业只有不断开展创新和提升自身实力，才能赢得消费者的青睐。

再次，我们的实验结果表明，频繁的策略变动和市场操作往往难以带来持久的市场效果。市场具有一种自我调整的能力，使得各种策略最终趋于一种均衡状态。因此，企业在市场竞争中应更加注重持续、稳健和有针对性的策略，而非盲目追求短期的市场效应。

最后，我们还发现，真正决定企业长期成功的关键因素是"转移概率"，即客户从其他品牌转向你的品牌的可能性。在商业实践中，这一概率直接关联到消费者的"忠诚度"。

1.4.5 文本"敲锣打鼓"与"寂静之声"思想实验结论

三、经营沙盘，操作指南

思考讨论

如果让你来经营一家童话主题餐厅，你会如何进行规划和部署？你会如何利用童话元素来营造独特的用餐体验，同时确保餐厅的运营效率和盈利能力？

_____
_____
_____

1. 从经营构想到市场领航

我们将模拟真实的企业经营活动，通过一系列任务和决策来深入理解企业经营创新。这一过程中，我们需要像企业家一样思考，从项目选择到商业模式设计，全面考虑企业经营的各个方面。以下是整体思路。

（1）项目主题选择

目标：确定一个具有市场潜力和可行性的经营主题。

方法：通过头脑风暴产生创新想法，利用思维导图进行整理和筛选，最终确定一个既符合自身兴趣和能力，又具有市场潜力的项目。

(2) 市场用户分析

目标：深入了解目标市场和研究用户需求。

方法：进行市场定位、竞争格局和用户分析，创建用户画像，通过用户故事深入理解用户需求和行为模式。

(3) 价值主张设计

目标：明确企业向用户承诺的价值和提供的产品。

方法：应用价值主张设计工具（如价值主张画布），结合对市场用户生活方式的研究，提出价值主张，确定产品和服务类型。

1.4.6 视频

学生作业：我来经营表白音箱

(4) 用户体验分析

目标：优化产品服务，提升用户体验和满意度。

方法：运用用户故事地图，分析用户在使用产品的整个过程中的体验、感受、想法和痛点，并提出改进建议。

(5) 商业模式设计

目标：构建一个有效且可持续的商业模式。

方法：综合考虑前面四个步骤的成果，利用商业模式画布，设计出一个由关键要素构成的商业模式。

2. 经营创新实战演练

当我们踏入"我来经营……"这个虚拟的企业经营创新之旅时，首先映入眼帘的是一片空白的沙盘。这如同一张白纸，等待着我们用智慧和策略来描绘未来的商业蓝图。而在这个过程中，"纸上谈兵"成了我们不可或缺的利器。它并非空洞的夸夸其谈，而是以实质性的经营内容和明晰的策略为基础，为我们的商业征途指明方向。

我们不仅要关注整体的战略规划，而且要着眼于细节的打磨。一个响亮且紧扣主题的企业名字，一个独特且生动的企业 logo，都可能成为企业制胜的关键。这些看似微小的元素，实则蕴含着巨大的商业价值，它们是我们项目成功的基石。

1.4.7 视频

纸上谈兵，言之有物——logo 设计

在沙盘推演中，我们更注重"形而下之器"层面的实践操作。那些抽象的商业理论和战略思考，需要与实际情境紧密结合，转化为切实可行的战术。为了更好地将理论转化为实践，我们精心整理了一套经营创新工具，这些工具如同沙盘推演中的利器，可以帮助我们将商业理念变为现实。

沙盘推演的价值不仅在于模拟过程本身，更在于它提供了一个学习和反思的平台。在这个过程中，我们不断学习、不断反思，通过每一次的决策和实战演练，提升自己的商业洞察力和决策能力。最终，我们将这些经验和教训内化为自己的商业智慧，为未来的商业征途做好充分的准备。

3. 经营沙盘操作实例

项目名称：童话主题餐厅

1. 准备阶段

团队组建：团队由五名成员组成，在不同的项目任务阶段承担不同的角色。

工具准备：大白纸，大量便利贴和彩笔，价值主张画布，用户故事地图和商业模式画布模板。

2. 实施阶段

项目一：确定主题方向

团队成员开展头脑风暴，探讨众多经营项目，经过筛选，最终锁定以童话为主题的餐厅构想。在考虑不同童话故事的特色元素、目标顾客以及装修风格等要素后，他们借助思维导图，清晰直观地展现了创意构思。

经过反复讨论，团队确定以"经典童话故事之旅"作为餐厅主题，并计划将餐厅划分为多个区域，每个区域分别呈现《小红帽》《白雪公主》《灰姑娘》等经典童话故事，为顾客带来沉浸式的用餐体验。

项目二：研究用户需求

为了更深入地了解目标用户的需求和期望，团队创建了几个典型的用户画像，包括拥有孩子的家庭、童话爱好者以及寻求独特体验的年轻人等。

针对每个用户画像，团队成员编写了相应的用户故事，例如："小丽是一位年轻的母亲，她希望带着自己的孩子在一个充满奇幻和惊喜的环境中享用美食，同时让孩子了解经典童话故事。"

项目三：明确价值主张

基于用户画像和用户故事，在价值主张画布上，团队明确了他们的核心价值主张：为顾客提供沉浸式的童话故事用餐体验，让他们在品尝美食的同时，感受到童话世界的奇幻与乐趣。

这个价值主张强调了产品的独特卖点——将美食与童话故事相结合，为顾客带来前所未有的沉浸式体验。这种创新性的价值主张有助于吸引目标用户群体，并提升餐厅的市场竞争力。

项目四：优化用户体验

为了提升用户体验，团队绘制了详细的用户故事地图。从顾客进入餐厅的那一刻开始，一步步地考虑用户在点餐、用餐以及离店后的反馈等各个环节的感受和需求。

通过这个过程，团队发现了一些潜在的体验障碍，例如菜单上的童话故事与菜品之间的关联不够明显。为了解决这个问题，他们优化了菜单设计，将每个菜品与相应的童话故事建立更紧密的联系，并通过创意的命名和描述增强菜单的趣味性。

项目五：构建商业模式

在商业模式画布上，团队详细规划了他们的收入来源、关键活动、重要合作伙伴以及成本结构等要素。团队设想通过销售菜品、特色饮品以及主题活动门票等多种渠道实现盈利，同时确定了食材采购、菜品制作、场景布置以及顾客服务等关键活动，并积极寻求与童话故事版权方、活动策划公司等合作伙伴的合作机会。

在构建商业模式的过程中，团队注重平衡创新性和可行性。他们设计了独特的装修风格和互动式的表演节目等来吸引顾客，同时制定合理的定价策略和开发有效的成本控制措施来确保餐厅的盈利能力。

3. 总结阶段

经过模拟经营和沙盘推演，童话主题餐厅构建了独特的餐厅概念与可行的商业模式。但在用户需求研究和商业模式细节上仍须完善。此次模拟经营凸显了精准把握用户需求、优化顾客体验及灵活调整策略的重要性，为餐厅的美好未来奠定了坚实基础。

1.4.8 视频
理论案例 + 模拟经营：我们能学到什么？

小组任务

思想实验挑战：太空旅游项目

假设你们是一家太空旅游公司的创始团队，目前太空旅游市场还是一片蓝海，你们看到了其中蕴藏的商机。现在，你们要进行一次思想实验，模拟经营这家太空旅游公司，探索商业模式的可行性，并规划公司的发展方向。

情境二

商业中的创新创意

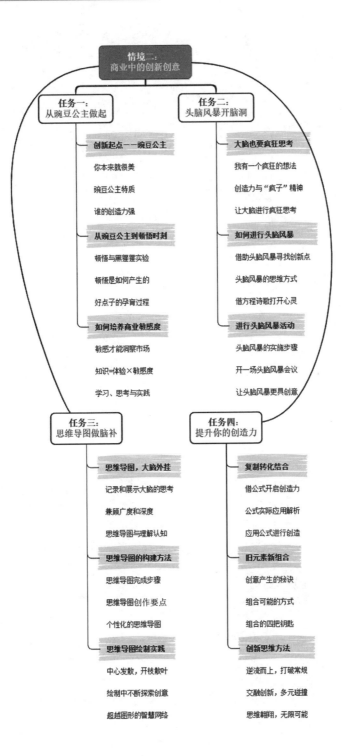

任务一　从豌豆公主做起

> 我看见了大理石中的天使，于是我不停地雕刻，把多余的大理石去除，于是天使就显露出来了。
>
> ——米开朗基罗

一、创新起点——豌豆公主

思考讨论

你是否熟悉安徒生的童话故事《豌豆公主》？请你描述一下"豌豆公主"的主要特质是什么？为什么我们会认为创新的起点是"豌豆公主"？小孩子的创造力强不强？与成人相比，谁的创造力更强？猴子的创造力强吗？大自然的创造力强吗？

_____
_____
_____

1. 你本来就很美

什么是好创意？正如自然堂的广告词——你本来就很美（见图2-1-1），好创意给人的感觉是，此前，别人无论如何也想不到；之后，大家觉得这个显而易见。好创意常常带有一种魔力，它能在瞬间打动人心，让人产生强烈的共鸣。

图2-1-1　广告词"你本来就很美"

如果将"你本来就很美"这样的创意移植到其他产品的广告中，例如将王老吉的广告语改为"你本来就没上火"，呈现的效果就可想而知了。同样，即使是将这一广告语应用到与护肤品最为接近的化妆品如口红上，效果可能也并不理想，甚至可能适得其反。因此，好的创意需要与产品的特性和市场需求紧密结合。

"喜欢＝熟悉＋意外"，这一框架诠释了人们为何偏爱好创意。好创意能够为我们带来新鲜感和愉悦感，因为它巧妙地将我们内心深处的渴望和认同与意想不到的表达方式相结合。这种独特的呈现方式常常能触动我们的情感，引发共鸣，从而在我们心中留下深刻的印象。

想想躲猫猫游戏，这是一个简单却深受小孩子喜爱的游戏。在游戏中，孩子们首先看到一张熟悉的面孔，然后这张面孔被双手挡住，接着又再次出现。这个过程充满了意外和惊喜，让小孩子在熟悉的环境中体验到了新鲜感和愉悦感。这种熟悉与意外的结合，正是躲猫猫游戏的魅力所在，也是好创意能够吸引人的原因。

2.1.1 视频
可口可乐"分享一瓶可乐"营销活动

2. 豌豆公主特质

米开朗基罗曾说："我看见了大理石中的天使，于是我不停地雕刻，把多余的大理石去除，于是天使就显露出来了。"对于大多数人而言，可能很难从大理石中看到天使。创新的出发点就是看到大理石中的天使，看到别人看不到的东西，感受到别人感受不到的事物，这也就是"豌豆公主"。《豌豆公主》是安徒生的经典童话，讲述了一个如何判断真正的公主的故事。在众多自称公主的女子中，只有一位女孩通过了考验。

一日，一个狼狈不堪的女孩在暴风雪夜叩响了王宫大门。王后为她安排了房间，她躺下后却抱怨床铺异常硌人，即便铺上了二十层被褥也无济于事。第二天，人们惊奇地发现，床下竟藏着三颗微小的豌豆。皇后因此认定她是真正的公主。

豌豆公主最突出的特质，无疑体现在她超乎寻常的感知上。这种敏感度，是产生创意的起点，因为创意往往就隐藏在细微之处。它不仅是对物质世界的简单感知，更是一种对细微差异和不寻常之处的敏锐洞察。它使我们能够从一个全新的角度去审视问题，发现其中的不足和机会，从而提出创新性的解决方案。

2.1.2 视频
"豌豆公主"们的颠覆与创新

3. 谁的创造力强

许多人认为，孩子因为未被社会规范和传统思维束缚，所以拥有比成人更强的创造力。他们能够以独特而出人意料的方式解决问题，或用奇思妙想来表达观点。例如，在孩子们的画作中，能看到超现实主义元素或不同事物与概念的融合，它们展现出了独特的创意画面。

我们换一个角度来看，如果小孩子的创造力相较于大人更为突出，那么从某种程度上来讲，这似乎表明在人们的学习和成长过程中，创造力会逐渐减弱。

有一个著名的思想实验"猴子和打字机"：足够多的猴子随机敲击打字机键盘，最终竟"创作"出莎士比亚的著作。这看似展示了惊人的"创造力"，但我们并不会因此认为猴子有创造力。

2.1.3 文本
创意的捕捉与再创造：
奥格威的广告魔法

在刘慈欣的作品《诗云》中，尽管"神级文明"用"穷举法"写出了所有符合诗律的古诗词，但是他们无法从中找出超越李白的伟大作品。因此，创造需要一种"妙手偶得之"的灵感。尽管当前的 AI 工具能够生成海量的作品和方案，但如果使用者缺乏敏锐的洞察力，这些作品和方案很可能只是无意义的堆砌。

因此，当我们谈论"谁的创造力强"时，或许应该更多关注那些能够从众多作品中敏锐发现并提炼出真正有创意和价值的内容的人。同样，在"猴子和打字机"实验中，真正值得称赞的不是猴子，而是那个能够从无数篇目中挑选出创意作品的那个人。

二、从豌豆公主到顿悟时刻

思考讨论

你是否经历过这样的情况：面对一个复杂的问题，长时间无法找到解决方案，但突然间，一个灵感闪现，你找到了问题的答案。请探讨这一过程是如何发生的，以及这背后的心理机制是什么。进一步地，你如何理解这种"顿悟"现象的产生？

1. 顿悟与黑猩猩实验

在创新过程中，"豌豆公主的敏感"和"黑猩猩的顿悟"是两大要素。

当你着手设计电灯泡时，你会如何展开思路？你可能会关注产品的外观，力求让它具有独特的造型。你也可能会考虑电灯泡的尺寸、颜色以及风格等，比如在暖色和冷色之间作出选择，或是在欧式和中式设计中寻找平衡。

但是，仅仅依赖这样的思考方式，你可能难以创造出真正令人惊叹的产品。无印良品的首席设计师原研哉曾经说："我做的是光线的设计，而不是产生这些光线的照明器材的设计。"这种敏锐的感知，正是设计领域中的"豌豆公主"。

然而,《伟大创意的诞生》的作者提醒我们,一个有经验的历史艺术家,能一眼看出来一个古代雕塑是不是赝品,一个老警察也能从茫茫人海中一眼发现形迹可疑的人,但是这种依靠直觉作出的瞬间判断,很少能够成为改变世界的好创意。

真正的创新往往源于更深层次的思维跃迁,即顿悟。这通常是在经历长时间的思考和试错之后才会闪现的灵感。在苛勒的黑猩猩实验中,黑猩猩面对获取食物的挑战,经历了一系列的试错,最终通过顿悟找到了有效的解决方案。

同样地,当我们在面对问题时,也会经历类似的失利过程。然而,就在某一瞬间,顿悟降临("尤里卡时刻"),创新性的解决方案应运而生。

2.1.4 视频
阿基米德的"尤里卡时刻"

2. 顿悟是如何产生的

很多人都有这种经历:在教室里对着复杂的数学题发愁,尽管冥思苦想,却无法找到答案。我们遍览教科书,钻研每个章节、小节,期望从千丝万缕的信息中寻得解题线索。但问题如同崇山峻岭,难以翻越。

然而,在寝室的床上,当思维沉淀之际,常会有意想不到的收获。脑海中突然闪现的灵感,如同夜空中的流星,照亮了黑暗的思维角落。这种顿悟带来的兴奋,让人心跳加速,难以言表。因为我们明白,这灵光一闪,正是解开谜题的关键。

顿悟,一种独特的思维现象,充满了创造性与突发性。它并非凭空而来,而是知识、经验与思维长期碰撞的结果。在反复思考和探索过程中,我们的大脑不断吸收和处理信息,虽然起初可能看似无果,但这些努力为顿悟的出现打下了基础。

思维的放松与沉淀也至关重要。当我们暂时放下问题,让大脑得到休息,潜意识便有机会对已有信息进行重新组合。这种潜意识的加工往往能发现先前被忽视的联系,从而触发顿悟。

外部刺激也有可能引发顿悟。有时候,一个微小的外部事件或不经意的观察,会与我们深思熟虑的问题形成某种神秘而有启发性的联系。这种联系如同思维的火花,能够点燃我们脑海中沉睡已久的灵感,进而迸发出全新的想法。

2.1.5 视频
顿悟产生的故事

3. 好点子的孕育过程

创意之旅,始于"豌豆公主"般的敏锐感知,历经思维碰撞与外部激发,终至"尤里卡时刻"。这一过程既复杂多变,又孕育着无限可能。正如《伟大创意的诞生》一书所阐述的:"一个创意是一群细胞组成的网络,会尽可能地在相邻可能空间里,去探寻一些新的网络组合方式。这一点适用于任何一次创意的产生……"

2.1.6 视频
成长之路：从挫败到创意的蜕变

在商业领域中，好点子的形成同样遵循这一探索与组合的规律。它不仅仅依赖于我们既有的知识、经验和直觉，而且受到外界环境的深刻影响。因此，好点子的孕育是一个多因素交织、多阶段演进的过程，从最初的敏锐感知，到思维的不断碰撞与激发，直至最终灵感的迸发，每一步都充满了挑战与发现。

体验与敏感：对周遭保持高度敏感与好奇，通过深入体验，我们能更透彻地理解问题本质，发掘潜在的痛点与需求。

酝酿与沉淀：面对难题或挑战时，直接应对并非总是上策。有时，让问题在脑海中酝酿片刻，反而能催生更多创意。

发散与关联：在酝酿期中，需要有意识地发散思维，从多角度审视问题。将看似无关的想法和信息联结起来，往往能擦出意想不到的创意火花。

洞见与灵感：我们有时会在某个不经意的瞬间获得深刻的洞见或灵感，这种顿悟往往是对问题本质的崭新认识。

三、如何培养商业敏感度

思考讨论

请描述一个你相较于一般人更为敏感的领域，你是怎么"修炼"出这一敏感性的？你有没有什么独门秘籍可以分享，让我们也能在你的敏感领域里有所提升？另外，这种敏感性又为你带来了哪些与众不同的体验或意想不到的收获呢？

_____

_____

1. 敏感才能洞察市场

《豌豆公主》的故事不仅是一个关于公主与豌豆的童话，更是一个关于敏感度与洞察力的寓言。在这个故事中，公主因为敏感而察觉到了床垫下微小的豌豆，这种超乎寻常的敏感度使她与众不同。

2.1.7 视频
百度之敏，更懂中国

在商业世界中，敏感度同样举足轻重。它使我们能够捕捉到那些常人难以察觉的市场变化，进而发掘出各种商业潜力。敏感度就像是揭开商业痛点的金钥匙。这些痛点常隐藏在市场的深处，代表着消费者尚未满足的潜在需求或行业内亟待攻克的难题。只有那些具有高度敏感性和深刻洞察力的人，才能精确地找到这些痛点，从而开拓新的商业领域或提供独特的解决方案。

此外,敏感度还可以助力我们深入洞察市场动态,更好把握市场趋势和消费者需求,让我们能够预见未来,提前部署,站在"风口",紧紧抓住窗口期。这种预见性,赋予了经营者"站在未来看今天"的能力,使我们能够迅速抓住那些转瞬即逝的商业机会,在激烈的市场竞争中抢占先机。通过这类敏锐洞察和果断行动,我们可能实现商业上的辉煌。

2. 知识=体验×敏感度

知识、体验与敏感度之间存在着紧密的联系,这一观念在创新领域中尤为重要。创新往往源于对某一领域的深入体验和敏锐感知。或许我们每个人都有自己高敏感领域,这些领域往往能激发我们的创新灵感。

需要指出的是,敏感度并非天赐,而是通过持续不断的实践和训练逐步提升的。例如,一个学过绘画的人,他对色彩、构图、线条等的敏感性通常比一般人要强,能察觉到画面细微的差异和独特的美感;一个学过音乐的人,他对音调、节奏、和声等的敏感性通常比一般人要强,能注意到别人察觉不到的音乐元素,感受到别人感受不到的情感和氛围。

《未来简史》的作者赫拉利将其总结为:知识=体验×敏感度。他在书中这样描述:"体验和敏感性会形成一个互相加强的无限循环。没有敏感性,就无法体验任何事物;不体验各种事物,就无法培养敏感性。敏感性并不是能够靠读书或听演讲来培养的抽象能力,而是一个实践技巧,必须在实践中慢慢成熟。"

2.1.8 视频
绝对音高:天赋使然还是后天培养?

因此,一个被称为"吃货"的人,他的味蕾往往比普通人更为敏感,能够辨别出味道的微妙变化。这是因为他们热衷于品尝各式各样的食物,在不断体验中培养了对食物风味的敏感,从而在享受美食的同时,积累了很多感知经验。

3. 学习、思考与实践

商业敏感度是企业经营者的一项重要能力,它能够帮助我们预见市场的变化,捕捉新的机会,作出前瞻性的决策。根据"知识=体验×敏感度"的公式,要培养和提升商业敏感度,学习、思考与实践是不可或缺的要素,并且需要紧密结合起来。

学习可以为我们提供商业领域的基础知识和理论,帮助我们建立扎实的商业认知基础。通过学习市场动态、行业趋势、商业模式等方面的知识,我们能够更好地理解商业运作的规律和原则,为后续的实践和思考提供有力的支撑。

思考能够帮助我们将学到的知识内化为自己的认知,并激发出新的想法和观点。我们可以通过向自己提问来引导思考的

2.1.9 视频
敏感与体验

方向，比如"这个商业模式为什么能够成功？""如果我是这家公司的CEO，我会怎么做？"等。同时，我们还可以尝试从不同的角度来审视商业问题。

实践则是将学习和思考转化为实际行动的过程。通过实际参与商业项目，我们能够亲身体验商业环境的复杂性和多变性，更好地理解市场的需求和竞争态势。实践中的经验和教训将不断反哺我们的学习和思考，提升我们的商业敏感度。

学习、思考与实践三者相辅相成，共同构成了提升商业敏感度的关键路径。只有将它们紧密结合，循环往复地练习，我们才能够在商业领域中保持敏锐的洞察力和准确的判断力。

小组任务

从"豌豆公主"到"尤里卡时刻"："城市微观世界"商机发掘挑战

1. 城市探索。深入所在城市，以全新的视角细心观察那些常被忽略的细微之处。这些细微之处可能包括独特的建筑细节和街头文化。

2. 细节记录。详细记录并描述自己观察到的、别人可能未曾注意的细节，并进行生动的描述。

3. 商机挖掘。在描述的基础上，探讨这些细节背后可能隐藏的商机，思考如何将它们转化为切实可行的商业项目或市场策略。

任务二　头脑风暴开脑洞

> 有创造力的人没有单一的风格，既可以是修士也可以是唐璜，唯一共通的地方就是复杂：同时拥有相互矛盾的两个极端，并在两者之间自如转换。
> ——米哈里·希斯赞特米哈伊

一、大脑也要疯狂思考

思考讨论

苍蝇和蜜蜂在飞行方式上有什么不同？设想一个实验：一个玻璃瓶底对着明亮的灯

光放置，然后将6只蜜蜂和6只苍蝇同时放入这个玻璃瓶内。你预测哪一方会先找到并飞出玻璃瓶的出口。

___

___

1. 我有一个疯狂的想法

"我有一个疯狂的想法"，这句话通常用来形容自己产生了非同寻常、富有挑战性，甚至看似不切实际的念头。

每个人都有可能萌生出各种疯狂想法。例如，有人设想一种能在低空飞行的汽车，以此来解决日益严重的交通拥堵问题；有人梦想着能发明一种穿越时空的方式，去体验不同的世界或历史时期；还有人憧憬能瞬间治愈所有疾病的神奇药物，或设计出可以在海底居住的房子。

这些想法在初次听到时，可能会被认为是荒诞的、不切实际的。这些看似遥远、无法实现的梦想，也许就是我们创新和改变世界的动力。这些疯狂的想法往往源于我们进行的"头脑风暴"，是我们思维自由驰骋、无拘无束的表现。

以谷歌图书搜索项目为例，其背后的推动力就源于一个疯狂的想法。在项目初期，谷歌联合创始人拉里·佩奇想要实现一个能够搜索书籍内部内容的功能。当时，许多专家认为这个目标不切实际，因为将每本书都进行数字化是一项浩大的工程。

然而，佩奇并未因这些质疑而动摇。他进行了一项测试，看看在合理时间内将书籍内容扫描进电脑的可能性。结果表明，这是完全可以实现的。至今，谷歌已经成功扫描了数百万本书籍。这个项目不仅将曾经的疯狂想法变为现实，而且为学术研究和文化传播等领域带来了巨大的价值。

2.2.1 视频
广告创意：
苹果菠萝比家世

2. 创造力与"疯子"精神

在探讨创造力时，我们不得不提及达·芬奇、巴赫和爱因斯坦等大名鼎鼎的名字。他们不仅在各自的领域内取得了卓越的成就，更是个性鲜明、充满创意的典范。然而，他们极端的情绪和行为有时会让人觉得古怪。

那么，这种"古怪"从何而来？是否和他们的创造力有着某种深层的联系？

菲茨杰拉德的名言为我们提供了一个视角："同时葆有全然相反的两种观念，还能正常行事，是第一流智慧的标志。"米哈里·希斯赞特米哈伊在《创造力》一书中的描述进一步印证了这一点，有创造力的人"同时拥有相互矛盾的两个极端，

2.2.2 文本
创造力巨匠：跨越时代的非凡创新与"疯子"精神

41

并在两者之间自如转换。"这种矛盾，或许就是他们取得成就的关键。

"天才和疯子只有一步之遥"，这似乎成了这些创造力巨匠的真实写照。纳什的博弈论和均衡理论为经济学带来了新的视角，使他荣获了诺贝尔经济学奖；梵高的画作成了后印象派和表现主义的经典，为世界艺术史留下了浓墨重彩的一笔。但是，他们都被贴上了疯子的标签。

精神病理学的研究为我们揭示了创造力和"精神病"之间的某种联系。事实上，创造力强的人往往具有与众不同的思维方式，使他们能够看到别人看不到的事物，从而产生独特的创意。强烈的情绪体验，也常常是艺术家灵感的源泉，推动他们创作出触动人心的作品。

3. 让大脑进行疯狂思考

大脑，这个复杂而神秘的器官，不仅是我们与外部世界交流的桥梁，更是我们思考、创造和革新的摇篮。它如同一座巨大的加工厂，不断地接收、处理着来自四面八方的信息，并在此基础上孕育出新颖独特的思维与创意。

创新思维，是指那种能够挣脱传统观念和思维枷锁的能力，它推动我们提出既新颖又有价值的想法和解决方案。这种能力的形成与发展，与大脑的灵活性和创造性密不可分。当大脑面对新的问题或挑战时，它会调动各种认知资源和思维模式，尝试以不同的角度和层次进行深入剖析与探索。

然而，要让大脑发挥出最大的创造潜能，我们需要打破那些束缚思维的条条框框。长期以来，我们习惯于用固定的模式和框架来审视问题，这无疑限制了我们的想象空间和创造力。为了打破这种思维定式，我们需要走出舒适区，尝试从不同的视角和维度来审视问题。

2.2.3 视频
对冰激凌"过敏"的汽车

我们可以广泛涉猎不同领域的知识，为大脑提供丰富的思考素材和灵感来源。同时，培养强烈的好奇心和探索欲，对周围的一切保持敏锐的观察，不断提出问题，保持深入探索的动力。

为了确保大脑能在最佳状态下运转，我们还需要给大脑充足的放松与休息时间，避免过度疲劳。这样，我们的大脑才能逐渐适应并擅长"疯狂思考"，催生出更多创新想法。

二、如何进行头脑风暴

思考讨论

头脑风暴＝（无中生有×由此及彼＋天马行空）×借鸡生蛋。根据这一公式，说说你对头脑风暴的理解。

1. 借助头脑风暴寻找创新点

当我们面对问题时，深入思考无疑是解决问题的关键。然而，很多时候，我们会陷入思维的泥沼，感到茫然无措，不知道如何进一步探索。此时，不妨进行头脑风暴，让大脑进行疯狂思考，让思维自由驰骋，让创新的火花在脑海中燃烧。

头脑风暴是一种极具效用的创新思维方法，它鼓励人们无拘无束地提出各种想法，并通过联想、组合、改进等手段，催生出崭新的创意和解决方案。这种方法可以让我们打破常规，发现之前未曾考虑到的解决方案，为问题的解决提供新的视角和思路。

举个有趣的例子，假设你是一位厨师，正在苦思新菜品，决定通过头脑风暴来寻找灵感。你列出各种食材和烹饪方式，以期碰撞出新的创意。突然，你脑海中闪现出一个大胆的想法："如果将冰激凌和辣椒结合会怎样？"于是，你尝试研发一款"冰火两重天"冰激凌，甜辣交融，味道出人意料地美妙！

2.2.4 视频
一位创业者对文化内裤的独特洞见与头脑风暴之旅

再举一个智能手机的例子，我们可以通过头脑风暴来探索其改进方法。比如，在联想日常生活中智能手机的各种应用场景和潜在的创新点后，我们可以考虑将智能手机的摄像头与望远镜的功能结合，创造一款具备强大变焦能力的新型摄像头，让用户能够轻松捕捉到更远距离的景物。这样的思考，能够为我们的产品设计和功能改进提供全新的方向。

2. 头脑风暴的思维方式

在上一节的实例分析中，我们展现了一位创业者如何利用头脑风暴法催生出创新想法的完整过程。该创业者以一个问题为起点，经过一系列的自由联想与思维发散，最终灵光一闪，想出了"文化内裤"这一创意产品。以这一实例为分析对象，我们可以归纳出头脑风暴思维方式的几个显著要素与特征。

2.2.5 文本
智能音箱创新之路：从头脑风暴到市场竞争力提升

自由联想。 从"窄审美"联想到特定的消费情境（如去丽江或山里度假），再联想到衣服的文化属性。这种自由联想的方式帮助人们从不同的角度思考问题，从而挖掘出更深层次的含义。

类比思维。 从衣服的文化属性类比出T恤衫（文化衫），再进一步类比出"文化内裤"的概念。这种类比思维使人们能够将已知的信息应用到新的领域，产生新的创意。

逆向思维。提出一个问题："别人看不到吗？那正好啊！"这种逆向思维使人们能够从不同的角度看待问题，发现新的机会。

发散思维。从"文化内裤"的概念发散到互联网销售、新品类创建、竞争优势等多个方面。这种发散思维使人们能够全面地考虑问题，发现更多的可能性。

批判性思维。在整个过程中，不断地对自己的想法进行反思和评估，如考虑产品的附加值、市场的接受度、竞争的态势等。这种批判性思维使人们能够更加客观地看待问题，避免盲目乐观或过于悲观。

3. 借方程诗歌打开心灵

头脑风暴可以通过一个简洁的公式来形象描述：头脑风暴＝（无中生有×由此及彼＋天马行空）×借鸡生蛋。此公式不仅深刻反映了头脑风暴的精髓，展示了各要素间的内在联系，而且为我们提供了一个有效的框架来指导头脑风暴的进行。

首先，"无中生有"和"由此及彼"是头脑风暴中的关键思维活动。在头脑风暴的过程中，我们需要大胆提出新的想法和概念，即使它们起初看起来毫无关联或难以实现。"无中生有"鼓励我们打破常规，敢于创新。同时，"由此及彼"要求我们将这些初步的想法进行联想和延伸，寻找它们之间的联系和共同点，从而衍生出更多有价值的想法。

2.2.6 视频
神智达公司的
头脑风暴

接下来，"天马行空"代表着头脑风暴中的自由度和开放性。我们需要跳出传统的思维框架和限制，让思维自由驰骋。不要害怕提出看似离谱或不切实际的想法，因为这些想法往往会激发出新的灵感和创新点。只有让思维在无限的可能性中自由穿梭，我们才能真正发掘出潜在的解决方案和创新机会。

最后，"借鸡生蛋"强调头脑风暴中的团队合作和互相借鉴的重要性。在头脑风暴的过程中，我们应该积极倾听他人的观点和建议，从中汲取灵感和启发。通过集思广益和相互补充，我们可以共同完善和发展彼此的想法，从而产生更全面、更深入的创新方案。

三、进行头脑风暴活动

思考讨论

我们有一只独特的鸡，请发挥你的想象力，思考如何创新地将这只鸡定价为 88 元、888 元、8888 元、88888 元、888888 元和 8888888 元。你能想到哪些策略，使这只鸡能够卖到不同的高价呢？请分享你的创意点子。

1. 头脑风暴的实施步骤

首先必须清晰地定义需要讨论和解决的问题,或者明确希望达成的目标。这是头脑风暴的出发点。只有确立了核心议题,后续的讨论才能更加聚焦和有效。

随后要选择合适的参与者。头脑风暴需要多元化的观点和想法。因此,条件允许的情况下,应选择具有多样化的专业背景、经验和视角的人员参与。这样的组合能够激发更多元的思考,提升想法的丰富性和创新性。

接下来是准备阶段。在这一阶段,组织者需要提前整理与议题相关的资料,并尽早发送给所有参与者,供他们预习并进行深入思考。这样做不仅能够提升讨论的整体效率,还有助于生成更多有深度和创意的想法。

然后就可以开展讨论了。讨论时应设定基本规则,如轮流发言,确保每个人都有机会表达自己的想法。要鼓励自由畅想,避免进行批评或发表评价,以创造一个开放、安全的讨论环境。同时,可以运用一些技巧来激发创意,如提问法、联想法等。

在讨论过程中,要记录所有提出的想法,无论其看起来多么不切实际。这些想法可能会成为创新的源泉。同时,可以对已有的想法进行补充和完善,使其更加成熟和可行。

最后形成具体方案。讨论结束后,对所有提出的想法进行筛选和分类,根据筛选出的想法制订具体的实施方案或计划。确保方案具有可行性和实效性,并明确责任人和执行时间。

2.2.7 文本
一场智能家居设备营销策略的头脑风暴之旅

2. 开一场头脑风暴会议

如何让核桃完美裂开?某蛋糕厂围绕这一主题开了一场头脑风暴会议。"如果核桃能自己裂开该多好!"一个人的异想天开,却意外点燃了团队的灵感火花。最终,他们灵光一闪,想到了一个绝妙的主意:只需在核桃上钻个小孔,注入压缩空气,核桃就会听话地自己裂开。

这场头脑风暴会议的成功,充分体现了头脑风暴鼓励自由发表意见、无须担心观点受评判的特点。这种开放、自由的讨论环境,不仅有助于打破思维定式,更能激发团队的创新精神。同时,它也能有效地促进团队成员间的沟通与协作,让大家共同面对挑战,寻找最佳解决方案。

在商业创新领域,头脑风暴广泛应用于新产品、新服务和新模式的开发过程中。这一方法能为企业注入源源不断的创新活力。头脑风暴的核心目的是汇聚集体智慧,通过团队成员的共同思考和相互启发,激发和整合各种观点与想法,最终催生出既富有创新性又具有可行性的新思路。

2.2.8 文本
核桃完美裂开:一场头脑风暴带来的创新突破

在头脑风暴会议中，参与者们围绕特定主题展开讨论，积极提出新颖、独特的想法。这些想法既可以是前瞻性的、大胆的，也可以是贴近实际的、可行的。通过观点的相互启发和交流，参与者们在思维的碰撞中激发了创造力，共同推动讨论的深入进行。这些新思路和新想法，有可能为企业带来新的发展机遇。

3. 让头脑风暴更具创意

头脑风暴，作为一种集体讨论和创意生成的方法，其目的不仅仅是将人们聚集在一起进行无领导式的讨论。为了让大脑真正进入疯狂思考的状态，我们需要创造一个宽松、自由的环境，使大脑能够摆脱束缚和压力，从而放松下来。

要实现这一目标，可以尝试在一个安静、舒适的地方进行思考，或者走出户外，呼吸新鲜空气，让大脑得到充分的放松和休息。在这样的环境中，我们的大脑更容易进入一种自由联想的状态，从而催生出各种奇思妙想。

此外，运用一些创意激发的技巧也很重要。比如，我们可以尝试进行"无限制书写"，即快速地写下尽可能多的想法和创意，暂不考虑它们的可行性和合理性。这种方法有助于深入挖掘内心的灵感，并打破传统的思维框架。

2.2.9 视频

头脑风暴：如果我来经营文化内裤

再如"随机词汇法"。随机选择一些词汇并尝试将它们融合在一起，创造出新的想法和概念。这种方法能够帮助我们摆脱思维的惯性，让大脑更加灵活和自由地思考。

除了环境和技巧因素外，培养多元化的思维方式也是让头脑风暴更具创意的关键。通过尝试学习与自己专业领域不同的知识，或者参加跨领域的活动和讨论，我们可以拓宽自己的视野和丰富自己的思维方式。这种多元化的思维方式将使我们从不同的角度和层面来审视问题，从而产生更全面、更创新的解决方案。

小组任务

头脑风暴：未来城市探险乐园

你被委任为一个划时代娱乐项目的首席设计师，此项目的宏伟目标是构建一个空前绝后的"未来城市探险乐园"。

现在，请你携手团队成员，集思广益，共同描绘这个乐园的蓝图。这个乐园将不仅深度融合尖端科技元素，为游客提供别具一格的互动体验，而且要秉承环保理念，致力于推进可持续发展，让游客在欢乐探险的同时，收获知识与乐趣的双重馈赠。

任务三　思维导图做脑补

一、思维导图，大脑外挂

思考讨论

请思考并回答：你的卧室窗户具体有几扇玻璃？你是否曾经仔细数过？如果你没有直接数过，那么你是基于什么依据或方法得知窗户玻璃的具体数量的？当听到"水果"这个词时，你的脑海里出现的是什么？

_____

_____

_____

1. 记录和展示大脑的思考

当听到"苹果"这个词时，我们的大脑会开始一系列的思考活动。首先，我们的脑海可能会出现一个具体的苹果形象。这个形象因人而异，有些人会想象一个红彤彤的、色泽艳丽的苹果，而有些人会想到一个被咬了一口的、带有清晰牙印的苹果。

接着，我们的大脑会进一步拓展与苹果相关的联想。这些联想可能包括苹果的味道——甜的、酸的或两者兼有，苹果的营养价值——富含维生素C、膳食纤维等营养成分，以及苹果的使用场景——可以直接食用，也可以用来制作果汁、果酱、沙拉等美食。

2.3.1　视频
以苹果为主题思考与思维导图

此外，我们的大脑还可能会联想到与苹果相关的更深层的概念。比如，苹果在许多文化中，都被视为健康和生命的象征。或者，我们可能会想到苹果公司这家科技巨头，以及它所推出的各种创新产品和服务。

可以看出，我们的大脑思维有时显得混乱无序，有无数想法不断涌现，许多创意短暂地出现后便消失不见。思维导图则成为捕捉和梳理这些思绪的得力工具，如图 2-3-1 所示。

思维导图不仅能展现清晰的思维脉络，将复杂的思维路径可视化，而且能激发新的灵感。通过思维导图的分支与节点，不同的想法和概念得以连接，从而揭示出彼此之间的深层联系，使我们的思维更加条理清晰并富有创造性。

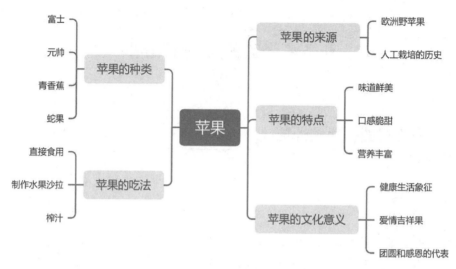

图 2-3-1　关于苹果的思维导图

2. 兼顾广度和深度

思维导图在广度与深度上都很突出，展现了其作为强大思维工具的独特魅力。广度和深度相互支撑，共同助力我们梳理复杂思维和激发创意。

首先，我们来探讨思维导图的广度。这一特性源于思维的发散性，它鼓励我们进行自由联想和多元探索。通过打破常规思维的束缚，我们可以从多个角度和层次审视问题，从而发掘出更多潜在的解决方案。

在思维导图中，这种发散性思考得到了淋漓尽致的体现。中心主题作为思维的起点，犹如一颗种子。围绕主题，我们可以生长出繁多而充满活力的思维枝蔓。这些枝蔓相互交织，构建成一个庞大且富有生命力的思维网络，极大地拓宽了我们的思维视野，并激发出无尽的创新灵感。

2.3.2　视频
思维导图的广度和深度在"智能家居产品线拓展应用"中的体现

然而，思维导图的价值并非仅限于此。在展现广度的同时，它也凸显了思维的深度。这主要体现在"链式思维"的运用上。链式思维强调逻辑的连贯和剖析的深入，关注信息间的内在联系和深层影响。

在思维导图中，这种链式思维通过层层递进的分支结构得到清晰展现。每个分支都代表着对问题某一方面的深入探究。它们相互关联，共同构建了一个立体且深入的知识体系。借助这样的结构，我们能够更加透彻地理解问题的本质，发掘其背后的深层逻辑与规律，从而为更加明智的决策和行动提供有力支持。

3. 思维导图与理解认知

思维导图作为一种高效的思维工具，有助于我们更好地理解和应用知识，进而构建更加完整和深入的认知体系。以下是思维导图在认知过程中的四种作用。

（1）运用旧知，理解新知

当我们学习新知识时，思维导图可以帮助我们将这些知识与已有的知识相连接。通过在新知识与旧知识之间建立联系，我们可以更容易地理解和记忆新知识，同时也能够巩固和加深对旧知识的理解。

（2）不断连接，形成认知

思维导图通过模拟大脑的思维过程，将各种信息以节点形式相互关联，形成一张庞大的知识网络。这张网络不仅能够帮助我们系统地整理和存储知识，还能够促进我们对知识之间内在联系和规律的理解，形成更加完整和深入的认知。

（3）新陈代谢，迭代旧知

随着学习的深入和知识的积累，我们需要不断地更新和修正自己的认知体系。思维导图可以帮助我们整理和审视已有的知识，发现其中的不足和错误，并及时进行修正和补充。这种新陈代谢能够使我们的认知体系更加完善和准确。

（4）进行演化，迁移所知

思维导图还能够帮助我们将所学知识迁移到新的情境中，实现知识的灵活运用。通过思维导图的启发和引导，我们可以从不同的角度审视问题，发现新的解决方案，并将所学知识应用到实际生活中，解决各种实际问题。

2.3.3　视频
思维导图应用：
镜头海报设计

二、思维导图的构建方法

思考讨论

在你绘制思维导图的过程中，有没有哪些"坑"让你觉得需要特别注意，或者有哪些"秘诀"让你的思维导图更加出色？当面对一幅他人绘制的思维导图时，你是否能够解读其中的奥秘，准确把握绘图者的意图？

_____

_____

1. 思维导图完成步骤

完成思维导图的过程并不复杂，不需要专业的技术或缜密的思维。不惧"东施效颦"，"照猫画虎"就可以完成。以下是绘制步骤。

（1）启航：确定中心主题

首先，要明确你的思维导图所表达的核心主题。这个主题就像是思维导图的"根"，所有的内容都将围绕这个主题展开。

(2) 扬帆：添加主要分支

一旦你确定了中心主题，接下来就需要添加几个关键的分支。这些分支就像是思维导图的"主干"，支撑着整个结构。

(3) 探秘：添加次要分支或子节点

在每个主要分支下，你可以进一步添加次要分支或子节点。这些次要分支和子节点能够更深入地阐述主要分支的内容。

(4) 寻宝：添加关键词或短语

在思维导图的每个分支或节点上，添加具体的关键词或短语。这些关键词和短语是所展示信息的核心，能够帮助你快速理解和回忆相关内容。

2.3.4 视频
一幅思维导图的成长旅程：如何提高产品销量

(5) 美化：添加颜色和图像

使用不同的颜色和图像来装饰你的思维导图。这不仅能提升思维导图的视觉效果，还能帮助你更好地理解和记忆信息。

(6) 连接：建立节点间的联系

通过连接线来揭示不同节点之间的关系。这些连接线能够帮助你清晰地看到各个部分之间的联系和相互作用。

(7) 记录：添加备注或注释

在需要的地方添加备注或注释，以记录额外的信息和思考过程。这些备注和注释能够为你提供额外的背景和细节信息。

经过以上步骤，你就能够做出一幅还不错的思维导图了，图 2-3-2 就是一个例子。

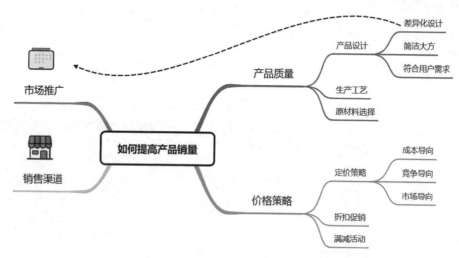

图 2-3-2　思维导图：如何提高产品销量

2. 思维导图创作要点

思维导图作为一种视觉思维工具，不仅能帮助我们组织和表达复杂的信息与想法，而且能催生新颖且有价值的观点和解决方案。要创建一幅有效的思维导图,我们需要注意以下几个方面。

(1) 发散与关联

绘制思维导图,首要的任务就是打破思维的枷锁,敢于发散和联想。想象一下,你站在一片广袤的原野之上,四面八方都是可能的路径,每一条都代表着一个思考的方向。此时,如果你只盯着眼前的那条小路,那很可能会错过其他更为精彩的风景。

(2) 图片与文字

在思维导图中,图片和文字(通常用关键词的形式呈现)就像是两位默契的舞伴,他们相互配合,共同演绎出一场精彩的舞蹈。图片以其直观、生动的特点,吸引着我们的注意;而文字则以简洁的形式,传递着核心的信息。

(3) 图标与符号

图标和符号在思维导图中扮演着重要的角色。它们就像是小巧玲珑的装饰品,给整个思维导图增添了不少趣味性和可读性。选择一个恰当的图标或符号来表示某个概念或想法,往往能够让人眼前一亮,记忆深刻。

2.3.5 文本

实例说明思维导图创作要点

(4) 图形与颜色

颜色和图形是思维导图中的两大法宝,它们能够为我们的思维导图注入活力和生命力。不同的颜色可以代表不同的主题、情感或优先级;而图形则可以帮助我们快速区分不同的信息层次和类别。

3. 个性化的思维导图

思维导图不仅是我们整理思绪和表达观点的工具,而且反映了每个人的独特思维方式。它就像一面镜子,映照出我们个人的经验、知识储备、兴趣偏好、目标和风格。因此,当我们提及思维导图的个性化时,实际上是在强调人类思维的多样性和创造性。

然而,这种个性化特性也带来了一定的挑战。当我们浏览他人的思维导图时,实际上是在探索一个可能与我们不同的思维世界。这就要求我们保持开放与包容的心态,展现出研究和学习他人思考方式与观察视角的积极态度。

这一过程可能会带来挑战,因为我们可能会遇到不熟悉的概念、不理解的关联,甚至可能会发现与我们的认知相冲突的点。然而,正是这些挑战促使我们不断成长和进步。通过理解他人的思维导图,我们可以拓宽自己的视野,形成新的认知,甚至可能激发出新的灵感和创意。

因此,在面对个性化的思维导图时,我们应保持积极、开放和努力探求的心态,试着与思维导图的制作者进行深入交流,探寻他们的思考脉络和逻辑基础。同时,我们也可以分享自己的思维导图,以获取他人的宝贵反馈和建议。

2.3.6 文本

未来城市:程序员与设计师的思维导图对比

三、思维导图绘制实践

思考讨论

有时候，仅仅是在纸上将不同的想法放在一起（例如"太空旅行""古代文明""音乐节奏"和"海洋生物"），就能引发新的创意火花。请尝试一下。

_____

_____

1. 中心发散，开枝散叶

想象一下，你的思维导图如同一棵生机勃勃的树。明确思维导图的目标与主题，就如同为这棵思维之树选定肥沃的土壤和优质的种子，为其茁壮成长奠定基础。有了清晰的主题，你的思维便不会在无边的思绪中迷失方向。

现在，你可以让自己的思维自由发散了。每一个从主题中衍生出的想法，都仿佛是从这棵树上生长出的新枝条，它们会不断向外伸展。这些枝条代表着对主题的多维度理解、相关联的概念和信息，或解决问题的可能途径。每一条枝条上又可以生长出更多的"小枝"，使你的思维导图更加丰富和立体。

2.3.7 文本
以"经营一家童话餐厅"为主题的思维导图说明

因此，在着手绘制思维导图时，你可以想象自己正在培育一棵独一无二的思维之树。从确定一个主题起步，随后让你的思维如树枝般自由舒展，去捕捉每一个与主题息息相关的想法和信息。通过这种方式，你不仅能够搭建起一个明晰、有序的思维框架，还可能在思考的过程中激发出更多的新奇感和可能性。

我们可以将"我来经营……"作为主题，选择一个自己感兴趣或认为具有潜力的项目，将其设定为思维导图的中心节点，例如"童话餐厅"或"直播号"，如图 2-3-3 所示。这样的选择将使你能够更精准地研究经营策略、创新理念以及潜在的市场机会，从而为你的项目奠定一个坚实的基础。

2. 绘制中不断探索创意

思维导图的创作不仅是一个信息整理和呈现的过程，更是一个思维激发和探索的旅程。每一次线条的延展，每一个关键词的增补，都凝结着我们对知识、对问题的深度思索与探寻。在这一进程中，我们不仅在梳理信息，更在持续发掘新颖的观点与构思。

当我们从中心主题出发，不断向外拓展思维导图时，就仿佛踏上了一场寻找创意的

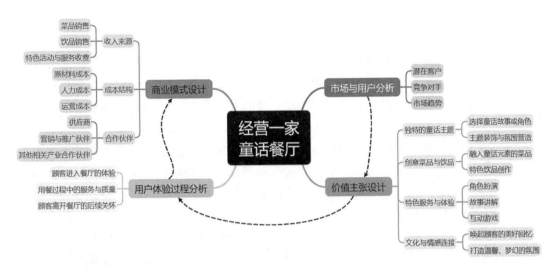

图 2-3-3 "经营一家童话餐厅"思维导图

探险。每一次思维的跳跃和每一个新的分支,都可能揭示出前所未有的联系和观点。这种发散性的思考方式不仅能够帮助我们发现问题的多面性,而且能激发我们对解决方案的创新性构想。

思维导图的创作过程是一个动态且持续优化的过程。随着思考的深入,我们可能会对初始的思维导图进行修订、增补甚至重构,以更准确地反映我们当前的认知和思考。这种迭代和优化不仅提升了思维导图的准确性和完整性,还使我们的思维更加缜密和有条理。

在这个过程中,我们不仅是信息的整理者,更是创意的发掘者。思维导图成为我们思考和创新的得力助手,它帮助我们捕捉稍纵即逝的灵感,有效地整合繁杂的信息,并推动我们勇敢地探索未知的思考领域。

因此,绘制思维导图不仅是一种整理信息的技巧,更是一种创新思维的训练方法,让我们在梳理信息的同时,能够持续发掘新的观点和想法。具体可参见实例分析中的思维导图 2-3-4。

2.3.8 文本

头脑风暴+思维导图:如果我来经营童话餐厅

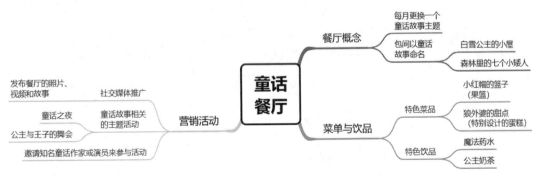

图 2-3-4 "童话餐厅"思维导图

3. 超越图形的智慧网络

在实际绘制思维导图的过程中，我们经常会发现，思维导图不仅是一种组织和呈现信息的图形工具，而且是一种能够激发我们进行深层思考、连接不同想法，并创造出新想法的智慧网络。这种网络超越了简单的图形表达，成为我们寻找创意和解决问题的有力工具。

首先，思维导图通过树状结构和分支连接方式，允许我们在一个平面上展示出多层次、多维度的信息。这种展示方式不仅让我们的思维更加清晰有序，还能够帮助我们发现不同信息之间的内在联系和潜在规律。这些发现能够启迪我们的思维，引导我们找到解决问题的新思路和新方法。

2.3.9 文本
滑雪事业思维导图
规划与创新策略

其次，思维导图是一种可视化工具，它利用图形、颜色、线条等视觉元素来呈现信息。这种可视化的信息呈现方式不仅更加直观易懂，还能够刺激我们的大脑神经元，激发我们的创造力和想象力。通过观察和思考思维导图，我们往往能够产生新的灵感和创意。

最后，思维导图是一种动态变化的工具。随着我们思考和探索的深入，我们可以随时在思维导图中添加、修改或删除节点和连接。这种动态变化不仅让我们的思维导图更加符合我们当前的思考需求，还能够记录下我们的思维过程和思考轨迹。通过回顾和反思这些过程和轨迹，我们可以更好地总结经验教训，发现原有思考中的漏洞和不足。具体可参见实例分析中的思维导图 2-3-5。

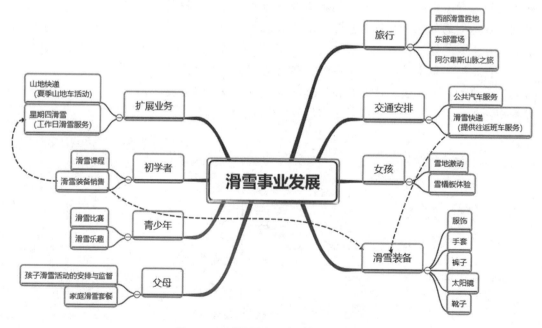

图 2-3-5 "滑雪事业发展"思维导图

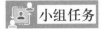小组任务

头脑风暴＋思维导图：明确"我来经营……"

通过头脑风暴和思维导图，针对选定的"我来经营……"项目主题进行深入探讨，进一步明确项目的方向、目标、策略和具体行动计划。

1. 确定项目主题：例如，我来经营一家特色书店。
2. 进行头脑风暴：围绕项目主题的创新经营展开头脑风暴。
3. 制作思维导图：一边进行头脑风暴，一边绘制思维导图。

任务四　提升你的创造力

> 好的艺术家模仿皮毛，伟大的艺术家窃取灵魂。
>
> ——毕加索

一、复制转化结合

思考讨论

请构思一段以"错过"为核心的文案。在创作时，思考如何在形式上创新，比如运用修辞手法或独特的叙述方式；在思想上，挖掘"错过"背后的深层含义，探讨它给人带来的遗憾、反思或成长；在结构上，设计紧凑而有力的框架，使文案既简洁又富有张力。

_____
_____
_____

1. 借公式开启创造力

如何产生创意，进行创造？这是一个让许多人感到困惑的问题。然而，纪录片《一切都是混搭》为我们提供了一个简单而实用的公式：

创造＝复制＋转化＋结合

这一公式不仅为我们提供了一套结构化的方法来激发和培养创造力，而且能够协助我们迅速捕捉灵感、明确方向。此外，它可以助力我们打造出更加别具一格且富有创新性的作品。

复制 这是创造力的起点，它涉及对现有想法、解决方案或作品的观察和学习。通过复制，我们可以吸收他人的智慧和经验，为后续的转化和结合打下基础。

转化 在复制的基础上，我们需要对这些元素进行改造和适应，使它们符合新的情境或需求。转化可以是简单的调整，也可以是彻底的变革，它要求我们具备批判性思维和创新能力。

2.4.1 视频
应用"创造=复制+转化+结合"完成广告文案

结合 我们将经过转化的元素融合在一起，形成全新的创意或解决方案。结合需要我们有广阔的视野和跨界思维，能够从不同领域和角度找到共通点和连接点。

应用这个公式时，我们可以从日常生活中的各种场景和问题入手。首先，观察并学习现有的解决方案和作品，了解它们的优点和不足。其次，思考如何对这些方案进行转化和改进，以满足新的需求或解决新的问题。最后，尝试将不同领域的元素结合在一起，创造出独特且富有创意的解决方案。

2. 公式实际应用解析

为了更深入地理解"创造=复制+转化+结合"的内涵以及它在实际中的应用，我们接下来将通过店铺"步履不停"的广告文案来进行具体而详尽的阐述。

以下是该广告文案：

> 你写PPT的时候，阿拉斯加的鳕鱼正在跃出水面；
> 你研究报表的时候，白马雪山的金丝猴刚好爬上树尖；
> 你挤进地铁的时候，西藏的山鹰一直盘旋云端；
> 你在会议中吵架的时候，尼泊尔的背包客一起端起酒杯在火堆旁；
> ……

（1）形式转化

这则文案的灵感源于何处呢？它借鉴了《旅行之木》中的一段文字：

> 虽然东京的工作很忙，但我很庆幸自己去了这一趟。你问我为什么庆幸？因为这次旅行告诉我，当我在东京忙得团团转的时候，也许有鲸鱼在同一时间冲出阿拉斯加的水面……

通常情况下，当我们处于某种特定情境时，会有怎样的感受呢？比如，当我面朝大海时，内心便会涌现出春暖花开的宁静与愉悦，远处的海鸥在海面上盘旋，海浪拍打在岸边，发出轻轻的声响，仿佛在轻柔地诉说着什么。然而，上述《旅行之木》的文字表达了这样的意境:当我"在眼前苟且"的时候,"诗和远方"正在别处。(当我在东京忙得团团转的时候,也许有鲸鱼在同一时间冲上阿拉斯加的水面。)

店铺"步履不停"的广告文案借鉴了这一点并进行了转化:"当你写PPT的时候,阿拉斯加的鳕鱼正在跃出水面……"

(2) 思想转化

这则广告文案所传达的核心思想正是生活中那些"错过"的瞬间。它巧妙地借鉴了周生生的文案《我把我们不在一起的305天日子,买回来!》的表现手法:

> 我们错过了一生只有一次,2000年送给我们第一道阳光的感动。接着,我们错过了阳明山的鱼路和春天的杜鹃,错过了夏天的鸡蛋雪花冰和北海岸的浪……

文案在借鉴上述表现手法的基础上,通过排比的句式,生动地描绘了种种"错过"的场景,让人在感慨中体会到生活的无常与珍贵。

同时,这则广告文案也借鉴了作家魏巍的报告文学《谁是最可爱的人》:

> 亲爱的朋友们,当你坐上早晨第一列电车走向工厂的时候,当你……,当你……,朋友,你是否意识到你是在幸福之中呢?

文案在借鉴的基础上运用对比手法来加深观众印象,并引发共鸣。

(3) 形成文案

在借鉴上述一系列文字的基础上,店铺"步履不停"的广告文案构建出如下的创作框架:

> 当我( )的时候,美好的事情A正在另一个地方发生;
> 当我( )的时候,美好的事情B正在另一个地方发生;
> …………

最终,店铺"步履不停"应用这一框架形成了最终的广告文案。

(4) 模仿

有人曾简单粗暴地应用"创造=复制+转化+结合",创作出一段以"励志"为核心思想的文案:

2.4.2 视频
一切皆混搭

> 当你背单词的时候,阿拉斯加的鳕鱼正跃出水面;
> 当你算数学的时候,南太平洋的海鸥正掠过海岸;
> 当你晚自习的时候,地球的极圈正五彩斑斓;
> 但少年,梦要你亲自实现,世界你要亲自去看。
> 未来可期,拼尽全力。当你为未来付出踏踏实实努力的时候,那些你觉得看不到的人和遇不到的风景都终将在你生命里出现。

3. 应用公式进行创造

"创造＝复制＋转化＋结合"这一公式为我们提供了一个有条理地分解和建构创造过程的框架，有助于培养和提升我们的创造力。

"复制"并非单纯地照搬或剽窃，而是从既有的知识、经验或作品中汲取启示和灵感。"转化"环节便是对这些汲取出来的元素进行加工和重塑。"结合"则是将经过转化的多样元素巧妙地融为一体，缔造出一个全新的整体。

分析成功的创新案例对我们理解这一公式大有裨益。我们可以挑选一个自己认为成功的案例，如某款颠覆性的创新产品、一个别出心裁的设计或一件引人入胜的艺术作品，进行深入研究。重点关注其"复制""转化"和"结合"三个环节是如何具体操作的。

2.4.3 视频
运用"创造＝复制＋转化＋结合"开发一款类似"大富翁"的桌游产品

同时，我们可以从自己熟悉的领域入手，如艺术、设计、科技或文学等，尝试构思一个具体的创造项目。在构思过程中，我们要有意识地运用这一结构化思维方式。先"复制"领域内成功元素以获取灵感，再对这些元素进行"转化"，为其注入新意义，最后将这些元素巧妙"结合"，打造出独特且创新的项目方案。

"创造＝复制＋转化＋结合"，不仅能够帮助我们更有条理地开展创造活动，还能够激发我们的创新思维，使我们在熟悉的领域里探索出新的可能性。通过实践，我们可以更好地理解和掌握创造的精髓，培养出更强的创造力。

二、旧元素新组合

思考讨论

广告大师詹姆斯·韦伯·扬曾言："创意是旧元素的新组合。"在日常生活中，你注意到哪些创意是通过重新组合现有元素来实现的？请尝试完成一则广告文案，并解释你如何通过将旧元素进行新组合，创造出一个全新的广告文案。

_____
_____

1. 创意产生的秘诀

创意，这个看似难以捉摸的概念，其实并非如人们所想的那般神秘。许多人认为创意是天赋、灵感或想象力的产物，但广告大师詹姆斯·韦伯·扬却给出了一个简单而深刻的定义：创意是旧元素的新组合。

这个定义为我们揭示了创意产生的本质。创意并不是凭空产生的，而是基于我们已有的知识和经验。通过重新组合和搭配，我们能够创造出新颖独特、引人入胜的作品。换句话说，创意是一种对现有元素的重新解读和再利用。

那么，如何运用这个秘诀来产生创意呢？

首先，积累丰富的"旧元素"。这些元素可以来自日常生活的观察，也可以来自对书籍、电影、艺术等各个领域的涉猎。每一次的阅读、每一次的观影、每一次的艺术体验，都可能为我们提供新的素材。只有当我们的库存素材足够丰富时，我们才能进行有效的组合。

其次，保持一颗永不满足的好奇心和探索精神是至关重要的。我们应该对周围的世界保持高度的敏感和关注，学会发现不同事物之间的微妙联系和共通之处。这种对细节的洞察和关联思考，往往能够碰撞出创意的火花。

最后，勇于实践和尝试是必要的。我们不应该害怕失败，也不应该过分在意他人的评价。只有通过反复的试验和修正，我们才能找到那些最具表现力的元素组合，创造出真正有深度和影响力的创意作品。

2.4.4　视频

旧元素的新组合在共享经济中的应用

2. 组合可能的方式

创意是旧元素的新组合，这一思想为我们揭示了创意的本质。尽管创意的组合方式难以穷尽，但我们仍然可以总结出一些基本的组合模式。这些模式并非一成不变，而是提供了创意产生的出发点和框架，有助于我们系统地进行探索，从而发现新的组合，产生独特的创意。

（1）A＋B型：并列之美

将两个或多个原本独立的元素简单并列放置，它们之间可能并无直接联系，但并列在一起后却能产生新的意义或美感。例如，在时尚界，不同风格、材质或图案的并列组合，可以创造出引领潮流的新款式。

（2）A×B型：交融之韵

将两个元素深度融合，可以创造出一种全新的复合体。这种交融不是简单的相加，而是通过某种方式使两者合而为一，产生化学反应。例如，在音乐中，不同风格的交融可以创造出全新的音乐流派。

（3）A∩B型：共鸣之处

寻找两个元素之间的共同特征或精神内核，并基于这些共鸣空间进行创意组合。这是通过挖掘不同元素间的深层联系来打动人心。例如，在广告中，将产品与消费者的某种共同情感或追求相结合，可以更有效地传递品牌价值。

2.4.5　文本

金句中的组合艺术

(4) A∪B 型：包容之力

将两个或多个元素以包容的方式组合在一起，旨在创造一个更加多元和包容的整体。这种组合方式常用于多元文化融合和产品设计等领域，通过融合不同元素来满足更广泛的需求。

3. 组合的四把钥匙

在探索创新的过程中，组合是一种强大而富有成效的策略。我们继续上一节的组合方式，分析其应用。

（1）A＋B 型

在料理中，可以将不同食材组合在一起创造出新的菜式，如"鱼＋豆腐＝鱼豆腐汤"。在科技领域，可以将不同技术或产品组合起来，形成新的解决方案，如"智能手机＋VR 眼镜＝移动虚拟现实体验"。

（2）A×B 型

在艺术领域，艺术家可以将油画（A）与数字音乐（B）结合，创作出动态音乐油画。在商业中，两个不同行业的企业可以通过共同的平台或技术进行合作，如电商平台（A）与实体零售店（B）连接，实现线上线下 OTO 模式。

（3）A∩B 型

在研究领域，可以将不同学科中共同关注的概念或问题提取出来，进行跨学科的教学和研究，如社会学（A）与心理学（B）的交集（∩）可以实现对群体行为的心理分析。在社交网络中，不同的用户群体可以通过共同的兴趣或话题聚集在一起，形成社群。

2.4.6 视频 拼多多的社交电商模式

（4）A∪B 型

在文化交流中，不同文化的整合可以创造出新的文化形态，如东方文化（A）与西方文化（B）的融合（∪）产生了新的全球流行文化趋势（A∪B）。在企业合作中，两个公司的资源和能力可以整合在一起，形成更强大的市场竞争力。

在实际应用中，这四种方式既没有明显界限，也不是孤立的，它们可以相互补充、相互转化，产生出无穷无尽的可能性。

三、创新思维方法

思考讨论

某自助餐厅由于顾客浪费导致成本过高，后来餐厅规定：浪费食物者罚款十元。但效果很差，怎么办？某健身中心为了激励顾客坚持来健身房，采取了某种奖励策略。但奖多了成本高,奖少了激励不了客户,怎么办?某动物园将动物关在笼子里,动物无精打采,怎么办?

___

___

人们都希望自己具有创造力。富有创造力的人有什么特质呢?有人曾这样描述:"他们既精力充沛又安静,既专注又松弛,既外向又内向,既骄傲又谦卑,既聪明又天真,既有想象力又务实,既爱嬉戏又有纪律,既有激情又能超脱客观,既革命又传统,以及拥有跨越性别的气质。"

正如"世界上唯一不变的,就是一切都在变"这句话,我们无法描述富有创造力的人的特质,然而我们可以总结一些创新创造的思维方法,通过有意识地运用这些方法,培养自己的创造力。

1. 逆流而上,打破常规

其核心思想是挑战传统,颠覆常规,从反面或非常规的角度去思考和解决问题。

(1)反者道之动,弱者道之用——举世皆浊我独清,众人皆醉我独醒

在面对问题时,尝试从问题的反面去思考,这往往能够帮助我们发现那些被忽视或未曾考虑过的解决方案。传统的观念有时会成为创新的障碍,而颠覆这些观念,则可能带来全新的视角和思路。

(2)绝不循套路,逆向出新路——众里寻他千百度,那人却在灯火阑珊处

常规的思维方式和做事方法虽然稳妥,但也往往容易限制我们的创新和突破。要敢于打破常规,尝试新的方法和想法。从相反的角度去思考,挑战传统的观点和做法,这样可能会发现全新的解决方案和路径。

(3)反其道而思,出其于不意——别人笑我太疯癫,我笑他人看不穿

跳出传统的思维模式,从相反的角度或以出乎意料的方式去解决问题,有助我们打破思维定式,发现新的创意和可能性。这种思维方式需要我们具备开放的心态和勇于尝试的勇气。

(4)不做选择题,鱼熊掌兼得——熊鱼自笑贪心甚,既要工诗又怕穷

在面对选择时,我们往往被要求在两个或多个选项之间作出抉择。然而,创造力允许我们寻找超越这种限制的解决方案。这就是所谓的"第三选择",一个创新的、不同的、更好的解决方案。这种思维方式要求我们具备全局观念和整合资源的能力。

2.4.7 视频
奇葩的卖花方式

2. 交融创新,多元碰撞

其核心理念是通过跨学科、跨领域、跨文化的交流和融合,激发新的创意和解决方案。

（1）大路通罗马，触类能旁通——踏破铁鞋无觅处，得来全不费工夫

创新，没有固定的模式或方法。我们应该保持灵活的思维方式，勇于尝试不同的路径和方法。同时，要善于将不同领域的知识和经验联系起来，形成触类旁通的能力。这种能力可以帮助我们发现新的解决方案和创新点。

（2）一切皆混搭，举一能反三——金风玉露一相逢，便胜却人间无数

创新往往需要将不同领域、不同元素、不同风格进行混合搭配。这种混搭可以产生新的化学反应，激发出新的创意和解决方案。同时，我们要学会从一种情境中推导出其他情境，形成举一反三的能力。

（3）快到碗里来，一起来融合——千片万片无数片，飞入梅花都不见

2.4.8 视频
iPhone 的诞生：技术积累与创新的结晶

创新需要将不同的元素和想法融合在一起。这种融合不是可以轻易达成的，而是需要通过快速行动和不断尝试来实现。在融合的过程中，我们要保持积极、活跃、有意识的心理状态，勇于接受挑战和尝试新的可能性。

（4）新瓶装旧酒，新旧重组合——年年岁岁花相似，岁岁年年人不同

创新并不一定要求我们从零开始。有时，我们可以尝试将新的元素和旧的元素重新组合和搭配，以发现新的机会和解决方案。这种新旧重组的能力可以帮助我们充分利用现有资源，发现创新解决问题的路径。

3. 思维翱翔，无限可能

其核心理念是放飞思维，不受限制地探索各种可能性和创意，强调想象联想和发散性思维的重要性。

（1）本来无一物，发散生万物——山重水复疑无路，柳暗花明又一村

创造力往往从一张白纸开始，从一个看似空无的概念中诞生出无数新的想法和可能性。这种发散性思维是创新的关键，它鼓励我们从一个点出发，无限制地拓展思维和想象力，创造出丰富多彩的新事物。

（2）拆解后破解，一招化千斤——身无彩凤双飞翼，心有灵犀一点通

2.4.9 视频
无字之书，无音之乐

面对复杂的问题和挑战，我们可以通过拆解，将其分解为更小、更简单的部分，从而更容易找到解决方案。破解则是在拆解的基础上，通过深入分析和思考，找到问题的关键所在，巧妙地解决问题。

（3）无中来生有，由此去及彼——欲把西湖比西子，淡妆浓抹总相宜

创造力需要我们具备活跃的想象力和联想力。通过将不同的想法和概念联系起来，我们可以创造出全新的事物和解决方案。这种联想和想象不受现有事物的限制和束缚，让我们的思维在无限可能的天空中翱翔。

（4）一花一世界，一叶一如来——忽如一夜春风来，千树万树梨花开

通过透过现象看本质、从微观看宏观、由局部看整体的方式，我们可以获得深刻的洞察和激发无限的创造力。这种思维方式让我们能够从不同的角度和层面去理解和解决问题，创造出更加独特和出色的成果。

小组任务

"我来经营……"项目创新探索

针对选定的"我来经营……"项目，通过激发创新与创意，探索经营的多样性与可能性。本次任务的核心是利用"创造＝复制＋转化＋结合"的理念，将旧元素进行新组合，以产生具有创新性的想法。

Project

02

项目二
"我来经营……"市场用户分析

情境三　市场选择与战略规划
情境四　用户画像与用户故事

企业经营创新地图				
项目一	项目二	项目三	项目四	项目五
启程： 项目主题选择	探索： 市场用户分析	创新： 价值主张设计	实践： 用户体验过程分析	整合： 商业模式设计

主题

"我来经营……"市场用户分析

目标

学会选择和细分市场，制定有效的战略规划。同时，通过确定目标客户，结合"用户情境剧本"工具的运用，研究目标用户的生活方式，以准确捕捉和把握他们的真实需求，为项目的进一步发展提供有力支持。

内容

在项目一中，我们已经明确了项目的核心主题。为了更精准地定位我们的服务或产品，现在我们需要深入地进行市场用户分析。这一分析不仅能够帮助我们理解市场需求，还能为项目的创新和发展提供关键指导。

（1）**整体规划，明确方向**。包括环境分析、终局判断、使命愿景等，为自己的项目确立发展路径。

（2）**红海切入，蓝海思维**。在红海中找切入点，结合蓝海战略工具和自己的项目找创新点。

（3）**细分市场，明确用户**。进行市场细分，明确自己的目标用户，在此基础上制定项目的竞争策略。

（4）**角色卡呈现用户画像**。制作角色卡来全面描绘目标用户，有助于我们洞察用户需求。

（5）**故事板展示用户故事**。运用故事板讲述用户故事，真实展现用户生活方式，深入挖掘用户需求。

（6）**整合成用户情境剧本**。将角色卡与故事板整合，形成用户情境剧本，为项目三奠定基础。

情境三
市场选择与战略规划

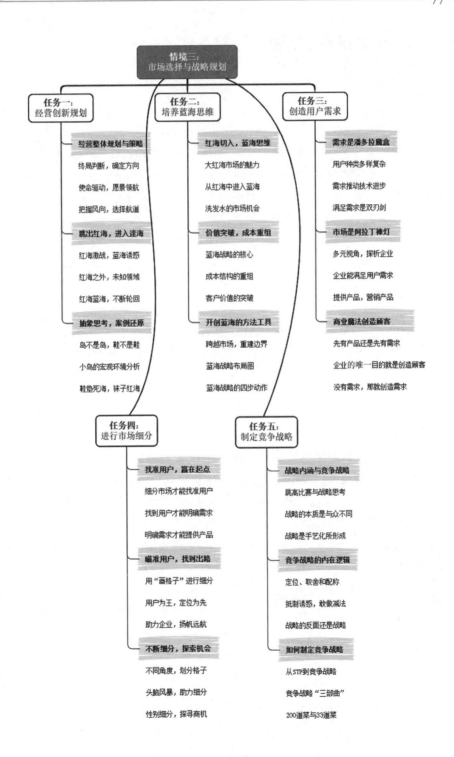

任务一　经营创新规划

一、经营整体规划与策略

思考讨论

有一个经典的老故事：两个卖鞋子的业务员来到一个岛上，发现岛上的人都不穿鞋。第一个业务员断言这里没有市场，而第二个业务员却认为市场潜力巨大。那么，对于这个特殊的岛屿市场，你会选择从哪些角度进行分析呢？

_____

_____

_____

1. 终局判断，确定方向

在商业世界中，企业如同在海洋中航行的船，有的随波逐流，有的则坚定地朝着某个方向前进。决定方向的关键，正是企业的终局判断。终局判断与企业对未来的理解相关，关乎企业的战略选择。它告诉企业未来可能会是什么样子，目的地在哪里。

例如，一种关于汽车产业的终局判断如下：电动化、智能化、网联化、共享化。想象一下，作为一名汽车制造商，你突然穿越到了未来。在那里，你会发现传统的燃油汽车已退出历史舞台，新能源汽车已成为主流。自动驾驶技术得到广泛应用，乘客只需安坐车内，便能安全、高效地抵达目的地。智能手机或其他智能设备实现了对交通状况的实时监控、车辆的即时预订以及出行路线的个性化规划……

3.1.1　视频
特斯拉：以前瞻性洞察
引领电动汽车时代

面对这样的未来趋势，今天的你会做出哪些具体的规划呢？

曾经，丰田等日本企业凭借卓越的精益生产体系赢得了世界的赞誉，这套体系被誉为"改变世界的机器"。然而，在汽车行业的未来趋势面前，它们的终局判断却出现了失误。与此同时，特斯拉和比亚迪等后起之秀则迅速崭露头角。

终局判断不仅仅是对未来的简单假设、预测或判断，而是"站在未来看今天，从而做出今天的部署"，即设想如果身处未来，回望今天，我们会做出什么决策和行动。它要求企业深刻洞察未来趋势，制定前瞻性战略。

2. 使命驱动，愿景领航

在商业世界中，使命和愿景对于企业就如同灯塔对于航船，可以为航行指明方向。使命是企业存在的根本原因，它回答"我们为什么存在"这一问题。愿景则是企业对未来的期望和追求，它描绘"我们希望成为什么"。

使命和愿景是相互关联的。使命是企业当前的行动指南，而愿景则是企业未来的发展方向。只有明确了愿景，企业才能制定出切实可行的发展策略；只有有了使命，企业才能有持续发展的动力。

以特斯拉为例，其使命是加速世界向可持续能源的转变。这一使命不仅体现了特斯拉对于环保和可持续发展的承诺，也为其产品研发、市场拓展等提供了明确的指导。而特斯拉的愿景是创建最引人注目的汽车公司，通过电动汽车的普及，驱动全球向可持续能源方向转变。这一愿景描绘了特斯拉对于未来的期望和追求，为其提供了目标和方向。

在确定使命和愿景的过程中，终局判断发挥着重要的作用。基于终局判断，企业能够制定出符合未来发展趋势的使命和愿景，确保企业在正确的航道上航行。而明确自身的使命和愿景，则是一个既需要创造力又离不开深思熟虑的过程。在这个过程中，"想象未来法"是一种非常实用的方法，它可以帮助企业更清晰地看到自己的目标和方向。

3.1.2 视频

想象未来法：一家童话主题餐厅如何确定使命和愿景

3. 把握风向，选择航道

企业如同一艘扬帆远航的航船，必须灵活调整航向以适应不断变化的市场风向。有效的市场分析和正确的行业选择，就如同详尽的海图和可靠的指南针，能够帮助企业在复杂多变的市场环境中找到最佳航道。

"取势"即洞察市场趋势，感知风向，捕捉稍纵即逝的商机；"明道"是明确目标市场，选择合适的航道，确保企业前进在正确的方向上；"优术"则是在航行中不断优化策略，提升航行技巧，以应对各种市场挑战，确保企业稳健前行。这三个环节相辅相成，共同构成了企业在市场海洋中的制胜策略。

当企业需要做出行业选择时，有几种实用的方法和工具可以作为指引。

（1）PEST 分析。一种宏观环境分析工具，通过对政治、经济、社会和技术四大关键因素的深入评估，揭示出目标行业的发展潜力和潜在风险，为企业的战略决策提供有力支持。

（2）SWOT 分析。一种企业战略分析方法，通过对企业的优势、劣势、机会和威胁进行全面审视，帮助企业找到与自身条件契合的领域，实现资源的优化配置和企业的长远发展。

3.1.3 文本

工具应用——某企业打算进入电动汽车制造行业

（3）五力模型。一种行业竞争分析工具，通过分析行业内的竞争态势、供应商和购买者的议价能力、潜在进入者的威胁以及替代品的威胁，评估行业的竞争程度和盈利能力。

二、跳出红海，进入迷海

思考讨论

请观察图 3-1-1，图中显示一只勇敢的鱼跳出了鱼缸。现在，请你根据这幅图，讲一个富有想象力的故事，并探讨这只跳出鱼缸的鱼未来的可能遭遇。（你可以将下图左侧的鱼缸想象成一个竞争激烈、内卷严重的领域）

图 3-1-1　这只鱼的未来？

1. 红海激战，蓝海诱惑

在商业的大海里，充满了无数的机会，但同样隐藏着巨大的风险。企业家们就像航海家一样，不断地寻找着新的航线，以期发现新的市场并获取丰厚的回报。

蓝海战略的出现为企业家们提供了一种全新的视角来审视市场。传统上，市场被看作红海，即份额已知并且竞争激烈。在这样的市场中，企业之间为了争夺有限的市场份额，竞争压力持续增大。

然而，蓝海战略却提出了一种新的观点。它认为市场并不是一成不变的红海，而是可以通过创新和差异化来开创出全新的市场空间。这些新的市场空间就像海洋中的蓝色水域一样，尚未被其他企业所涉足，因此被称为蓝海。

蓝海战略的核心思路在于将市场明确划分为红海市场和蓝海市场。红海市场犹如战场，处处充斥着激烈的竞争，企业唯有奋力厮杀才能求得生存；而蓝海市场则宛如一片未被开垦的沃土，竞争对手稀少，企业可以轻松收获利润。

蓝海战略问世之时，恰逢国内企业深陷价格战泥潭之际。许多企业以降低质量与利润为代价投入竞争，不仅损害自身利益，而且拉低了行业整体的利润率。蓝海战略的出现无疑为困境中的企业指明了一条新的出路，引起了众多企业的关注，被视为摆脱价格战泥潭的救命稻草。

3.1.4 文本
没有竞争的电菜煲市场是蓝海么？

2. 红海之外，未知领域

我们可以想象，商业市场的海洋可以被划分为三种不同的领域：红海、蓝海和死海。每一种领域都对企业带来了独特的挑战和机遇。

如果茫茫一片的大海，没有任何船只行驶，这就很可能是红海之外的"迷海"。我们很难判断这片海域究竟是充满商机的蓝海，还是毫无生机的死海。"迷海"可以被视为一个未知或不确定的市场领域，其中可能存在着未被开发的商业机会（即蓝海），也可能存在着缺乏市场活力或消费者需求的市场（即死海）。进入"迷海"意味着面临一种风险和机会并存的局面。

当众多企业家雄心勃勃地走出舒适区，决心跳出红海去寻找蓝海时，他们遭遇的可能不是预期中的蓝海，更有可能是一片死海。蓝海和死海从表面上看起来确实有一些相似之处，其最明显的特征就是它们似乎都缺乏竞争。

蓝海之所以称为"蓝"，是因为这里充满了无限的可能性和广阔的发展前景。死海之所以称为"死"，是因为这里缺乏生命力和活力，无法生存。蓝海与死海的本质区别在于蓝海有市场，死海没未来。

3.1.5 视频
跳出红海，未必是蓝海

3. 红海蓝海，不断轮回

"走出红海，远离死海"是企业在市场中航行的指南针。这意味着企业需要不断寻找新的市场机会和增长点，通过创新和技术进步来打破竞争僵局，实现可持续发展。同时，企业也需要保持敏锐的市场洞察力和战略灵活性，及时调整航向，避开那些可能导致衰败的风险和陷阱。

然而，红海、蓝海与死海并非永恒不变。市场瞬息万变，企业的策略也须随之灵活调整。红海中隐藏着蓝海，蓝海迟早会变红海，红海也将逐步成死海，死海也可以酝酿蓝海。在红海的深处，蓝海的踪迹隐约可见；而蓝海终将在竞争的压力下逐渐泛红。随着时间的推移，红海将缓慢地演变为死海，但在死海的沉寂中，又悄然孕育着新的蓝海。总之，市场是动态变化的。

3.1.6 文本
红海、蓝海、死海的轮回

面对这样的市场动态，不同规模的企业有不同的应对策略。小企业资源有限，抗风险能力弱，难以应对大的市场波动，但灵活易转型。相比之下，大企业拥有雄厚的资金实力和完善的风险管理体系，即使在进入死海后，也有可能通过强大的市场培育能力和创新策略，将死海转变为新的蓝海。

因此，企业在航行过程中需要灵活应对，不仅要学会在红海中寻找隐藏的蓝海，而且要在蓝海变红海之后及时调整策略，并在死海中寻找新生机。

三、抽象思考，案例还原

思考讨论

请观察图 3-1-2，思考：按照红海、蓝海和死海的划分，袜子、鞋垫属于哪个市场？如果让你二选一，你会选择经营哪个产品？假设你经营护肤品业务，在观察欧美市场时，你注意到似乎鲜有企业专注于"美白"产品。那对你而言，进入欧美市场是不是一个好选择？

图 3-1-2 红海？蓝海？死海？

1. 岛不是岛，鞋不是鞋

两个业务员来到一个岛上，发现岛上的人都不穿鞋，这是一则广为流传的故事。故事如何演绎并不重要，重要的是故事背后的道理。要理解这些道理，就必须跳出故事，进行抽象思考：岛不是岛，而是指任何一种细分市场；鞋不是鞋，而是指任何一种产品或服务。

"岛"是细分市场，既可能是一个地理区域，也可能是一个群体、一个行业领域等。同样，"鞋"是产品或服务，这个产品或服务可能是实体的，也可能是虚拟的，可能是面向消费者的，也可能是面向企业的。

通过这种抽象化理解，我们可以将故事中的情境和角色与更广泛的市场和商业环境联系起来。这样，我们就能从中提取出更具普遍性和指导意义的见解，例如如何发现市场机会，如何进行环境分析，如何满足客户需求等。

不对事物进行还原，就无法看到事物的本来面目。例如，如果我们把"鞋"换成"鞋垫"或者"袜子"，故事就成为：两个业务员来到两个小岛上，发现其中一个岛上的人都不垫鞋垫，而另一个岛上的人都不穿袜子。

再如，我们还可以把"岛"还原为一个具体的细分市场，比如欧洲；把"鞋"还原为一种具体的产品，比如王老吉。故事就成为：两个业务员来到欧洲，发现欧洲没有王老吉。那么，把王老吉卖到欧洲是不是一个好选择？

3.1.7 视频

岛上的人不穿鞋，意味着蓝海市场？

2. 小岛的宏观环境分析

回到之前的故事中，两个业务员根据岛上居民都不穿鞋的现象，给出了两个截然不同的观点。那么，我们应该听谁的呢？事出反常必有妖，全世界大多数人都穿鞋，鞋子具有保暖、护脚、美观等多重功能。那么，为何这个岛屿的居民都不穿鞋呢？

要探究这个问题，我们可以借助一个外部环境分析工具——PEST 对影响企业的主要外部环境因素进行分析。这些因素主要包括：政治的（political）、经济的（economic）、社会的（social）和技术的（technological）因素。

（1）政治因素

主要分析政治环境对组织或项目的影响，包括政策、法律法规、政府稳定性以及政治制度等因素。比如，政府发布了新的环保法规，企业就需要调整生产策略来符合新规定。

（2）经济因素

评估经济环境对组织的影响，一般需要考虑经济增长、通货膨胀、利率和汇率等因素。例如，如果经济增长迅速，消费者购买力提高，企业就可能扩大生产来满足市场需求。

（3）社会因素

主要关注人口统计、文化趋势、社会价值观以及消费者行

3.1.8 文本

岛上的人不穿鞋——PEST 模型分析

为等。人口规模和结构的变化会影响市场需求，比如老龄化社会可能对医疗和养老服务有更高的需求。

（4）技术因素

主要分析科技创新、科技发展趋势以及新技术的应用等。比如，随着互联网的普及和移动支付技术的发展，很多传统行业都在进行数字化转型。

3. 鞋垫死海，袜子红海

两个业务员踏上了一座岛屿后发现，岛上的居民虽然都穿着袜子，但鲜少有人使用鞋垫。这引发了一个问题：在这里，是做袜子生意更有前景，还是尝试进入鞋垫市场更为明智？

袜子行业已经相当成熟，企业众多，品牌竞争异常激烈，可以说是典型的红海市场。而鞋垫市场则显得相对冷清，鲜有知名品牌和企业涉足。这种现状可能让你觉得发现了未被开发的蓝海市场，于是你怀揣着发财的梦想，打算进军鞋垫领域，甚至幻想着"如果每人每年购买三双鞋垫……"的美好前景。

3.1.9 视频

鞋垫死海，该咋办？

然而，在作出决策之前，我们需要更深入地思考袜子和鞋垫这两个产品所处的市场环境。袜子作为日常生活中的必需品，市场需求稳定且庞大，但竞争也同样激烈。而鞋垫市场虽然看似未被充分开发，但其表现冷清的原因却值得深入探究。

过去，垫鞋垫似乎是一种更为普遍的现象，因为它能有效调节脚与鞋子之间的匹配度。由于以前鞋子的制作工艺不够精良，人们穿上新鞋后往往会感觉"打脚"，甚至会导致脚疼或磨出泡来。在这种情况下，鞋垫作为一种辅助产品应运而生，它能够有效缓解这一不适。

然而随着时代的进步和制鞋工艺的不断提高，现代鞋子在设计和制作上更加注重舒适度。因此，鞋垫原来的功能价值逐渐丧失，导致现在垫鞋垫的人越来越少。

小组任务

"我来经营……"项目的使命与愿景

请明确你们小组的"我来经营……"项目的使命和愿景。具体来说，你们需要阐述该项目存在的根本目的和意义，即其使命；同时，你们也要描绘出你们希望通过这个项目最终达到的理想状态或目标，即其愿景。

任务二 培养蓝海思维

一、红海切入，蓝海思维

思考讨论

有一家做得不错的国内洗发水企业，经过调研，发现消费者最看重的产品核心特征是使头发更柔顺。基于这一发现，该企业决定将产品功能定位调整为"柔顺"。请观察图 3-2-1，说说你认同这家洗发水公司的做法吗。

图 3-2-1 红海切入，蓝海思维

1. 大红海市场的魅力

在选择"好行业"时，人们通常会寻找那些市场规模大、竞争强度低且未来发展前景好的领域。然而，现实情况是，几乎不存在同时满足这些条件的完美行业。通常，市场巨大往往意味着竞争激烈，而前景好的领域又早已吸引了大量参与者。

整个市场大致可被划分为两个市场：红海和迷海。红海指的是那些竞争者众多、已经被市场反复验证过的领域。迷海包括蓝海和死海。蓝海指那些未被充分开发、竞争尚不激烈的市场，其中隐藏着许多商机；死海则指需求模糊、商机匮乏的领域，涉足其中风险巨大。

企业应选择并进入哪一种类型的市场呢？查理·芒格提出的"去鱼多的地方捕鱼"

3.2.1 文本
元气森林与大红海市场的选择

指出了一种方向,即企业应该优先选择那些虽然竞争激烈,但同时充满无数商机的大红海市场。

大红海市场,即那些需求旺盛并且竞争者云集的市场,这类市场往往已经得到了人们的广泛认同。这意味着,企业只要能够满足消费者的需求,便有望实现价值的迅速增长和市场份额的快速扩张。

更重要的是,大红海市场的需求明确,竞争环境为人熟知,且商业模式成熟。这些因素不仅降低了市场风险,还为企业提供了丰富的经验和教训,使其能够更快地适应市场,实现盈利。因此,尽管竞争激烈,但大红海市场依然因其独特的优势而备受企业青睐。

2. 从红海中进入蓝海

洗发水市场是一个充满机遇与挑战的大红海,市场规模大,同时伴随着激烈的竞争。在这样的环境下,有些企业可能会考虑寻找所谓的蓝海,例如,尝试开发像"洗眉毛水"(专指用于清洗眉毛的特定产品,并非文眉后的专用清洗液)这样的新产品。

尽管"洗眉毛水"这个领域看似竞争不激烈,但我们必须清醒地意识到,此类产品并不一定会成为真正的蓝海,反而有很大的可能性沦为一个死海。因此,更为明智的做法是采取"红海切入,蓝海思维"的策略。

3.2.2 视频
洗发水市场的变迁与蓝海战略的启示

"红海切入"意味着企业首先要在现有的、竞争激烈的市场中找到一个立足点,通过对市场的深入了解和分析,确定自己的市场位置和竞争策略。而"蓝海思维"则要求企业在红海竞争的基础上,以创新的视角和思维方式来寻找和创造新的市场机会,从而避开激烈的竞争,实现差异化发展。

"红海切入"和"蓝海思维"并不是相互排斥的,而是可以相辅相成的。企业在进入红海市场后,仍应保持对蓝海机会的探索和追求,以实现创新和发展。通过结合这两种思维,企业可以在激烈的市场竞争中保持稳健的发展态势,并寻找新的增长点。

总之,"红海切入,蓝海思维"鼓励企业在遵循市场规律的基础上,勇于突破和创新,通过"以正合,以奇胜",获得竞争优势。

3. 洗发水的市场机会

假设你打算购买洗发水,你会选择飘柔吗?它能让你的秀发更加柔顺光滑。如果你不太喜欢,那不妨试试海飞丝,它专注于去除头皮屑。如果你没有头皮屑的困扰,那伊卡璐或许能吸引你,它以其纯天然的芳香而闻名。或许你觉得这个卖点过于花哨,那就换潘婷试试,它强调深层滋养秀发。要是仍然不满意,那就选择沙宣吧,它是一款专业沙龙级别的洗发水。

最终，你找到了心仪的洗发水。然而，当你仔细观察瓶身时，发现它依然是宝洁公司的产品。这正是宝洁公司多品牌策略的巧妙之处。通过不断地细分客户群体，宝洁推出了多样化的产品，为企业赢得了更强大的市场竞争力。

在大红海市场中，通常存在一些巨头企业。这些企业不仅占据了市场的主导地位，还凭借其强大的品牌影响力和傲人的市场份额，持续引领着行业的发展。以洗发水市场为例，宝洁、联合利华等跨国巨头就是其中的佼佼者。

3.2.3 文本

奥妮的教训：红海中的蓝海机会与战略迷失

能让头发更加"黑亮"的洗发水，正是中国企业运用"红海切入，蓝海思维"创造的典型案例。黑发概念首先由中国企业提出，这背后或许有着文化和基因差异。宝洁等西方企业的市场研究和产品开发有可能会忽视黑发的需求。

相比之下，中国人对黑发有着特殊的偏好，更容易洞察到这一未被充分满足的市场需求，并据此推出针对黑发的洗发水产品，如图3-2-2所示。

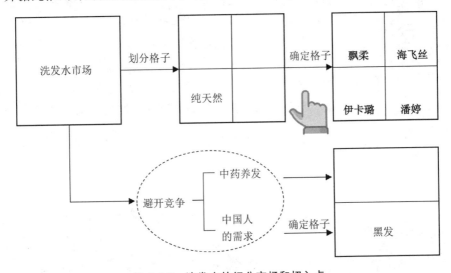

图 3-2-2 洗发水的细分市场和切入点

二、价值突破，成本重组

思考讨论

作为一名经常因商务出差的人士，你即将参加一个重要会议，需要选择一家合适的酒店入住。对于这次商务出差，你会选择入住哪种类型的酒店？哪些酒店服务环节是你最看重的？

1. 蓝海战略的核心

当人们提到蓝海时,首先想到的是没有竞争,蓝蓝的一片大海,就自己在那里逍遥。接着想到的是新领域,这片领域之所以人迹罕至,是因为它尚未被开发。最后想到的是创新,正是因为创新,才能够开拓出这样的新市场。探讨蓝海似乎又回到了创新上。

如果过于泛泛地去理解蓝海战略、创新能力、品牌建设等商业要素,虽然从各种角度分析都看似有道理,但实际上可能剥夺了这些概念本身蕴含的深刻意义和实际价值。

蓝海战略的核心在于追求客户价值的突破和成本结构的调整,从而摆脱传统的竞争激烈的红海,开辟属于自己的蓝海。有些人可能会将这种做法简单地归结为"创新",这也没错,因为"创新是个筐,什么都能往里装"。

3.2.4 文本
经营创新与品牌建设是个"筐"!

我们并未否认创新或蓝海战略的价值。然而,我们更关注的是这些理念在实际操作中的实用性。对于企业经营而言,单纯的口号或概念并不足以推动其发展,关键在于如何将这些理念转化为具体的行动方案。

复杂事情简单化。人们通常会选择性价比高的产品,基于此,蓝海战略提出了一个核心的方法论,即"客户价值的突破,成本结构的调整"。通俗点说,蓝海战略的核心思想是:

在客户可以感受到的地方不惜大把砸钱,提升客户满意度;

在客户感受不到的地方偷偷摸摸省钱,保持企业盈利。

2. 成本结构的重组

酒店行业整体早已陷入红海竞争,然而,经济型酒店在其初现之时却被视作蓝海战略的产物。这看似矛盾,实则不然,关键在于最初的经济型酒店通过一系列巧妙的创新,成功地在激烈的市场竞争中开辟了新的天地。

那么,经济型酒店的创新究竟体现在何处呢?无论房间设计、大堂布置、服务流程还是新技术应用等方面,经济型酒店都并没有什么创新点。但别忘了,"创新是个筐,什么都能往里装",它的创新点在于——算别人算不过来的账。

我们可以比较一下三本账:

> 五星级酒店的账本:五星的墙,五星的堂,五星的房,五星的床。
> 三星级酒店的账本:三星的墙,三星的堂,三星的房,三星的床。
> 经济型酒店的账本:一星的墙,二星的堂,三星的房,四星的床。

这种看似"拆东墙，补西墙"的策略，实则基于市场洞察和对消费者需求的理解。经济型酒店通过这种方式，既满足了客户的真正需求，又有效地控制了成本。这种创新的成本结构组合，实际上是对传统酒店行业规则的一种颠覆。它打破了星级酒店的固定模式，以更符合市场规律和消费者需求的方式重新配置了资源。

3.2.5 文本
"偷梁换柱"的经济型酒店

总的来说，经济型酒店的这种策略并不是无序和混乱的，而是深思熟虑后作出的成本控制和资源配置决策。我们将在下一节对经济型酒店的这种策略进行更详细的分析。

3. 客户价值的突破

在传统市场竞争中，企业往往身陷"红海"思维，过分聚焦于竞争对手、市场份额及短期盈利目标，忽视了客户的真实需求与长远的市场机遇。蓝海战略则鼓励企业站在客户的视角，深入理解他们的痛点和期望，并以此作为创新的基石。这种创新不仅仅是产品或服务上的小改革小升级，更是对整个商业模式、价值创造过程的重新思考和设计。

值得一提的是，蓝海战略强调打破价格与成本之间的固有联系。它倡导通过"价值创新"，以更低的成本为客户提供更优质的服务，从而实现客户满意度和企业盈利的双提升。这种价值创新，实质上是对客户价值的一次重大突破，其核心在于洞察并捕捉客户的真实需求。

举例来说，假设你进行了一项市场调查，调查对象为经常商务出差和旅行的人士，询问他们在选择酒店时会考虑哪些因素。

3.2.6 视频
经济型酒店的蓝海战略：
以"睡一个好觉"为核心的
价值突破

回答纷繁多样。环境、服务、价格、交通便利性、安全性、安静度以及卫生状况等均被提及。面对这些五花八门的反馈，你可能感到无从下手。然而，某家酒店却有着独到的洞察：较低的价格，睡一个好觉。

这是因为这些商务出差者和旅行者，次日的计划往往是拜访客户或游览景点，因此希望自己能够休息好。基于此，该酒店对价值链体系进行了调整：一星的墙，二星的堂，三星的房，四星的床。

三、开创蓝海的方法工具

思考讨论

如何理解以下观点："太多人关注边界，而不关注核心。万物其实并没有简单的边界,我们不要给自己设限。"如何基于这一观点来审视企业应该"做什么"以及"不做什么"?

_____
_____

1. 跨越市场,重建边界

企业跨越红海、进入蓝海的过程就像是探险家开拓新大陆,既是面对未知的挑战,也是对自我的超越。这需要重新定义和拓展市场的边界,因为现有的市场边界往往限制了企业的思维和行动范围。

如何重新建立市场边界,蓝海战略给出了六种方法。

跳出产业看市场。不要只盯着自己所在的行业,也要看看那些和你目标相同但做法不同的行业。比如,咖啡店不只是卖咖啡的地方,也可以是社交的场所。

跳出对手看竞争。不要总和直接竞争对手比,也要看看其他行业的成功模式。比如,网约车不只是和出租车竞争,它实际上提供了更便捷的服务体验。

跳出用户看用户。不要只想着卖给现有的客户,也要想想还有谁可能需要你的产品。比如,露营车不只是卖给喜欢野外露营的人,也可以卖给需要带小孩的年轻父母。

3.2.7 视频

重建市场边界:太阳马戏团如何颠覆传统

跳出需求看产品。不要只满足客户当前的需求,也要提供他们可能需要的配套产品或服务。比如,卖手机的不只是卖手机,还可以卖手机壳、贴膜等配件。

跳出功能看导向。不要只关注产品的功能,也要关注它给客户带来的情感价值。比如,豪华车不只是交通工具,它还代表着身份和品位。

跳出眼前看未来。不要只想着现在流行什么,也要预见未来的趋势并提前做好准备。比如,在智能手机普及之前,就预见到移动互联网的潜力并提前布局。

2. 蓝海战略布局图

蓝海战略布局图是一种强大的可视化工具,它有助于企业在蓝海市场中明确自身的战略定位,并创造出独特的价值曲线以区别于竞争对手,从而在激烈的市场竞争中脱颖而出。

(1) 战略布局图的构成

如图 3-2-3 所示,蓝海战略布局图通常包含两个维度:横轴代表产业中的不同竞争元素(如价格、性能、服务、品牌等),纵轴代表这些元素在消费者心中的价值高低。企业通过在战略布局图上绘出自己和其他竞争者的位置,可以清晰地看到当前市场的竞争格局。

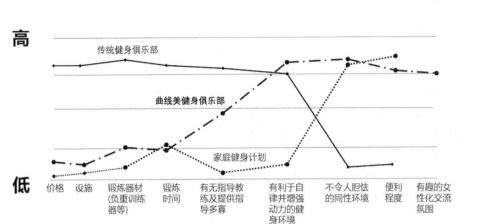

图 3-2-3　Curves 的蓝海战略布局图

（2）蓝海战略布局图的绘制步骤

第一步，确定竞争元素。

企业需要确定在所处行业中，消费者最关心的竞争元素有哪些。这些元素应该涵盖产品的各个方面，如性能、价格、品牌、服务等。

第二步，评估元素价值。

企业需要对这些竞争元素进行评估，确定它们在消费者心中的价值。这可以通过市场调研、消费者访谈等方式来获取。

第三步，绘制价值曲线。

根据评估结果，企业可以在战略布局图上绘制出自己的价值曲线。价值曲线应该清晰地展示出企业在各个竞争元素上的表现，以及与其他竞争者的差异。

第四步，识别战略定位。

通过对比自己和其他竞争者的价值曲线，企业可以识别出自己的战略定位。这有助于企业明确自己在市场中的竞争优势和劣势，以及需要改进的方向。

3.2.8　视频
Curves 健身俱乐部——运用蓝海战略重塑健身市场

3. 蓝海战略的四步动作

蓝海战略的四步动作是构建和执行蓝海战略的关键，它能够帮助企业打破传统竞争框架，开创并占领新的市场空间。如图 3-2-4 所示，这四个步骤分别为：剔除、减少、增加和创造。通过这四个动作，企业可以重塑其价值曲线，提供与众不同的产品或服务。

（1）剔除

剔除指的是消除行业中那些被视为理所当然但实则不再具有价值的元素。这些元素可能是过时的技术、不必要的功能或服务，或者是超出客户实际需求的性能。

3.2.9　文本
价格不高，睡个好觉

（2）减少

减少是指降低那些超过客户期望或需求的元素的标准或投入。这包括减少产品的复杂度，降低价格敏感元素的成本，以及去除那些对客户来说并非核心价值的元素。

（3）增加

增加是指提升那些客户期望但当前产品或服务中尚未充分提供的元素。这包括提升产品的性能，提高服务的质量，增强用户的体验等。

（4）创造

创造是指引入全新的元素或组合，为客户创造前所未有的价值。这包括开发新技术，设计创新的产品功能，提供全新的服务模式等。

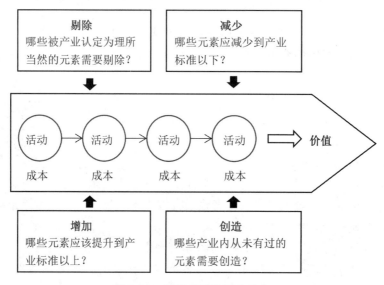

图 3-2-4 蓝海战略的四步动作

通过回答这四个问题，企业可以构建全新的价值链体系。通俗地讲，就是要剔除和减少效益不高甚至得不偿失的元素，增加和创造物超所值的元素。形象地说，这就像"拆东墙，补西墙"——在客户不易察觉的环节精打细算以节约成本，而在客户能够明确感知的方面则毫不吝啬地投入资源。

小组任务

蓝海工具应用

结合蓝海战略布局图，运用蓝海战略四步动作框架，对"我来经营……"项目进行深入分析。

1. 绘制自己项目的蓝海战略布局图。
2. 运用蓝海战略四步动作框架进行分析。
3. 形成自己独特的价值曲线。

任务三　创造用户需求

> 你以为你穿的这件衣服是你自己选择的,以为你的选择是在时尚产业之外。但实际上不是这样的,你穿的衣服实际上就是这间屋子里的人替你选的,就是从这一堆玩意儿里!
>
> ——电影《穿普拉达的女魔头》台词

一、需求是潘多拉魔盒

思考讨论

纸尿裤的直接用户是宝宝,但作出购买决策的人通常是父母,他们在选择、购买和关注产品性能方面起决定性作用,因此也可视为纸尿裤的间接"用户"。下面两句广告语,你认为哪一句广告语更好。

第一句:"用帮宝适,让妈妈睡个好觉。"

第二句:"用帮宝适,宝宝干爽睡得香。"

_____

_____

1. 用户种类多样复杂

在需求的世界里,多样性是一个显著特征。不同的群体,如客户、消费者、使用者、购买者以及粉丝等,都带有各自独特的需求和期望。这些需求不仅多样化,而且相当复杂。

以玩具市场为例,孩子的喜好是玩具应满足的核心需求。然而,家长作为购买者,他们的意见和选择或许更为重要。道理很简单,如果某玩具深受孩子喜爱,但是可能对孩子不够健康,那么家长是不会买给孩子的。家长、企业与孩子之间的关系,如图3-3-1左侧所示。

再来看一个医疗领域的例子,当病人前往医院求诊时,医生会根据病情开具药方,然后病人会前往医院药房取药。

实例分析

3.3.1　视频
哪句广告语好?

尽管这位病人在购买药品的决策过程中并非最终决策者，我们依然将其视为重要的用户。药厂、医院、医生和患者之间的相互关系，如图 3-3-1 右侧所示。

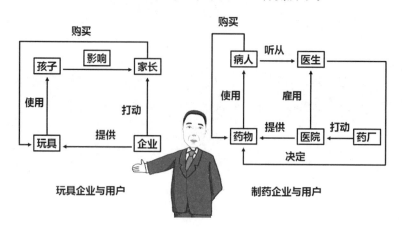

图 3-3-1　需求的复杂性

有些企业服务于两个或多个细分客户群体，这些群体之间存在一种"相互依存"的关系。这种类型的企业通常被称为平台型企业。这种平台模式同样体现了需求的复杂性和多元性。

例如，在网约车平台上，乘客和司机构成了两个客户群体：乘客需要找到便捷的出行方式，而司机则通过平台找到乘客并提供服务。这两种用户的需求是截然不同的，但是这两种用户对于企业而言必须同时存在，相互依存，否则企业就无法运转。

2. 需求推动技术进步

需求，作为商业和技术创新的重要推动力，不仅驱动着市场的繁荣，而且引领着技术的进步。每一次技术的革新，背后都隐藏着人们对更美好生活的渴望与追求。

克里斯坦森在用户目标达成理论中，以用户在特定场景下想要获得的进步来描述用户需求。这一视角没有直接谈及需求，而是从用户的角度出发，思考他们在特定情境下期待达成的任务或取得的进步。这种表述方式实际上更加贴近用户的真实心理和需求本质。

3.3.2　文本

商业中的"七宗罪"与"四心"：一场道德与欲望的博弈

历史学家莫里斯曾深刻指出，技术进步的三大推动力源自人性的贪婪、懒惰和恐惧。这三大原动力，其实质都可以归结为"需求"——对更多、更好、更快的追求，对省时省力的渴望，以及对未知和不确定性的深深忧虑。

例如，人们对智能手机、高速互联网等技术的追求，体现了对更多信息、更快速度和更好体验的渴望；自动驾驶技术、智能家居技术等，是为了满足人们对省时省力的需求而诞生的；医疗技术、安全技术的持续投入和创新，则是为了应对未知的健康风险和安全隐患。

需求，这个看似简单却深不可测的潘多拉魔盒，一旦开启，便释放出人性中最原始、最复杂的欲望和冲动。它可能引发七宗罪——暴食、色欲、懒惰、嫉妒、傲慢、贪婪和暴怒，也有可能释放出孟子所说的"四心"——恻隐之心、羞恶之心、辞让之心和是非之心。

3. 满足需求是双刃剑

在商业世界中，需求是推动企业发展的核心动力，也是引领市场变化的关键因素。然而，满足需求却像一把双刃剑，既带来了商业机会，也带来了挑战和风险。

企业致力于满足客户的需求，这是推动其发展的核心动力。然而，人们的需求却像一个复杂而神秘的潘多拉魔盒，每当我们了解并满足了某一层需求时，更深层次、更复杂的需求便会浮现出来。

马斯洛的需求层次理论为我们提供了理解人类需求结构的框架。从生理需求到安全需求、社交需求、尊重需求，再到自我实现需求，每个层次都像是一个阶梯。当前层次的需求得到满足，人们就会追求更高层次的需求。

这一理论不仅揭示了人类行为的深层动机，也为企业精准把握用户需求提供了有力指导。然而，这也可能导致企业陷入对满足用户需求的过度追求之中。例如，某家宠物用品公司为了迎合宠物主人，推出了一款"宠物按摩浴缸"，还配备了"宠物鱼疗"服务，即让小鱼轻轻咬去宠物的死皮。然而，大多数宠物面对这种"高级待遇"时会惊慌失措。这一产品最终成为市场笑话。

3.3.3 文本

需求升级：企业面临的无底深渊与自我救赎

此外，需求的满足有时也可能催生社会的过度消费和浪费。在商业的刺激下，人们可能会被诱导购买更多并非必需的商品或服务。这不仅增加了个人的经济负担，也造成了社会资源的无谓消耗。

二、市场是阿拉丁神灯

1. 多元视角，探析企业

在许多人心目中，企业或许只是老板营利的工具，或是员工谋生的场所。如果我们仅仅停留在这个层面，就无法理解企业的真正内涵。企业是以盈利为目标，通过高效运用各类生产要素，向市场输出商品或服务，并作为一个独立核算、自主经营、自负盈亏的法人或社会经济组织存在的。

尽管这一定义能够为我们提供一个基本的认知框架，但想要深入理解企业这个复杂系统，我们需要挖掘更多背后的情境与细节。企业并非一个静态的实体，而是一个在商业世界中不断成长、变化并与其他实体互动的有机体。

3.3.4 文本
企业本质探析：想象共同体与市场中的"阿拉丁神灯"

我们可以将企业比作一棵深深扎根于市场土壤的果树。它不断地从广阔的市场中汲取养分，通过精心组织的和充满活力的生产与创新活动茁壮成长。其结出的果实，即企业的产品或服务，为消费者创造了实实在在的价值，满足了他们的多样化需求。这棵果树在变幻莫测的市场环境中屹立不倒，彰显了其卓越的适应能力和面对挑战时的坚定决心。

此外，企业与其他企业、消费者、政府以及社会组织等共同构成了一个错综复杂的商业生态系统。在这个系统中，每个组成部分之间都相互依存、相互影响，共同维系着整个生态系统的平衡与繁荣。企业通过积极的竞争与合作，不仅提升了自身的实力与影响力，也推动着整个商业世界的持续演化和进步。

2. 企业能满足用户需求

企业是市场的核心参与者，其主要任务就是满足用户的需求。如果把市场比作阿拉丁神灯，能满足客户的"一切"愿望，企业则是其中的精灵，不仅聆听用户的每一个愿望，而且致力于将这些愿望变为现实。

3.3.5 视频
如果客户……，那么企业……

在这个过程中，企业需要密切关注市场动态和用户反馈，以便及时调整产品策略，更好地满足用户需求。同时，企业还应不断创新，提升产品和服务的质量与竞争力，从而在激烈的市场竞争中脱颖而出。

在一次专访中，德鲁克说道："他们认为一个企业就应该是一台挣钱的机器。譬如，一家公司造鞋，所有的人都对鞋子没有兴趣，他们认为金钱才是真实的。其实，鞋子才是真实的，利润只是结果。"

换句话说，企业存在的意义并非单纯追求利润，而是通过提供满足用户需求的产品和服务来创造实际价值。这一理念揭示了企业的使命：以用户需求为导向，提供实用、有价值的产品，进而实现社会价值和经济价值的双重提升。

在这个过程中，交易是核心环节。用户投入时间和金钱，期望获得能满足其需求的产品或服务；而企业则运用其资源、技术和专业能力来提供这些产品和服务，以此换取经济回报。用户通过交易获得所需的产品或服务，提高生活或工作的效率；而企业则实现销售收入，为持续经营和创新发展提供有力保障。

3. 提供产品，营销产品

企业通过产品来满足客户的需求，因此，尽管企业经营创新涉及多个方面，但提供产品和营销产品是其中最为核心的两个环节。这两个环节相互依存、相互促进，共同构成了企业经营创新的核心。它们就像企业的"双翼"，少了任何一个，企业都难以飞翔。

提供产品是满足需求的基石，就像建造房屋所需的基石一样重要。没有合适的产品，就无法真正满足用户的需求。营销产品是在企业与用户之间建立连接的桥梁。通过有效的营销活动，企业可以让更多的用户了解、认识并最终选择其产品。

因此，我们可以用一个简洁的公式来揭示企业经营创新的精髓：

经营创新 ＝ 提供产品 × 营销产品

这个公式明确地指出了企业在增强经营创新能力时应当关注的两个核心环节——提供优质产品和进行高效营销，也就是既要注重产品的内在品质，又要重视市场的外部推广。只有双管齐下，企业才能够在激烈的市场竞争中脱颖而出，实现可持续发展。

这个公式还进一步阐明了优秀的产品和有效的营销是相互支持、相互促进的。优秀的产品为营销提供了有力的支撑点，使得营销策略更加有针对性和说服力；而有效的营销策略则可以将产品的价值最大化地传递给用户，进一步提升产品的知名度和美誉度。这种协同作用形成了企业经营创新的良性循环，推动企业不断向前发展。

3.3.6 文本
资源分配与经营创新策略：
经营创新＝提供产品×营销产品

三、商业魔法创造顾客

思考讨论

"有人认为奢侈是贫穷的对立面，其实不是，奢侈是粗俗的对立面。"请模仿以下句式造句，并解释其中蕴含的逻辑："有人认为XX是YY的对立面，其实不是，XX是ZZ的对立面。"（其中XX与YY是相反的一对概念）

_____

_____

1. 先有产品还是先有需求

通常情况下，人们认为先有用户的需求，然后企业研究这些需求，推出相应的产品。然而，现实生活却告诉我们，情况有时并非如此。让我们分析以下两种情形。

情形一：你饿了，于是想吃美食。这个情形反映了基本的需求驱动产品模式。在这里，你的饥饿（需求）促使你寻找食物（产品）。这可以理解为，消费者的需求促使他们寻找解决方案，而企业通过研究这些需求，开发出可以满足这些需求的产品或服务。

情形二：你看见美食，于是饿了。这个情形则揭示了产品如何创造或激发需求。当你看到诱人的美食时，即使你并不饿，也可能会产生食欲。在这种情况下，产品并不是简单地响应已存在的需求，而是主动地去创造新的需求。

用户需求是推动市场进步的重要力量，经常促进新产品的出现和迭代。当用户对现有产品不满或需求未被满足时，这就成为企业改进和创新的起点。但企业不止于满足用户需求，它们也能通过技术、设计和商业模式的创新，引领并创造新的用户需求。

因此，先有企业提供的产品还是先有用户的需求，这是一个类似于"先有鸡还是先有蛋"的问题。在实际的商业活动中，这两者往往是相互影响、相互作用的。对于企业来说，既要能够识别并满足现有的市场需求，也要有能力通过创新和营销来创造新的需求。

3.3.7 视频
玩具商的"阴谋"：利用"承诺与一致"原则创造需求

2. 企业的唯一目的就是创造顾客

"企业的唯一目的就是创造顾客"是管理学大师彼得·德鲁克的精辟论断，精准地概括了企业经营的核心目标。这一理念强调了企业存在的根本目的是服务和满足顾客的需求，而且不仅是被动地响应现有需求，更要主动地创造新的需求。

企业的成功与否，最终取决于它们能够吸引和留存多少顾客。在这个意义上，创造顾客的含义不仅是寻找新的消费者，还包括发掘并满足顾客的潜在需求。这包括引导顾客形成新的消费习惯，提供超越期望的产品和服务，以及建立稳固的客户关系。

"消费者并不知道自己需要什么，直到我们拿出自己的产品，他们就会发现，这是我要的东西。"这句话进一步印证了这一点，突显了企业在引导和创造市场需求方面的关键

3.3.8 视频
创造客户：以洗发产品为例

作用。像苹果公司这样的企业，通过不断的产品创新，不仅满足了消费者的现有需求，而且激发了新的需求和欲望，从而赢得了市场和消费者的青睐。

因此，对于企业来说，"创造顾客"不仅是一个目标，更是一种持续的创新和服务过程。它要求企业始终保持敏锐的市场洞察力，及时捕捉和响应消费者的需求变化，同时通过不断的产品创新和服务提升，为消费者创造更大的价值。这样，企业才能在激烈的市场竞争中立于不败之地，实现持续的发展和增长。

3. 没有需求，那就创造需求

客户有偏好变迁，产品有生命周期，市场有起伏不定，企业有盛衰兴替。"没有需求，那就创造需求"是一种鼓励创新和开拓市场的思维方式。企业不应局限于现有的市场和需求，而要勇于挑战和探索新的可能性。

在目前的市场环境下，简单地满足现有需求已经不足以保障企业的生存和发展。相反，企业需要不断地寻求新的市场机遇，发掘潜在需求，甚至是创造出全新的需求领域。

例如，在智能手机市场上，当消费者对于手机的基本通信需求已经得到满足时，一些企业就开始思考如何创造新的需求。他们通过增加手机的摄像头像素、提升处理器性能、开发新的应用软件等方式，成功地引发了消费者对于拍照、游戏、社交等新功能的需求。

如果说企业的目的是"创造顾客"，那么其本质是创造顾客的需求。这意味着企业需要深入了解目标市场的潜在需求，并通过创新营销和服务等手段，激发顾客的购买欲望。因此，"没有需求，那就创造需求"鼓励企业积极地寻找机会，创造性地解决问题，并始终关注客户的需求和体验。

3.3.9 视频
巧妙策略创造需求

现实中，我们可以看到很多创造用户需求的小技巧。例如，餐厅可以提供免费开胃菜刺激顾客的味蕾，创造对更多美食的需求；超市可以提供护肤品的试用装，采用"先试后买"的策略激发客户的购买欲望。

小组任务

客户创造与分析

德鲁克说："企业存在的唯一目的就是创造顾客。"请具体分析并阐述你们的"我来经营……"项目创造了什么样的客户，具体要求如下：

1. 描述你们的项目所吸引的客户群体的特征。
2. 分析这些客户是如何被你们吸引的，即选择你们的原因和动机是什么。

任务四　进行市场细分

一、找准用户，赢在起点

思考讨论

美国的麦当劳在高速路上的店铺全都采用直营方式，市中心的店铺则可以加盟，为什么要这么做？某海边旅游城市的一家海鲜餐馆，菜单上标价68元的一份虾，结账时，店老板却告诉你每只虾68元。为什么各种"花式宰客"在旅游城市屡见不鲜？

1. 细分市场才能找准用户

想象一下，你置身于一个寻宝游戏之中，在一个巨大的仓库里藏着许多随意堆叠的小盒子，它们形成了一座"盒子山"。如果你不进行梳理，只是盲目地在"盒子山"中翻找，那么你可能会耗费大量的时间和精力，却仍然一无所获。

这与企业面对庞大而复杂的市场时的情境非常相似。市场由众多消费者构成，他们各自拥有不同的需求、偏好以及消费能力。如果企业不进行市场细分，就会像无头苍蝇般在市场中迷失方向，难以找到真正的目标客户。

这时候，如果企业采取"广撒网"的策略，试图推出一种能满足所有人需求的产品或服务，往往会开发出一款"万金油"式的产品。这样的产品虽然看似能满足所有人，但实际上却难以深入满足任何一个细分市场的真正需求。

3.4.1　视频
从五则广告看细分用户

商业行为的真正驱动力其实是用户的需求。因此，企业必须首先明确谁将成为其用户，即谁会接受并体验其产品或服务。若无法识别出目标客户群体，企业的市场行为就会缺乏针对性，难以满足特定客户的需求和期望，导致市场接受度受限，使自身陷入自吹自擂的尴尬境地。

那么，如何精确识别目标客户群体呢？关键在于市场细分。如果不进行市场细分，企业将面临一个需求多样、偏好各异的庞大市场，难以精确把握目标客户的具体需求，从而无法提供有针对性的产品或服务。

2. 找到用户才能明确需求

找到目标客户就像是在书店里挑选书籍，只有选对了书，我们才能真正深入进去并理解其中的内容。同样，企业只有找到自己的目标客户，才能了解并分析他们的真实需求，为他们提供适合的产品和服务。

不同的人，喜好不同，需求也就不同。以口味偏好为例，有人偏爱甜食，有人热衷辛辣，有人追求口感鲜嫩，还有人喜欢原汁原味。这种需求的多样性，使得任何企业都难以仅凭一种产品或服务就满足所有客户。

3.4.2　视频
为什么要对客户进行细分？

如果企业不进行市场细分，不寻找自己的目标客户，而是试图以一种"大而全"的产品或服务来满足所有人的需求，结果往往适得其反。假如有一家企业尝试推出一种"又甜又辣又嫩又鲜"的产品，很可能会创造出一种"四不像"的口味，导致所有消费者都无法接受。

相反，如果企业能够精确地找到并聚焦于具有不同口味的目标客户群体，那么在这些细分市场中取得成功的可能性将大大提高。

因此，企业需要通过市场细分，找到具有相似需求的目标客户群体，然后专注于满足这些客户的需求。这样，企业才能更准确地把握市场动态，更有效地配置资源，从而提供更符合消费者期望的产品或服务。同时，通过市场细分，企业还可以更好地了解消费者的购买行为和消费习惯，以便进一步优化产品设计和营销策略。

3. 明确需求才能提供产品

在市场竞争日益激烈的今天，明确"我们的顾客是谁"以及"他们真正需要什么"尤为重要。这不仅仅是为了销售产品，更是为了确保我们所提供的产品或服务能够真正满足消费者的需求。

消费者为什么会选择某一部手机？这背后的原因远不止于它具有通话功能。对于一些人来说，手机是捕捉生活瞬间的自拍神器；对于另一些人，手机是开启游戏世界的大门。

小米手机以高性价比著称，OPPO 手机在拍照功能上大放异彩，vivo 手机是音乐爱好者的首选，苹果手机凭借时尚的设计和高端的技术吸引了众多人士，而华为手机则以其稳重务实的风格赢得了商务人士的青睐。当你认为手机市场没什么机会的时候，传音手机却在非洲大陆深受欢迎。

一家医院的大门旁有一家小店，它并不提供药品或医疗用品，而是售卖鲜花和水果，并且把它们精心地包装起来。为什么在这样的地方有这样一家店？医生和护士们或许偶尔会购买一些水果，但他们真的会去挑选那些外观精致的果篮吗？病人恐怕也不会选择这些性价比似乎并不高的物品。

3.4.3 视频
"大澡堂子"还是"廉价旅馆"？

然而，这家小店的生意却一直兴隆。答案隐藏在医院里频繁进出的另一群人身上——探病的人。他们带着关心和祝福，希望为病床上的亲友带去一丝温暖和安慰。空着手去显然不太合适，而鲜花和水果正是表达这种关心的最佳载体。

二、瞄准用户，找到出路

思考讨论

六一儿童节来临，爸爸精心为儿子挑选了一款玩具。那么，这款玩具的用户是谁？当你踏入医院，医生经过诊断后为你开出了一张处方药单，你随即前往药房取药。那么，处方药的用户是谁？

1. 用"画格子"进行细分

当一个小物件不慎掉落在地，我们通常会如何寻找？大多数人可能会选择蹲下来，四处张望，东摸西摸。然而，有人提出了一种独特的方法：他们会在地上画出格子，然后逐一在每个格子内仔细搜寻。

那么，企业在面对庞杂的市场，寻找自己的目标用户时，是否也可以采用类似的"画格子"策略呢？答案是肯定的，如图 3-4-1 所示，在这里，"画格子"即指进行市场用户细分，企业可以逐个探寻细分的用户群体，直至锁定目标用户。

图 3-4-1　通过"画格子"细分市场

这就是营销领域中经常被提及的 STP（segmenting、targeting、positioning）理论。尽管"定位"这一概念已广为人知，但实际操作时，很多人仍然感到茫然无措。在这种情况下，STP 理论提供了一种结构化、流程化的操作方法。

3.4.4　视频
五金老板如何划格子——STP 应用

第一步，市场细分（segmenting）——画格子。

市场细分主要基于消费者需求、购买行为、人口统计及心理特征。将大市场"画格子"后，每个格子代表一类消费者。

第二步，目标市场选择（targeting）——选格子。

细分市场后，企业应结合自身所处的市场环境、竞争态势以及资源与能力等因素"选格子"，也就是确定其目标市场。

第三步，市场定位（positioning）——定位置。

选定目标市场后，要确定好市场、品牌和产品的定位。这三者须协调起来，以支持整体经营策略，确保企业在竞争中找到自己的位置。

2. 用户为王，定位为先

在以用户为中心的时代，企业都深知一个道理：用户才是真正的核心。企业的兴衰成败，常常取决于它们是否能够精准地理解和满足用户的需求。为了深入把握用户需求，精准的用户定位就成了关键。用户定位不应局限于识别目标用户群体，它还涉及探寻用户的需求、习惯、偏好以及他们所面临的问题。

以某专注于运动鞋的体育品牌为例，其根据用户年龄将市场划分为青少年市场、成人市场和老年市场三个细分市场。同时，根据运动类型，如跑步、篮球、健身等，进行更为精细的市场划分。

经过研究，该公司发现青少年追求时尚与个性，成人更注重产品的舒适性和功能性，而老年人更看重鞋子的轻便性和安全性。此外，热衷不同运动的消费者对运动鞋的特性和需求也不同。

基于此，该公司选择了青少年市场和跑步爱好者市场作为目标市场。针对青少年市场，他们设计了时尚且有个性的运动鞋，并通过社交媒体进行推广。对于跑步爱好者市场，他们推出了强调舒适性和支撑性的专业跑步鞋，并在各大运动赛事中积极宣传。

可以看出，细分市场不仅为企业经营创新提供了出发点，还是企业制定各项运营策略的重要依据。从产品命名、功能设计到市场策略和广告投放，所有决策都应基于对目标用户群体的深入理解和精准定位。

3.4.5 视频
"画格子"细分市场：
鲜花与饮用水

3. 助力企业，扬帆远航

在商业世界中，既孕育着各种各样的商机，也暗藏着难以预料的风险。STP 理论，就如同为企业指明方向的罗盘，帮助企业在启航之时就找到正确的航道，朝着蓝海市场进发。

市场细分赋予了企业一双洞察市场的慧眼，使企业能够精准地探寻市场的每一个角落，发现那些尚未被完全开发或服务的用户群体及其独特需求。这些细分市场犹如隐藏的宝藏，正等待着富有远见的企业家去发掘与深耕。

在探寻到这些细分市场后，选择目标市场便是企业下一步的战略举措。企业必须审视自身的资源和实力，同时评估每个细分市场的潜力，作出最明智的选择。选定一个充满增长机会且与企业特点契合的目标市场，就如同找到了一片独属于自己的富饶海域，能够让企业大展宏图。

而市场定位企业在选定的海域中，根据自身特色打造独特品牌形象的过程。通过精确的市场定位，企业能够在目标客户心中塑造出一个鲜明的形象，形成自己独有的竞争优势，从而在蓝海中脱颖而出，实现领航。

因此，STP 理论在企业的发展征途中可以起到领航的作用。它不仅为企业提供了清晰的起点，更是引领企业驶向蓝海、实现持续繁荣的航海图。

3.4.6 视频
深耕老年人市场需求的
蓝海策略

三、不断细分，探索机会

思考讨论

饮料可以分男女，北京她他饮品曾红极一时；牙膏可以分男女，纳尔斯掀起了轰轰烈烈的"神马分男女"活动；健身房可以分男女，Curves公司当年就因此成为典型的蓝海战略企业，被众多寻找蓝海的人士学习和效仿。

你认为目前还有哪些市场上没有明确区分男女用户的产品或服务？对于你所提到的产品或服务，男性和女性的需求或偏好有何不同？

_____

_____

3.4.7 文本

多维细分：在线音乐平台的用户策略

1. 不同角度，划分格子

在市场"画格子"时，人们往往首先想到依据性别、年龄、收入等传统因素来区分客户群体。然而，这类细分方式很有可能已被广泛应用，其所划分的很多细分市场已趋于饱和。为了寻找新机会，我们必须跳出固有框架，重新审视和划分市场。

例如，飞鹤奶粉提出"更适合中国宝宝体质"这一口号。这一市场细分策略即基于对中国宝宝的研究和理解，其核心理念是认识到中国宝宝的体质和营养需求可能与其他地区的宝宝有所不同。

为了找到新的商机，我们可以尝试从多个维度进行细分。下面以鲜花市场为例，如图3-4-2所示。

图3-4-2 细分鲜花市场

送礼对象。鲜花不仅可以作为爱情的象征，也可以表达对母亲的感恩或对病人的慰问。这种细分方式能够满足消费者的不同情感需求。

节日庆典。特定节日如情人节、母亲节等，都是鲜花销售的高峰期。可以针对不同的节日特点，推出符合节日主题的鲜花产品，抓住节日消费的热潮。

地理位置。不同地区对鲜花的需求和偏好可能存在差异。比如深圳南山区等经济发达、生活品质较高的地区，对鲜花的需求可能更加旺盛和多样化。

使用场景。无论是用于公司庆典还是摆放在家里，鲜花都扮演着增添气氛的重要角色。了解不同场景下的鲜花需求，有助于提供更符合消费者期望的产品和服务。

2. 头脑风暴，助力细分

针对不同的产品和项目进行头脑风暴，能够帮助团队突破常规思维，从全新的视角去发掘和理解消费者的需求。以下是一些示例。

对于咖啡店，根据顾客在店内的各种消费场景和动机，细分出"寻找灵感的创作者""需要安静学习或工作的学生/职场人士""社交聚会的朋友圈"以及"短暂休息的过客"等不同顾客群体。这不仅有助于咖啡店提供更加个性化的服务，还能为店内设计、音乐选择、饮品推荐等方面提供有针对性的建议。

对于运动品牌，可以从运动的动机、频率、强度以及社交需求等多个角度去思考，细分出不同类型的运动消费者。例如，根据运动的动机和强度，可以划分出"竞技型运动者"和"健身型运动者"；根据运动的频率和社交需求，可以区分出"高频社交型运动者"和"低频独立型运动者"等。这些细分结果为运动品牌的产品设计、市场定位和推广策略提供了有力的依据。

3.4.8 视频
深挖用户需求，
创新梳子市场

如果你有意向进入梳子市场，那么请拿起一把梳子，开始你的头脑风暴吧。尝试在梳子市场中"划分格子"。

> 有些用户看重梳子的功能，例如：防静电、顺发、按摩、卷发等。
> 有些用户对材质有要求，例如：牛角、羊角、桃木、紫檀、塑料等。
> 用户在不同场景下对梳子有不同的需求，例如：用作礼品，用于家里或理发店，用于宠物等。
> ……

3. 性别细分，探寻商机

在高度竞争的市场环境中，为了寻求增长点和建立差异化优势，企业往往需要深入洞察消费者的需求。性别细分作为一种常见且有效的市场策略，能够帮助企业精准地识别男性和女性在消费习惯、审美偏好以及产品需求等方面的显著差异并提供针对性的产品和服务。

尽管某些商品，如服装、饰品等，因其本身的性别特性而自然形成了某种细分市场，但真正的性别细分策略远比简单地为商品打上"男士"或"女士"标签要复杂得多。它需要企业从心理、生理、社会及文化等多重角度去深入探索和理解目标性别的深层次需求。

如将饮料分男女，北京她他饮品曾尝试针对女性推出注重口感、低热量和美容养颜效果的饮料，同时针对男性推出注重补充能量和提神醒脑的饮料。尽管这一策略富有创意，然而该公司最终未能持续经营下去，消失于市场中。

3.4.9 文本
"神马"分男女

再如将牙膏分男女,纳尔斯强调指出男性和女性在口腔护理方面的不同需求。虽然这种策略或许有其道理,但在实际市场中,它更像是企业的一厢情愿,并未得到广泛认可。相比之下,牙膏分早晚使用场景或按年龄划分可能更符合消费者的实际需求。

又如将健身房分男女,尽管 Curves 健身房在海外市场取得过一定的成功,但进入中国大陆后,遭遇了水土不服的困境。这再次提醒我们,虽然不能以成败论英雄,但经营企业是一种实践,其验证标准不在于逻辑,而在于成果。

小组任务

"我来经营……"项目 STP 分析

针对你们小组的"我来经营……"项目进行市场细分,并应用 STP 理论进行深入分析,具体任务如下。

1. 细分市场:确定细分维度,列出至少三个具体细分市场。
2. 选择目标市场:从列出的细分市场中,根据资源和市场潜力选定目标市场,并说明理由。
3. 找准市场定位:明确项目在选定市场中的独特卖点和品牌形象。

任务五　制定竞争战略

一、战略内涵与竞争战略

思考讨论

设想两家餐厅:第一家提供多达 200 道菜肴,其中 33 道尤为出色,剩余的菜品也颇为可口;而第二家则专注于仅有的 33 道佳肴,且每一道都堪称极致美味。在你看来,哪家餐厅更可能拥有繁荣的未来?

1. 跳高比赛与战略思考

"不要用战术的勤奋掩盖战略的懒惰",这句话广为传播,它强调战略思考在决策中的重要性。那么,什么是战略呢?

跳高比赛的历史变革提供了一个很好的关于战略思考的比喻。在跳高运动中,运动员们采用了跨越式、剪式、滚式、俯卧式和背越式等多种技术动作,这些技术动作的转变象征着跳高运动历史上的五次重大技术变革。

在初期,选手们普遍采用跨越式,相互比拼高度,形成了内卷现象。然而,一位勇于创新的运动员打破了常规,采用剪式跳高并创下了新的世界纪录,成功摆脱了内卷境遇。

随着剪式跳高的普及,新一轮的内卷又开始了。此时,又有一位选手脱颖而出,他不走寻常路,采用滚式跳高,使成绩突破了两米大关。

滚式跳高逐渐在大众中流行开来,人们再次陷入了内卷中。然而,历史总是惊人的相似,又有一位运动员打破了滚式跳高的局限,采用俯卧式跳高。

当俯卧式跳高成为主流时,内卷现象再次重现。但创新永不止步,一位杰出的运动员再次改写了历史,他采用了背越式跳高。如今,背越式跳高已成为多数运动员在比赛中的首选动作。

跳高比赛的演变与企业经营中的竞争有着相似之处。大多公司都在使用相似或相同的策略,努力在激烈的竞争中脱颖而出。然而,"战术的勤奋"往往只会带来有限的成果,很难实现大的突破。

3.5.1 文本
苹果公司的"跳高姿势"革新

2. 战略的本质是与众不同

战略,这一源于战争中的概念,如今在商业世界中占据着举足轻重的地位,它是深刻洞察全局后制定的长远规划。战略带给许多人的感受是高高在上、把控全局,但在实际操作时,人们往往对战略感到无从下手。

战略这个词既"宏大"又"深奥"还"空洞"。它宏大得让大多数人望而生畏,深奥到让许多人觉得难以捉摸。它的空洞则主要表现为在探讨经营管理时,人们往往对之避而不谈,或者即使谈及这一概念也是泛泛而谈,缺乏实质性内容。

幸运的是,哈佛商学院的迈克尔·波特教授巧妙地将战略与竞争对手这一具体"参照物"相联系,使战略变得切实可行。波特教授认为,战略就是竞争战略,企业追求卓越业绩的途径无非两种:提升运营效益和作出战略选择。

运营效益的比拼,是在相同的条件下比对手做得更好,但这种方式带来的优势往往难以持久。因为一旦某种运营策略被

3.5.2 视频
美国西南航空:
低成本=压缩地面停留时间

证明是成功的，竞争对手便会迅速模仿，导致竞争日趋激烈。在这种情况下，企业很容易陷入零和博弈的泥潭，价格战不断，成本压力上升。

因此，战略的本质在于差异化。正如有人说道："我们不是要比竞争对手做得好，而是要与竞争对手做得不同。"当其他企业还在运营效益上苦苦挣扎时，乔布斯领导下的苹果公司却通过推出一系列创新性产品，打破了行业常规，重塑了竞争格局。

3. 战略是手艺化所形成

在商业世界中，一家企业就像一艘扬帆远航的船。战略，作为这艘船的指南针，不是仅高高在上地指明方向，而是需要时刻关注实际航行中的风浪、海流和天气。

当我们提及战略计划时，很多人首先想到的是一幅有序的画面：战略决策者坐在办公室内，经过深思熟虑，制定出条理清晰的行动纲领，随后整个组织便按部就班地执行。这种传统的战略制定方式，无疑强调了理性、逻辑和系统分析的重要性。

然而，《战略手艺化》的作者明茨伯格为我们提供了一个全新的视角。他认为，真实的战略制定过程远比上面描述的要复杂。战略制定不仅是一个理性的推理过程，更是一个充满直觉、洞察和创新的过程。在这个过程中，它更像是一个手艺活，需要经验、感觉、尝试、调整和反馈的共同参与。

3.5.3 视频
制陶人制陶与战略手艺化

手艺化的战略要求企业以手艺人的态度对待每一个决策和行动。这意味着，在制定战略时，企业需要像手艺人一样，逐步摸索出适合自己的战略方向。战略不是一开始就设定好的蓝图，而是在一系列行动、反馈、学习和调整中逐渐成形的。

手艺化战略的核心是行动与思考紧密结合。企业在行动中获得反馈和经验，再通过思考对这些反馈和经验进行解读和学习，从而指导下一步的行动。这个过程是动态的，没有固定的起点和终点，是一个不断的循环的过程。

二、竞争战略的内在逻辑

思考讨论

设想有一天，你走入一家咖啡店，准备结账时，店员却笑着对你说："不用付钱，这杯咖啡是免费的。"企业本质上是营利性组织，这引发我们思考：在提供免费咖啡的情况下，这家咖啡店可能依赖哪些方式来获取收益？

1. 定位、取舍和配称

迈克尔·波特教授认为，在商业竞争中，制定一个成功的战略需要明确三个核心议题：如何界定独特的定位，如何做出明智的取舍，以及如何强化各项活动之间的配称性。这三方面内容共同构成了战略制定的基石，确保企业在竞争激烈的市场中脱颖而出。

首先，独特的定位是战略制定的起点。在充满竞争的市场中，一个清晰、独特的定位能够帮助企业脱颖而出，吸引并留住目标客户。这种定位应该基于对市场趋势的深刻洞察，以及对目标客户需求的精准把握。

其次，明智的取舍是战略实施的关键环节。企业的资源是有限的，不可能在所有领域都做到最好，平均分配资源也不可取。为了在竞争中获胜，企业必须明确自己的核心优势所在，并围绕这些优势进行资源配置。

3.5.4 视频
思想实验：两家咖啡店

最后，强化各项活动之间的配称性是战略成功的保障。一个企业的运营活动包括产品开发、生产制造、市场营销、客户服务等多个环节。战略的作用就在于确保这些活动之间的配称性，使它们能够形成协同效应，共同为企业做出贡献。

如图 3-5-1 所示，竞争战略的核心可以简化为"定位＋取舍＋配称"的框架。这个框架有助于企业明确自己在市场中的位置和优势，并据此作出合理的资源配置和决策。更重要的是，这一框架为我们制定战略提供了清晰、明确的步骤指引。

战略 = 定位 + 取舍 + 配称
↓　　　↓　　　↓
独特有利　大舍大得　相互协同

图 3-5-1　竞争战略的构成

2. 抵制诱惑，敢做减法

骗子为什么不说好普通话？有一种解读非常有意思。人群大致可划分为两大类：易受骗群体与高度警觉者。对骗子而言，若能有效排除后者，其"工作效率"将显著提升。方言在这里便成了一种巧妙的筛选机制，它如同一张隐形的滤网，将那些对普通话不自然、不流畅的电话保持警觉的人群过滤出去。

借助这种方式，骗子得以将有限的精力与资源聚焦于最易受骗的群体，从而极大提高诈骗的"成功率"。尽管这一行为背后的逻辑值得商榷，但这种策略性取舍却与企业竞争战略中的选择有着惊人的相似之处。

在商业世界中，"舍得"是一种智慧。企业需要主动放弃那些非目标客户群体，以便集中资源和能力，为核心用户提供更优质的服务。这种放弃并非盲目的，而是基于对市

3.5.5 视频
咖啡免费的咖啡店

场环境的深刻理解和对目标客户群体的精确洞察。通过这样的策略性取舍，企业才能在激烈的市场竞争中脱颖而出，实现更大的商业成就。

"舍九取一，大舍大得"，是企业在面对众多诱惑和选择时应秉持的原则。要想在纷繁复杂的市场中保持清醒并作出明智的取舍，企业需要具备不凡的定力和卓越的智慧。这要求企业不仅要对自身有深刻的认识和理解，还要对市场趋势和客户需求保持敏锐的洞察。只有这样，企业才可能在激烈的市场竞争中立于不败之地。

3. 战略的反面还是战略

如何判断我们制定的"战略"是真正的战略，而不是一句空洞的口号？一个有效的方法是考虑战略的反面是否同样能构成一个战略。

"一个伟大的真理，它的相反面也是真理。"战略亦应遵循此道。《哈佛商业评论》有一篇文章这样描述：战略的相反面也必须是一个战略。否则的话，你说的东西就不叫战略。

例如，"提供高质量、低价格的创新产品"，其反面是"提供低质量、高价格的传统产品"。显然，在市场经济环境下，后者难以成为有效的竞争策略，因为消费者普遍倾向于选择性价比高的产品。因此，如果一个组织或个人将后者作为战略，那么这很可能是有问题的。

3.5.6 文本
正反皆战略：清华与蓝翔的战略之选

根据"正反皆战略"原则，在市场经济中提供"高质量、低价格的创新产品"不是有效的战略，因为你的对手并非笨蛋。它只是一个梦想，最多算是一则"愿景"，而非经过深思熟虑的战略。

再换一个例子，"提供高质量、较高价格的创新产品"，其反面是"提供质量一般、价格较低的传统产品"。这两种策略在商业世界中都有合理性和可行性。例如，高端品牌往往通过提供高质量、高附加值的产品来吸引追求品质的消费者；而低成本策略则通过提供性价比高的产品来吸引价格敏感的消费者。

三、如何制定竞争战略

思考讨论

你认为这家酸菜鱼餐厅做法好不好？

- 只用一种鱼，一种辣度，不加辣也不减辣，因此只有一种口味。
- 一张桌子最多4人，不加位，不拼桌。
- 不用微信的不接待，生日宴会不接待。
- 每天售卖鱼量固定，卖完就结束营业，不做外卖，不接受加盟。

1. 从 STP 到竞争战略

从 STP（即市场细分、目标市场选择、市场定位）到竞争战略，可以被视为一个逐步深化的过程，如图 3-5-2 所示。在这个过程中，企业首先通过 STP 分析来确定自己在市场中的位置，然后在此基础上制定具体的竞争战略，以获取并保持竞争优势。

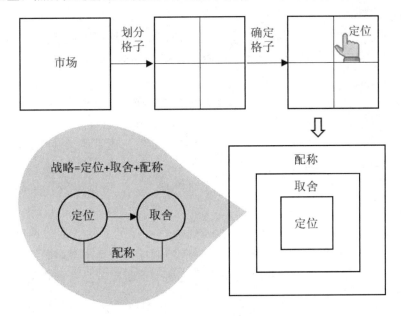

图 3-5-2　从 STP 到竞争战略

结合战略的简化模型"战略＝定位＋取舍＋配称"，我们可以这样理解：

第一步，寻找差异化的方向，画出不同的格子（定位）。这就是 STP 中的"positioning"，即市场定位。企业需要通过市场调研和分析，找到与竞争对手不同的、能够满足特定消费者需求的差异点。找到这个点后，企业就能够在市场中找到属于自己的"格子"，也就是确定自己的市场位置。

第二步，为了获得竞争优势，采用与别人不同的做法（取舍）。在确定了自己的市场位置后，企业需要思考如何通过取舍来进一步强化自己的差异化优势。通过取舍，企业可以将有限的资源和精力集中在最能够提升自身竞争优势的活动上。

3.5.7　视频
"爱干净，住汉庭"

第三步，让别人难以模仿（配称）。在做出了取舍后，企业需要确保自己的各项运营活动能够相互协调、相互支持，形成一个有机的整体。这样不仅可以提升企业的整体运营效率，还可以增加竞争对手模仿的难度，因为模仿者很难复制整个链条上的每一个环节。

2. 竞争战略"三部曲"

一部成功的电影需要各个环节的协同作战，从精心编写的剧本、到出色的演员表演，再到精湛的摄影与剪辑，每一个环节都必须很好地配合，才能呈现出一部引人入胜的作品。同样地，在企业经营中，定位、取舍和配称也如同电影制作的各个环节，只有协同一致，才能确保竞争战略有效落地。

在商业世界中，一个成功的竞争战略对于企业赢得市场优势、实现持续增长至关重要。而战略制定的过程，可以简化为一个包含定位、取舍和配称三个核心要素的公式：战略＝定位＋取舍＋配称。这个公式为企业制定竞争战略提供了清晰的指引，使得整个过程更加系统、有序。

3.5.8 文本
制定"完美睡眠"酒店的
竞争战略

例如，某新兴咖啡品牌，通过市场调研发现，越来越多的消费者追求高品质、有特色的咖啡体验。基于此，该品牌制定了以下竞争战略。

定位：致力于打造"高端手工咖啡"，面向追求品质的白领人士。

取舍：为保持咖啡的品质，选用顶级咖啡豆，舍弃低成本原料。

配称：店内装饰典雅，员工培训专业，与品牌定位保持一致。

由此可以看出，战略制定并非一件复杂而无章可循的事情。通过明确三个核心要素——定位、取舍和配称，企业能够构建出一个清晰可行的竞争战略框架。在这个框架的指导下，企业可以有条不紊地推进战略实施计划，不断提升自身的市场竞争力和长期盈利能力。

3. 200道菜与33道菜

有两家餐厅：第一家有200道菜，33道菜特别好吃，其他的比较好吃；第二家只有33道菜，但是这33道菜都特别好吃。这两家餐厅，你认为哪一家可能更有未来？

从产品的多样性角度来看，第一家餐厅完全涵盖第二家餐厅，其丰富的菜单品类不仅可以满足消费者的不同口味，而且完全包含第二家餐厅的所有菜品。从这个角度看，第一家餐厅能够更好地满足客户需求，似乎更有优势。

然而，当我们从整个经营层面进行分析时，情况则变得复杂起来。如果餐厅的主要客户群体高度重视菜品的味道和就餐的效率，那么餐厅的战略定位就显得尤为关键。假设餐厅的战略目标是"好吃，上菜快"，那么在这两家餐厅之间，哪一家更容易实现这一目标呢？

对于第一家餐厅而言，虽然其菜单丰富，但这也意味着在食材采购、库存管理、菜品准备等方面需要投入更多的资源和精力。同时，由于菜品众多，厨房在准备和烹饪过程中可能会面临更大的压力，这可能会影响菜品的质量和上菜的速度。

相比之下，第二家餐厅由于其精简的菜单，可以更加专注于每一道菜品的制作和呈现。这种专注不仅有助于确保菜品的稳定性和高品质，还能简化厨房的操作流程，从而提高上菜的速度。因此，从竞争战略来看，第二家餐厅更容易实现"好吃，上菜快"。

3.5.9 视频
西贝餐厅的成功之道

图 3-5-3 展示了实例分析中西贝餐厅的商业逻辑关系。

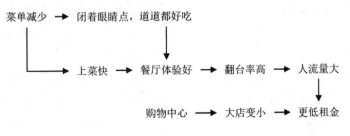

图 3-5-3 西贝餐厅的商业逻辑关系

小组任务

制定"我来经营……"项目的竞争战略

在"我来经营……"项目中，为了提升市场竞争力，需要制定一个明确且有效的竞争战略。请借用"战略＝定位＋取舍＋配称"的框架，初步规划一个较为全面的竞争战略，其中包括精准的市场定位、明智的资源取舍，以及确保各战略要素相互协调与增强的配称策略。

情境四

用户画像与用户故事

任务一 经营企业与讲故事

一、数据、道理与讲故事

思考讨论

数据带给人们的是信息,故事带给人们的是感受;数据或许能够说清问题,故事则能说动你采取行动。下面两句广告语——"一杯水都可以感知的精准"与"50克都可以感知的精准",哪一句好一些?

1. 人类是故事动物

人类与故事之间似乎存在着一种与生俱来的紧密联系。从小时候起,我们便喜欢聆听那些充满奇幻色彩的故事。而随着年龄的增长,我们对故事的热爱并未减退,反而愈发深厚。那么,为何故事对我们如此重要呢?

故事,就像是来自远方的亲身经历,它们以生动、有趣的方式向我们传递着知识和经验。当我们沉浸在故事的世界中,我们的好奇心被激发,情感得到共鸣,思维也变得更为活跃。相比之下,那些枯燥的道理往往难以吸引我们的注意,更无法让我们产生如此深刻的体验。

通过故事,我们能够进入一个全新的世界,体验不同的生活和情境。这些故事让我们感受到角色们的喜怒哀乐,也让我们学会站在他人的角度去思考问题。更为重要的是,故事是我们理解和解释世界的一种方式。我们通过隐喻来理解抽象的知识,通过故事情节来模拟和应对未知情境。正如《讲故事的动物:故事造就人类社会》一书中所言,讲故事是人类在面对复杂情况时所需要的生存本能。这种本能不仅促进了我们大脑的进化,还使我们能够更好地适应和理解这个世界。

而讲故事的能力,本质上就是想象力。这种想象力是我们远古祖先围坐在篝火前讲故事时逐渐培养起来的。通过想象,我们能够深入感受故事中的情节,对其中的情感波动产生共鸣,甚至跨越时空的界限,为我们的生活赋予更深层的意义。

4.1.1 视频
以故事形式传达保护环境的重要性

2. 挖掘数据背后的故事

数据本身可能只是一些事实信息，但通过深入挖掘和分析，我们可以从中得出许多有意义的结论和见解。

例如，通过分析销售数据，我们可以了解产品的销售趋势、客户的购买习惯和偏好，从而更好地制定营销策略。通过分析社交媒体数据，我们可以了解公众对某个品牌或产品的态度和反馈，帮助企业作出更好的经营决策。通过分析医疗数据，我们可以了解病人的健康状况、疾病的发病率和趋势，从而更好地规划和提供医疗服务。

我们正处于大数据时代，我们要的不是数据本身，而是数据告诉我们的事实，或是数据给我们的启示。换一种说法，在大数据时代，我们面临着海量的数据，这些数据背后隐藏着各种故事，等待我们去发现和解读。

4.1.2 视频
情人节听了42次"对不起"的人，打算怎么办？

尽管我们已经初步走进人工智能的时代，但是人工智能不会在乎这个世界到底是怎样的，只有人才会在乎。正如马克斯·韦伯所说，人是悬挂在自己编织的意义之网上的动物。这即是说，人是创造意义并解释意义的故事动物。

数据本身是冰冷的，但是当它们被赋予了意义时，它们就变得生动起来。通过分析和挖掘数据，我们可以了解事物的本质、趋势和规律，从而更好地应对和解决问题。同时，数据还可以帮助我们发现新的机会和可能性，为未来提供更有价值的启示。因此，我们要成为善于从数据中挖掘故事的动物。

3. 经营企业的三大支柱

在经营企业的过程中，有三大要素不可或缺，它们构成了企业稳固发展的三大支柱：数据、理论和故事。

首先，数据是企业经营的基石。在商业决策中，数据提供了客观、精确的信息，使得企业能够基于事实而非主观臆断来制定策略。数据就像是企业的仪表盘，实时反映着市场的动态、客户的需求以及企业的运营状况。通过深入分析数据，企业可以洞察市场趋势，精准定位目标客户，优化产品策略，从而提升市场竞争力。

4.1.3 视频
长鞋带的故事

其次，理论为企业的经营提供了方向指引。理论是基于实践经验和逻辑推理得出的结论，它能够帮助企业理解市场环境、预测未来趋势，并制定出具有前瞻性的战略规划。缺乏理论指导的企业，可能会在纷繁复杂的市场中迷失方向。而有了明确的理论支撑，企业就能够更加自信地迈向未来。

最后，故事是企业经营中的情感纽带。一个好的故事能够打动人心，激发共鸣，让企业与客户之间建立起深厚的情感联系。通过讲述企业的创业历程、品牌故事以及产品背后的意义，企业可以让客户更加了解和信任自己，从而培养出一批拥迄。同时，故事也是传播企业文化和价值观的重要途径，有助于塑造企业独特的品牌形象。

综上所述，数据、理论和故事是经营企业的三大支柱。它们相辅相成，共同支撑着企业在商业舞台上稳健前行。只有充分运用好这三大要素，企业才能在激烈的市场竞争中脱颖而出，实现可持续发展。

二、经营创新也是讲故事

思考讨论

人们常说人是"故事动物"，故事在企业经营创新中扮演着重要的角色。请思考并举例，你见过的企业经营创新案例中有哪些成功运用了故事元素？这些故事是如何对产品形成加持效应或有效展示企业创新成果的？

1. 多彩的经营故事

我们身处一个充满各种引人入胜的商业故事的世界。从可口可乐的神秘配方，到苹果在车库中的崛起，再到宜家倡导"民主设计"的理念，以及特斯拉引领的电动车革新，这些故事不仅扣人心弦，更在商业舞台上发挥着举足轻重的作用。

人类天生喜欢听故事，也喜欢传播故事。在商业领域，故事成了一种有效的策略。企业借此吸引顾客，塑造品牌形象，推动产品销售，与消费者建立深厚的情感纽带。

故事的力量无处不在，它是企业向消费者传达品牌价值观和理念的桥梁，可以帮助消费者更深入地理解品牌的精髓。同时，故事能触动顾客心弦，使他们产生共鸣和信任，从而拉近企业与顾客的距离。此外，故事还能增强员工的归属感和忠诚度，为企业发展注入活力。

众多企业通过不同方式讲述着自己的故事。有的通过社交媒体分享客户体验，展示产品价值；有的讲述创始人经历，传递企业使命；还有的通过广告和营销活动，推广与产品相关的故事。

例如，海蓝之谜讲述了科学家面部灼伤后研发出恢复细滑肌肤产品的故事，强调了产品效果；海尔则通过张瑞敏怒砸冰箱的故事，彰显了其对产品质量的重视；而褚橙则借助褚时健的励志故事，宣传了品牌形象。

商业故事种类繁多，如品牌故事、创业故事、用户故事等。这些故事让人们更好地了解品牌，并与品牌建立联系；展示企业

4.1.4 视频
经营中的多彩故事

的努力、创新和挑战，增强人们的信任感；同时，从用户角度分享产品体验，助力企业改进服务，并起到广告宣传的作用。故事，已成为企业经营创新中不可或缺的元素。

2. 用故事加持产品

假设你是一家咖啡店的老板，你的咖啡店因独特的咖啡豆与精湛的咖啡制作工艺在市场中独树一帜。现在，你打算制作一份广告来进一步宣传你的品牌特色，那么，如何才能让你的广告脱颖而出，深深吸引顾客呢？

《大师亚当斯：成功人士的传奇故事》一书中，有一个案例为我们提供了启示。某企划部为桃子罐头产品寻求一个富有创意的文案策划，然而团队成员花费了整整一周的时间，撰写了数页内容，都未能找到令人满意的创意。这时，亚当斯以几十个字的简短故事，巧妙地捕捉到产品的精髓，令人赞叹不已。

这个文案的标题简洁而有力："从果园到你家，只要短短 6 分钟！"标题下方则详细展示了桃子罐头制作过程中的六道关键手续，每一步都配以生动的图片，并以小标题和简洁的文字进行描述。

从果园到你家，只要短短 6 分钟！

经过加州阳光洗礼的蜜桃！
从树上摘下信心成熟的桃子。
由身穿白净制服的女孩仔细分类。
以卫生清洁的机器将桃子剥皮并填装至罐头中。
用高温的蒸汽杀菌烹煮。
真空包装。
送到您家附近的销售点。
——每罐只要 30 分钱。

4.1.5 视频
故事加持的三个例子

从这个案例中，我们可以学习到宝贵的经验：用故事加持产品。

对于咖啡店老板来说，这意味着在广告中融入一个引人入胜的故事，将咖啡豆的独特性、咖啡制作的艺术性，以及咖啡所带来的情感享受巧妙地编织在一起。通过讲述咖啡豆如何从遥远的产地被精心挑选、烘焙，再到顾客手中成为一杯香醇的咖啡的故事，可以激发顾客的好奇心和情感共鸣，使他们对你的产品产生更加浓厚的兴趣。

3. 用故事展示创意

在充满变革和竞争的企业经营与创新领域中，每个人似乎都怀揣着一个令人自豪的创意："我有一个好点子。"毫无疑问，好点子是创新的起点，是引领我们走向未知领域的灯塔。然而，在这个信息爆炸的时代，仅仅拥有一个好点子已经远远不够。如何将这个点子生动地呈现出来，让它真正打动人心，已成为决定成败的关键。

故事，作为一种古老而强大的沟通工具，为我们提供了一种全新的视角来展示创意。通过故事，我们可以将抽象的创意具体化，将复杂的理念简单化，将平淡的事实情感化。一个好的故事能够深入人心，使人们与我们的创意建立起深厚的联系。

想象一下，你是一位创业者，手中握着一个关于智能家居的创意。你可以选择用专业的技术语言来描述它，也可以选择用一个生动的故事来展示它。比如，你可以讲述一个关于未来家庭的故事：

4.1.6　文本
用故事展示智能花盆的创意和价值

> 早晨，阳光透过智能窗帘的缝隙，轻轻唤醒沉睡的主人。主人伸个懒腰，智能床垫自动调整姿势，让主人以最舒适的方式起床。走进厨房，智能冰箱已经根据主人的饮食习惯和健康状况，准备好了营养丰富的早餐建议。

同样地，在展示商业模式时，一个好的用户故事也能够起到画龙点睛的作用。通过讲述一个真实而生动的用户故事，你可以让投资者和合作伙伴更加直观地了解你的商业模式是如何运作的，你的产品是如何满足用户需求的，这一产品的市场潜力有多大。这样的展示方式不仅能够增强你的说服力，还能够引发听众的共鸣。

三、如何讲吸引人的故事

思考讨论

请简述一个你认为成功的商业故事，并思考：什么样的故事能够吸引听众？你所选择的这则商业故事的主要目的是什么？这个故事属于哪种类型或风格？这个故事为何能够吸引人？

_____

_____

_____

1. 讲有情节的故事

> 伟大的商业创意不会获得融资，关键还要看怎么展示自己的创意，融资最好的方法就是，向你的投资人讲一个好故事。
> ——《创业融资，从一个好故事开始》

王后死了，国王死了，这是事实；王后死了，后来国王也死了，这是故事；王后死了，国王死于心碎，这是有情节的故事。如果单纯是故事，人们会问：后来呢？如果是有情节的故事，人们还会问：为什么呢？

人类有好奇心和求知欲，总是希望知道事情的后续发展和原因，以便更好地理解和掌握事情的发展脉络。因此，当听到一个故事时，人们会本能地想要知道更多，例如接下来发生了什么，为什么会这样。

4.1.7 视频
哈根达斯的品牌故事

故事靠好奇心吸引人，情节则能唤醒人们的求知欲。一个好故事应该是有情节的故事，它能够通过情节的设定和因果关系的展现，吸引人们的注意并引起人们的思考。

"王后死了，后来国王也死了"是一个故事，但是它并没有明确交代国王的死因。而"王后死了，国王死于心碎"则是一个有情节的故事，它明确了国王的死因是心碎，因为王后的死让他非常伤心。

情节的设定和因果关系的展现，可以让人们想要了解更多关于故事的内容。情节包含人物、事件、冲突等元素，这些元素之间的相互作用和影响，能够引起人们的深入思考和探讨。

2. "伪寓言"的故事

对于何为好广告，人们各执己见，因为每个人的评价标准不同。换个角度思考，什么样的广告不被看好？正如《娱乐至死》的作者尼尔·波兹曼所指出的，如果观众在观看广告时还需要费力去判断信息的可信度，那么这样的广告就不能算是好广告。

那么，如何增强广告的可信度呢？波兹曼给出了他的见解：大多数广告都运用了"伪寓言"的文学形式来传递信息。"丢失的旅行支票"和"远方儿子的电话"这类伪寓言不仅能够产生不可抗拒的情感力量，而且还和《圣经》里的寓言一样具有明确的说教性。

4.1.8 视频
解读"伪寓言"
广告的标题

在这里，"伪寓言"并非真正意义上的寓言，它并不直接讲述一个道德故事或生活哲理，而是通过虚构的情境和人物来模拟现实生活，既能激发观众的情感反应，又能明确地传达某种信息或教训。

这种"伪寓言"手法不仅广泛应用于产品广告中，还在企业形象塑造、品牌建设等方面发挥着重要作用。甚至在需要说服他人的各种场合，如寻找合作伙伴、融资等，它也能成为一种有力的沟通工具。

"伪寓言"具有很强的情感操控能力。通过精心构建的故事情节和人物形象，它们能够触动观众内心最柔软的地方，激发出他们强烈的情感反应。这种情感上的投入不仅让人们更容易记住产品和品牌，还提升了他们对广告中产品或服务的好感度。

3. "妖魔化"的故事

在商业世界中，品牌和产品的宣传方式层出不穷。然而，有一类故事总能迅速抓住人们的注意，即那些充满"神化"或"妖魔化"色彩的故事。

这类故事往往将品牌或产品置于一种超乎寻常的境地，通过极端和戏剧化的情节，展现其独特的价值和魅力。它们或是让产品在关键时刻发挥神奇作用，或是让品牌成为某种神秘力量的象征。

以 ZIPPO 打火机为例。士兵安东尼在战场上遭遇敌军炮火，一颗子弹意外击中了他放在左胸口袋里的打火机。令人惊讶的是，这个小小的打火机竟然挡住了子弹，拯救了安东尼的生命。这个故事不仅凸显了 ZIPPO 打火机的坚固耐用，更在消费者心中留下了难以磨灭的印象。

某品牌香水的"妖魔化"故事如下：一位女子在街头轻轻一喷香水，便让心仪的男子为之回头，两人因此结缘并度过了一段美好的时光。这个故事让人们相信，这款香水拥有一种神奇的魅力，能够吸引异性的注意，从而让品牌在年轻消费者中迅速走红。

"妖魔化"故事之所以具有如此强大的吸引力，是因为它们能够迅速触及人们的情感和想象。在这个过程中，品牌和产品不再是冷冰冰的商业符号，而是变成了充满情感和生命力的存在。这种情感的连接和共鸣，正是"妖魔化"故事在企业经营创新中发挥巨大作用的关键所在。

4.1.9 视频
妖魔化的故事

小组任务

"伪寓言"与"妖魔化"故事

请以"我来经营……"项目为主题，进行两项创作：
1. 创作一则"伪寓言"故事，要求能激发观众的情感共鸣。
2. 以一种夸张且引人入胜的叙事手法，创作一则"妖魔化"故事。

这两项创作须紧密围绕项目展开，确保故事内容既有创新性，又能凸显项目本身的特点。

任务二　从画像到故事再到决策

一、跳出标签，考虑场景

思考讨论

拼多多的主要用户群体是哪些人？奢侈品的消费者又属于哪类群体？他们有没有可能是同一群体？另外，迪斯尼电影的受众是谁？针对观众，迪斯尼有哪些拍摄原则或要特别注意的地方？

1. 超越标签，洞察用户

在企业经营创新的过程中，深入研究用户是不可或缺的一环。为了高效地识别和管理用户，企业通常会为用户打上标签。这种做法在一定程度上提升了企业运营效率，但也往往容易忽略用户真实需求的复杂性和多样性。

具体来看，为了满足用户需求，企业通常会采用用户细分的方法，通过为用户打上如"年轻人""老年人""白领"等标签来锁定目标市场，并提供更精准的产品或服务定位。虽然用户细分在一定程度上有助于企业理解用户群体，但如果仅止于此，企业可能无法全面、深入地把握用户的真实需求。

4.2.1　文本
如何通过深度洞察与创新策略重新激活用户

巴纳姆效应在这里提供了一个重要警示：人们容易相信笼统的人格描述，并认为这些描述准确地揭示了自己的个性特征。然而，标签只是对用户表面特征的简单概括，无法深入探究其内心的需求和动机。

用户细分提供的宏观视角往往过于宽泛，难以捕捉到每个用户的独特性和个性化需求。将用户简单地归类到某一细分群体中，很容易忽视个体差异和特定需求，导致服务和产品的同质化。这种"一刀切"的做法很难满足用户的个性化需求，进而影响用户的体验和满意度。

2. 需求离不开具体场景

在探讨用户需求时，我们必须认识到一个事实：需求总是与具体的场景紧密相连。场景，作为用户与产品或服务互动的即时背景，深刻影响着用户的需求认知和行为选择。

不同的场景会触发用户不同的需求。在工作场景下，用户可能追求的是高效和专业。在休闲场景下，用户可能更注重舒适和放松。例如，一个在工作中需要频繁使用电脑的人，在选择电脑时可能会更注重性能、屏幕大小和键盘舒适度；而在家中休闲时，他可能会更注重电脑的外观设计和娱乐功能。

用户的需求强度也会随场景的变化而变化。在某些场景下，用户的需求可能非常强烈，而在其他场景下，这一需求可能相对较弱。例如，在饥饿时，人们对食物的需求会非常强烈；而在饱餐一顿后，这种需求就会大大减弱。

即使在同一场景下，不同用户由于个人背景、偏好和经验的差异，也会表现出不同的需求。因此，企业在满足用户需求时，不仅要考虑场景的一般特征，还要考虑用户的个体差异。

例如，在健身房这个场景下，虽然大多数用户都是为了锻炼身体而来，但他们的具体需求可能各不相同。有的人可能更注重减脂塑形，有的人可能更注重增肌训练，还有的人更注重放松身心。因此，健身房需要提供多样化的健身设备和课程来满足不同用户的需求。

4.2.2 文本

智能音箱：满足多元需求，打造便捷居家体验

3. 深入场景，消除痛点

用户的需求、欲望和行为都是在具体的场景中产生的。因此，我们需要跳出标签所描绘的框架，深入考虑用户所处的场景。只有这样，才能真正地理解用户的生活方式，为他们提供有价值的产品和服务。

深入场景不仅仅是一种实践方法，更是一种思维方式。它要求我们置身于用户所处的具体环境中，去感受他们的感受，去理解他们的需求。只有这样，我们才能发现用户在使用产品或服务过程中遇到的痛点。这些痛点可能源于产品设计的不合理、操作流程的烦琐，或服务体验的不佳。而消除痛点，指的是针对这些问题提供有效解决方案。

在当今市场环境中，企业要为客户提供真正的价值，很重要的地方就在于能否精准地消除用户遇到的痛点。这些痛点通常隐藏在特定的使用场景之中，深入场景可以使我们更加精准地洞察用户在不同时间、地点和情境下的需求，进而为他们提供更好的产品和服务。

此外，深入场景还有助于我们发现新的商业机会和创新点。在了解用户需求和痛点的基础上，我们可以针对性地开

4.2.3 文本

白天吃白片不瞌睡，晚上吃黑片睡得香

发新产品、优化现有产品或推出新的服务模式，以更好地满足用户的期望和需求。这种以用户为中心的创新方式不仅可以提升企业的竞争力，还能为企业带来可持续的发展。

二、用户画像＋用户故事

思考讨论

"以用户为中心"是许多企业和产品设计者常挂在嘴边的理念，但这一理念如何落实到行动上，而不是仅仅停留在口号层面？请思考并提出一些具体可行的"以用户为中心"的做法。

1. 以用户为中心不是口号

在商业竞争中，众多企业纷纷打出"以用户为中心"的旗号，试图通过这一策略来吸引和留住用户。然而，很多时候，这一理念仅仅停留在口号层面，并未落实到企业的运营和决策中。

某电商网站在推广厨房电器产品时，高调宣称"以用户为中心"，似乎非常注重用户的需求和体验。然而，在实际操作中，他们的做法却与这一理念相去甚远。

在产品展示方面，该网站只是简单地列出了产品的各项参数，没有提供更为直观和有用的信息。这种信息展示方式无疑增加了用户的认知负担，使他们在了解和选择产品时感到困惑和不便。

在购买渠道和售后服务方面，该网站的表现也差强人意。用户在购买过程中遭遇诸如页面加载缓慢、支付流程复杂等问题。而在售后服务环节，用户也面临响应缓慢、解决方案不够有效等困境。这些进一步加剧了用户的不满和失望。

要想实现以用户为中心的理念，企业不能仅仅停留在口号上，而应切实将以用户为中心的理念融入日常运营和决策中。用户画像和用户故事就是两种有效的工具。

通过构建用户画像，企业可以更精准地把握不同用户群体的特点和需求；同时，讲述用户故事，能让企业从用户的角度出发，更好地理解用户的期望和体验。综合运用这些工具，有助于企业优化产品和服务，提升用户体验，真正实践以用户为中心的经营理念。

4.2.4　视频
通过用户故事实现
"以用户为中心"

2. 像医生一样解读用户

在医院，医生对待每位病人，都会详尽询问病史并仔细解读病历。这一严谨的流程与企业深入了解客户需求的过程十分相似。医生为了进行准确的诊断和制定有效的治疗方案，会全面了解病人的症状、病史及生活习惯。与之相似，企业也需要深入挖掘消费者的各项需求，以确保商品和服务能够精准满足市场要求。

医生的精确治疗基于对病历（病人画像＋病人故事）的细致分析，而企业的成功则建立在对用户需求的深刻把握之上。医生和企业都需要像解读故事一样理解服务对象，以作出最佳决策。

企业应学习医生的诊疗方式，善于聆听并解析顾客的故事。每位顾客的需求、期望和背景都独一无二，企业须通过与顾客的深入交流，精准把握他们的核心需求和潜在期望。

正如医生根据诊断结果为病人制定个性化治疗方案，企业也应基于"用户画像＋用户故事"所带来的深入理解来提供商品和服务。企业只有真正了解顾客，才能在激烈的市场竞争中脱颖而出。

医生的职责不仅是治疗疾病，更是解读每位病人的生活故事。同样，企业也不仅是提供商品和服务，更是要深入了解并满足顾客的独特需求。无论是医生还是企业，成功的关键都在于精准把握和理解服务对象的故事，从而为他们提供最贴心的解决方案。

4.2.5 文本

用户画像和用户故事——以海飞丝广告为例

3. 深度洞察用户的工具

在商业竞争中，深度理解用户需求并为其提供个性化解决方案的能力，已成为企业脱颖而出的关键。为了全面而深入地理解用户，企业需要运用两大工具：用户画像和用户故事。

用户画像是对用户特征的详细描绘，它超越了简单的标签分类，深入揭示用户的共性与个性。通过构建用户画像，企业能够更准确地掌握目标用户群体的基本特征、消费习惯和价值观念等关键信息，为后续的决策提供坚实的数据支撑。

然而，用户画像只是冰山一角。要想更深入地理解用户需求，还须倾听用户故事。用户故事是用户在使用产品或服务过程中的真实体验、情感表达和需求反馈。通过收集和分析用户故事，企业能够设身处地地站在用户角度思考问题，从而发现那些隐藏在表面之下的细节和痛点。这些细节和痛点往往是企业进行产品创新和服务优化的关键所在。

4.2.6 视频

故事与经营创新工具

将用户画像与用户故事相结合，企业便能够形成对用户需求的全面而深入的认识。这种认识不仅有助于企业发掘新的市场机遇和增长潜力，同时也为企业提供了改进产品、优化营销策略的方向。

三、从用户洞察到决策实践

思考讨论

请思考啤酒、丝袜与纸尿裤之间可能存在的关联，并尝试以这三种元素为基础，构思并编写一个小故事。故事需要合理地融入这三个元素，并赋予它们一定的情节和内涵。并思考这样一个现象：某便利店在将丝袜旁的彩妆替换为啤酒后，销量为何会有所增长？

在日益激烈的市场竞争中，企业经营策略的制定尤为关键。一个成功的经营策略必须基于对用户的深刻理解和精准把握。本部分将通过三个案例来讲解如何从用户画像和用户故事出发，制定有效的经营策略。

1. 出租车司机的策略

在商业世界中，深入了解目标用户并制定相应策略是成功的基石。而一位出租车司机的决策，就生动地展现了这一核心思想。

如果医院门口有一位拿脸盆的病人和拿药的病人准备乘车，那么这位出租车司机更有意愿搭载拿着脸盆的乘客。这是因为拿脸盆的病人，更可能需要长途回家，这可以为司机带来更高的收入。而那些仅拿药的乘客，很可能行程较短，因此并不是司机的首选。

在人民广场，面对众多招手的乘客。出租车司机通过观察年轻女子的小包、逛街情侣的轻松神态以及穿绒衬衫男子的笔记本电脑，准确地判断出了他们的出行需求。最终，他搭载到那位男子，因为他准备去几十公里外的地方开会。这种能力，既源于他丰富的经验，也源于他对用户需求的理解。

事实上，这位司机的策略正是应用用户画像的生动体现。根据用户的社会属性、生活习惯和消费行为等信息抽象出的用户画像，在企业经营创新中具有很高的价值。通过构建用户画像，企业可以更全面地了解用户，进而为用户提供更加精准的服务和产品。

4.2.7 视频
上海某"的哥"的"识客"之道

正如这位出租车司机通过用户画像优化载客策略一样,企业也应积极借鉴这种方法,以提升自身的市场竞争力和盈利能力。

2. 啤酒、纸尿裤与丝袜

玛格丽塔在《商业模式缘何重要》一文中这样描述:"如同一个好故事,一个好的商业模式包含准确刻画的角色、可信的动机以及洞悉价值的故事情节。"

啤酒、纸尿裤与丝袜有什么关系?初看之下,三者似乎毫无关联。然而,商业世界中常常隐藏着出人意料的联系。如果我们要围绕这三者编织一个故事,可能会想到家庭生活的日常场景:父亲喝啤酒,母亲穿丝袜,而宝宝用纸尿裤。

我们换一个问题:在货架上,是将彩妆摆在丝袜旁边好,还是将啤酒摆在丝袜旁边更合适?可能你会认为将彩妆摆在丝袜旁边销售效果会更好,因为彩妆和丝袜都是女性常用的产品,它们之间存在一种使用场景上的关联性,女性顾客在购买丝袜的同时,可能也会被旁边的彩妆吸引。然而,这种摆放方式是否适合,还需要根据具体的用户画像和用户故事来判断。

4.2.8 视频
啤酒与纸尿裤、丝袜的奇遇

将啤酒和丝袜放在一起,初看起来似乎不合常理,但在某些特定的用户场景下,这种做法可能是有意义的。例如,考虑到有些男性在下班后会应伴侣的要求去便利店购买丝袜,并顺手购买自己想要的啤酒,这种摆放方式或许能推动啤酒的销售。当然,这同样需要建立在对用户行为和购物习惯的深入了解基础之上。

如图 4-2-1 所示,企业在作出决策之前,必须经过深入调查和分析,确立清晰的用户画像并全面理解用户故事,以确保更好地满足用户需求。

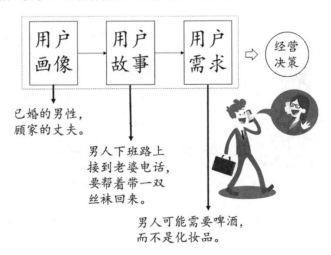

图 4-2-1 根据"用户画像+用户故事"作出决策

3. 应用工具找出酒托

企业在经营过程中，不可避免地会与各式各样的用户产生交集。其中，一部分用户的行为可能会对企业的长期发展构成负面影响，这些行为包括但不限于恶意差评、欺诈行为以及破坏社区氛围等。因此，企业需要确定自己的目标用户群体，并通过用户细分来进行取舍。

举个例子，有些酒托活跃在信息平台上，以欺诈为目的，诱导消费者在非正常的高消费场所进行高额消费，严重损害了合法经营场所的声誉和消费者的利益。为了更有效地识别酒托，企业可以采纳"用户画像＋用户故事"的策略。

4.2.9 视频

酒托防范：精准打击不良行为

用户画像是基于用户的多维度信息，如属性、行为和兴趣等，构建出的全面而立体的用户模型。在识别酒托时，企业可以借助数据分析和用户行为追踪，描绘出潜在的酒托用户画像。这些画像通常具备一些显著的特征，例如频繁更换约会对象、偏好高档消费场所、对消费价格不敏感等。

而用户故事则是从用户的角度出发，描绘在特定情境下的用户需求和行为模式。在预防酒托的情境中，企业可以构建一些典型的酒托用户故事。例如，一个陌生用户通过社交平台主动接触其他用户，迅速拉近关系，并频繁提议前往高档餐厅或酒吧等场所进行高消费。通过构建这些具体的用户故事，企业能够更好地识别潜在的酒托行为。

借助用户画像与用户故事，企业能够构建出一套既精准又高效的酒托识别与防御系统，如图 4-2-2 所示。

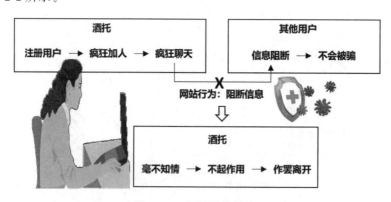

图 4-2-2 酒托防范措施

小组任务

画像＋故事→决策

针对"我来经营……"项目，首先构思至少一个具体的用户画像。接下来，基于构思的用户画像，编写至少一个用户故事。最后，根据构思的用户画像和用户故事，初步思考能作出哪些决策。

任务三　刻画你的用户画像

一、从画像到用户画像

思考讨论

某公司面试题：如何把剃须刀卖给张飞？另一个问题：如何卖剃须刀？请对比这两个问题并思考：回答这两个问题的思路是否相同？如果不同，它们之间的主要区别是什么？

_____

_____

_____

1. 把剃须刀卖给张飞

作为剃须刀厂商，你通常会如何推广你的产品？你可能会强调剃须刀在功能、效率和舒适度上的出色表现，展示品牌在剃须刀领域的专业性和市场地位，或者通过用户体验分享和实际演示来让消费者感受产品的优势。同时，提供各类优惠活动也是吸引消费者的常用策略。

然而，当把问题换成"如何把剃须刀卖给张飞"时，如果你直接走到张飞面前开始推销，"我们的剃须刀设计精美，时尚独特，能轻松剃须，并采用高品质材料制作，经久耐用"等，这样的说辞可能难以打动他，甚至显得有些格格不入。

对于企业来说，面对"如何卖剃须刀"和"如何把剃须刀卖给'张飞'"这两个问题，思考的角度和策略可能会有很大的不同。同样是销售剃须刀，为什么会有如此大的差异呢？关键就在于视角的转变——从企业视角转向用户视角。

4.3.1　视频
风筝哥脑海中的用户画像

当我们提到"张飞"时，脑海中会浮现出他的形象特征、性格特点、价值观念以及审美偏好等。这些元素共同构成了我们对"张飞"这一用户的全面认知。这种从用户的角度出发，深入了解并描述用户特征的过程，就是创建用户画像的过程，如图 4-3-1 所示。

张飞的用户画像
- 外貌：身长八尺，豹头环眼，燕颔虎须，声若巨雷，势如奔马。
- 性格：重情重义，鲁莽冲动，忠诚勇猛，胆大直爽。
- 三观：身体发肤，受之父母，不敢毁伤，孝之始也。
- 审美：美髯长须。

图 4-3-1　张飞的用户画像

我们这时会发现，当目标用户具体化后，企业的思考方式就必须发生转变。此时，重点不再是泛泛地考虑产品和市场，而是要深入探究特定用户的需求和偏好。

2. 精准定位后再定策略

在探讨用户画像之前，我们首先思考一个问题：对于从未接触过的人，如果没有任何相关的画像信息，我们能否轻易地找到他们？很难吧。因此，画像的作用变得显而易见：描述个体，准确定位。

与犯罪心理画像类似，用户画像在商业领域中发挥着重要的作用。在企业经营创新中，企业需要通分析客户信息，构建用户画像，以便更好地了解它们的需求、偏好和行为模式。

广告界有句名言：我知道我的广告费有一半浪费了，但遗憾的是，我不知道是哪一半被浪费了。面对这种浪费，企业往往只能以阿Q精神自我安慰：那些浪费掉的广告费，就权当投资于品牌形象建设了。

4.3.2　视频
犯罪心理画像的启示

然而，如果企业能够在不同场景下挖掘用户信息，构建出精细的用户画像，那么企业将有更多选择。这些画像不仅包含消费者的基本信息，还能反映出他们的生活方式、价值观和潜在需求等。企业可以据此实现更精准的营销和个性化推荐，将广告费投入可能回报更高的领域。

例如，当消费者在电商平台上频繁选购儿童玩具时，通过深入分析后台数据，商家可以为其打上"家长"或更具体的"学龄前儿童家长"标签。进一步地，根据所购玩具的种类、购买频率和价格区间等信息，商家还能推测出孩子的年龄层和兴趣点，从而为消费者提供更为贴心和精准的产品推荐、优惠信息及育儿建议等服务。

3. 用户画像是双刃剑

为什么同一个平台、同一家酒店的价格会有所不同？北京市消费者协会曾发布一项针对互联网消费大数据的"杀熟"调查，结果显示在16个平台上，32个模拟消费体验样本中，有14个样本的新老账户价格不一致。

这可能是由于平台根据用户的消费行为和偏好将他们归入不同的用户画像。根据这些画像，平台可以提供不同的价格和优惠，以实现收益最大化。例如，经常购买的用户可能被归入"忠诚客户"画像，平台可能会为他们提供更少或更不吸引人的优惠。

商家可以根据用户既往的购物经历建立起不同的用户画像，包括购物偏好、购买频率、商品类别、价格区间等，这些信息可以反映出用户的消费习惯和需求。如果该商家是一个不良商家，他甚至可以根据用户画像，决定是发送正品还是劣质商品，以牟取暴利。

4.3.3 视频
用户画像的利与弊

正因为用户画像为商家提供了对用户行为和偏好的深入洞察，所以它在商业策略中扮演着举足轻重的角色。但如何规范地获取用户数据以及如何恰当地使用用户画像，是我们需要严肃对待的问题。

企业在深入理解用户画像后，可以根据其中的洞察来制定更加精准和有效的策略。例如，有人这样总结：

> 对于节俭朴素的客户，可以强调性价比高；对于犹豫不决的客户，可以运用稀缺原理；对于自视专业的客户，可以让其提供建议；对于理智从容的客户，可以提供充分信息；对于小心谨慎的客户，可以提供详细分析。

二、用户画像的内涵

思考讨论

古代通缉令上的画像相对粗糙，如果仅凭画像，即使逃犯走到面前可能也难以确认其身份。那么，在古代的技术条件下，官方是如何有效地利用这些粗糙的画像来找到并捕获逃犯的呢？

1. 画像的核心不是画

在讨论画像时，我们首先需要摆脱传统上对于"画"的固有理解。通常，我们可能会将"画"与图像或画面联系起来，如一个人的照片或肖像画。然而，这里所说的画像，含义更为丰富。它不仅涵盖视觉上的形象，还包括我们对主体的理解、认知和感受。

画像实际上是对形象或特征的一种集合和呈现，它反映了我们对所谈论主体的全面认知。当我们提及一个熟悉的人时，我们脑海中浮现的往往是这个人的各种特征。这些特征可能包括外表方面的，如身高、发型、肤色等，也可能涉及性格方面的，如幽默感、严肃、慷慨等。这些形象和特征的组合就构成了我们对这个人的画像。

在商业环境中，用户画像不仅仅是对用户形象和特征的简单描述，它更是一个生动的、多面的角色设定。通过创建和使用用户画像，企业能够更准确地锁定潜在用户，并深入了解他们的需求、偏好、行为和情感，从而制定更有效的商业策略。

例如，一家服装零售商可以通过分析用户画像来发现目标用户的共同特征和行为模式，如年轻时尚的女性用户喜欢购买时尚的服装、化妆品和配饰，并热衷于在社交媒体上分享自己的生活。基于这样的画像，企业可以调整产品策略，增加相关品种的款式，同时在社交媒体上发布相关内容以吸引用户的关注。

4.3.4 文本

用户画像在商业实践中的应用：以服装零售商为例

2. 抓住用户的核心特征

白居易的《卖炭翁》一诗开头便生动刻画了卖炭翁的形象："卖炭翁，伐薪烧炭南山中。满面尘灰烟火色，两鬓苍苍十指黑。"通过细致描写其外貌和生活环境，以及揭示其内心活动——"卖炭得钱何所营？身上衣裳口中食。可怜身上衣正单，心忧炭贱愿天寒"，白居易精准地捕捉到了卖炭翁的核心特征：艰辛、贫困和无奈。

在商业领域，对用户核心特征的把握至关重要。构建用户画像时，我们需要明确其包含的要素，如用户的基本信息、行为特征、消费习惯、兴趣偏好以及心理特征等。然而，不同分析者因视角、经验和目标的差异，可能会构建出不同的用户画像。

这就像绘画一样，虽然每个人都能画，但画作却天差地别。大师往往能够用简洁的笔触捕捉人物的精髓，而普通人可能费尽九牛二虎之力也无法准确表达。这是因为大师掌握了抓住人物核心特征的技巧。同样地，在构建用户画像时，我们也需要学会抓住用户的核心特征。

4.3.5 文本

抓住用户核心特征——以某在线健身平台为例

用户的核心特征可以被视为用户画像的"灵魂"。在构建用户画像时，我们需要特别关注在多个维度上交织呈现的最本质、最稳定的属性。例如，针对一个年轻、时尚且热爱旅行的女性用户，我们可以深入挖掘她对美的追求、对新鲜事物的热情以及她积极向上的生活态度，从而更精准地刻画她的用户画像。

图 4-3-2 展示了实例分析中某在线健身平台的用户画像。

目标导向型用户

探索型用户

社交型用户

图 4-3-2　某在线健身平台用户画像

3. 生动画像可以加深理解

在商业世界中，用户画像对于理解和描述目标用户至关重要。一个生动的用户画像能深化我们对用户需求和行为的理解，激发团队的共鸣和创造力，为产品设计和营销策略提供有力支持。因此，在构建用户画像时，我们追求的是描绘生动、多维且深入的形象，以便更好地理解用户的真实需求和行为动机。

具体来说，一个生动的用户画像应具备以下特点。

具体性。通过详细描绘用户的生活场景、使用习惯和遭遇的问题，我们能在脑海中形成清晰的用户形象，更加深入他们的实际生活，从而更好地理解他们的需求。

多维性。用户画像不仅是基本信息和使用行为的简单叠加，还包括情感、价值观、生活方式等多个层面的内容。因此，我们需要从多个角度刻画用户的特征，考虑他们的兴趣爱好、社交习惯和消费观念等，以获取更丰富的用户信息，形成立体的形象。

4.3.6　文本
腾讯手机管家的用户画像

深入性。我们需要深入挖掘用户的潜在需求和行为动机，透过表面行为看到他们内心的真实想法。例如，思考用户选择我们产品或服务的原因、决策过程和使用过程中的痛点，以更好地理解用户需求并提供更贴心的产品和服务。

三、完成用户的角色卡

思考讨论

当我们听到或看到一些特定的词语或描述，比如"白衣天使""熊孩子""小天使"

"贴心暖男"和"贤妻良母"时,为什么我们的脑海中会立刻浮现出具有鲜明特质或行为模式的人物形象?这些形象是如何形成的?

1. 以角色卡呈现画像

上述角色标签通常被用来形容具有特定特征或行为模式的人群。它们不仅帮助我们理解和描述社会中不同类型的人,而且有助于我们更好地洞察他们的需求和行为模式。

每个人在生活中都扮演着多重角色,这些角色不仅决定了我们在社会中的地位,更塑造了我们的行为和性格。值得注意的是,人们在不同角色下展现出的行为和性格往往有所差异。因此,在进行用户分析时,企业应该超越表面的"外衣",深入探究他们的角色特征,以便更精准地把握需求,并据此制定有针对性的策略。

4.3.7 文本
经济型酒店的用户角色卡

将特征标签以直观、易于理解的方式展示出来,就得到了角色卡。这是一种呈现用户画像的有效方式,有助于企业更深入地理解用户。角色卡通常包含用户的姓名、年龄、职业、收入水平、教育程度和兴趣爱好等基本信息。除此之外,它还包括与产品或服务相关的特定信息。

2. 角色卡包含的内容

角色卡作为深入洞察用户需求和行为的关键工具,能够形象地呈现用户画像。为了更具体地阐述角色卡的内容,我们将通过一个实际案例来进行分析。

王某打算购买一辆新车。他考虑的因素包括驾驶的流畅性、乘坐的舒适性和安全性。如果只根据这些因素来选择,他可能会选择一辆丰田凯美瑞。然而,实际的情况要复杂得多,影响一个人购买决策的因素多种多样。

王某是一位事业有成的人士,他的社交圈中同样聚集了许多成功人士。这就是为什么他会考虑奔驰S级豪华车。这款车不仅能满足他对舒适性和安全性的需求,其高端品牌形象也能展示他个人的成功。这反映了王某的个人态度和价值观等因素在购买决策中起到了作用。

然而,王某的生活环境也为他的选择增添了一层复杂性。他居住在山区,山路陡峭且冬季风雪频繁。这就要求他必须选择一辆动力强劲、适应恶劣路况的车型。因此,王某放弃了奔驰S级豪华车,倾向于选择保时捷卡宴这样的高性能SUV。这说明用户的生活环境等长期因素,会对购买决策产生影响。

不过，最终王某并没有选择保时捷卡宴，这主要是因为考虑到他当前的生活状况：他成了儿子的曲棍球队教练，需要汽车后备箱有足够的空间来装载运动装备。而卡宴的后备厢空间相对较小，无法满足这一需求。因此，王某最终选择了一款更大的SUV——凯迪拉克凯雷德。这说明用户的当前需求和生活变化在购买决策中发挥作用。

4.3.8 文本

不同人物的角色卡

综上所述，我们可以看到影响用户购买决策的三个主要因素：

个人态度，影响行为与决策的性格因素。

生活背景，影响行为与决策的长期条件。

当前情况，影响行为与决策的当前因素。

这三个方面共同构成了一个完整的用户角色卡模板：

用户角色卡＝个人态度＋生活背景＋当前情况

3. 深入多维的角色卡

在上一节的讨论中，我们基于影响用户购买决策的各种因素，提出了一个简洁而有力的用户角色卡模板：用户角色卡＝个人态度＋生活背景＋当前情况。

个人态度反映了用户的价值观和行为偏好等。例如，一个重视环保的消费者在选择产品时，可能会更倾向于购买那些由环保材料制成的、可循环利用的产品；而一个追求奢华与品牌的消费者，则可能倾向于选择高端、能彰显身份地位的产品。

生活背景涵盖了用户的家庭环境、教育经历、职业背景等方面的信息。例如，一个成长在富裕家庭的用户可能对于价格不太敏感，更注重产品的品质和体验；而一个来自贫困家庭的用户可能会更加关注产品的性价比。

当前情况则反映了用户在特定时间点的具体情况，包括他们的工作、生活、情感等方面的状态。例如，一个正在准备结婚的用户可能会更加关注家居用品和装修服务；而一个刚刚失业的用户可能会更加注重产品的价格和实惠性。

4.3.9 视频

用户画像的内容

为了增强用户角色卡的直观性和生动性，如图4-3-3所示，我们可以选择一张能够反映用户特征的真实照片，或者运用富有创意和表现力的漫画、卡通头像等图像，将其置于用户角色卡的左侧。而在图像的右侧，我们可以详细列出用户的各种特征描述，包括他们的个人态度、生活背景以及当前情况等关键信息。

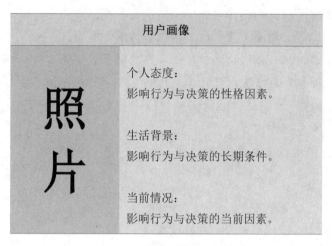

图 4-3-3　用户角色卡模板

小组任务

"我来经营……"项目用户画像分析

针对"我来经营……"项目,完成以下用户画像分析。

1. 确定用户画像种类。确定我们的目标用户群体,讨论并确定几种典型的用户画像种类。

2. 制作用户角色卡。根据确定的用户画像种类,就每种画像完成一张具体的用户角色卡。

3. 分析用户画像。分析各个用户角色的共同点和差异点,识别用户的主要需求和痛点等。

任务四　讲出你的用户故事

一、用户视角与用户故事

思考讨论

请解释什么是用户视角?结合一个具体的商业或产品案例,详细分析在该案例中,从用户视角和企业视角出发分别会如何考虑和决策?(提示:你可以选择一个你熟悉的行业或产品，如智能手机、咖啡店、电商平台等，来进行具体的分析和讨论。）

_____

_____

1. 用户视角和企业视角

在产品设计、开发、营销及服务的整个生命周期中，用户视角和企业视角代表着两种截然不同的思考方式。这两种视角在看待同一个问题时，往往会产生不同的观点、需求和优先级。

用户视角是以终端用户为中心的思考方式。它主要关注的是用户的需求、期望、痛点和体验。在用户视角中，一个产品或服务的价值主要体现在它如何有效地解决用户的具体问题，以及在使用过程中为用户提供的便捷性和愉悦感。

企业视角则是以公司的商业目标、市场竞争力和盈利能力为核心的思考方式。它关注的是产品的成本、生产效率、市场份额、品牌形象以及长期战略规划。在企业视角中，一个产品或服务的价值主要体现在它如何为公司带来收入、增长市场份额或提升品牌形象等商业目标上。

4.4.1 文本
用户视角和企业视角——
电动汽车充电站

在实际的企业经营创新活动中，这两种视角并不是相互独立的，而是需要相互融合和平衡。一个成功的产品或服务应该既能够满足用户的需求和期望，又能够为企业带来可持续的商业价值。

2. 从用户视角思考问题

尽管应该平衡和融合用户视角和企业视角，然而，有时企业过于沉浸在自己的技术专长和产品特性中，从而忽略了用户真正关心的是这些技术如何给他们的日常生活带来便利和愉悦。

例如，在汽车行业中，诸如"扭矩""百公里加速"等技术参数无疑都是产品设计和市场营销的重要组成部分。这些参数反映了汽车的性能和工程水平，也是企业在市场竞争中用以区分自己产品的关键指标。然而，当企业过于看重这些技术参数，而未能将这些技术语言有效地转化为用户能理解的实际利益时，就可能出现与用户脱节的情况。

4.4.2 视频
通过用户故事体现用户视角：如果我来做一辆女性汽车

对于大多数对汽车技术不太了解的用户来说，他们更关心的是汽车在日常使用中的舒适性和便利性。当有人询问一位奥迪Q5车主为何选择这款车时，她回答道："我特别欣赏的是驾驶座旁边的杯托，它冬天能加热，夏天还能制冷！想象一下，在寒冷的冬天，我可以放一杯奶茶在那里，一路上都保持着温暖的口感。而在炎炎夏日……"

要想站在用户视角上,企业就需要一种能够将抽象的用户需求转化为具体、可执行的任务或功能的方法,这就是用户故事的用武之地。用户故事是一种简洁的叙述方式,它描述了用户在特定情境下希望通过某种方式达到某个目的或解决某个问题。

3. 不同故事,不同作用

在企业经营创新过程中,企业会讲出各种各样的故事,而每种故事都有其独特的作用和目的。例如,下面是两个广为流传的关于ZIPPO打火机的故事。

故事1 一位渔夫在奥尼达湖中打到了一条重达18磅的大鱼。在清理内脏的时候,他发现一支闪闪发光的ZIPPO打火机赫然出现在鱼的胃中。这支ZIPPO不但看上去是崭新的,而且一打即燃,完好如初!

故事2 在战场上的一次攻击中,士兵安东尼在敌军炮火的攻击下,左胸口受到枪击。子弹正中置于左胸口袋的ZIPPO打火机,机身一处被撞凹了,但保住了安东尼的命。

在这两个故事中,尽管都是以用户为主角的故事,但它们并非典型的用户故事,而是两则品牌故事。这两个故事传达出ZIPPO打火机在各种极端条件下的可靠性及其经久耐用的特点,起到了宣传ZIPPO打火机质量的作用。无论故事是否真实,这种宣传效果对于品牌形象和产品推广都非常重要。

4.4.3 视频
滴滴的几则"小用户故事"

品牌故事通常具有引人入胜的情节,能够吸引公众的注意力并促进品牌的传播。它们通过讲述与品牌相关的精彩故事,让消费者在情感上与品牌产生共鸣,以此加深对品牌的认知和记忆。

用户故事则更加关注消费者的实际需求和使用体验。它们通常以简洁明了的方式描述用户在使用产品或服务过程中遇到的问题以及如何解决这些问题。用户故事通常不需要过多的情节修饰,更侧重于展示用户的需求和期望。

图4-4-1展示的是实例分析中提到的滴滴用户故事海报。

图4-4-1 滴滴用户故事海报

二、从用户故事洞察用户需求

思考讨论

选择一个你熟悉的用户故事,描述该故事中的用户、他们的需求以及面临的问题或挑战。(提示:你可以选择一个与智能手机、电商平台、社交媒体或任何你感兴趣的产品/服务相关的用户故事来进行具体分析和讨论。)

1. 贯穿经营的情感纽带

人是感性动物,用户故事是一种从用户视角出发的经营策略。它通过详细描述用户的需求、问题、愿望及其与产品或服务的具体交互场景,为产品或服务的设计与开发提供明确的指导。在商业领域,用户故事不仅是理解用户需求的工具,更是企业经营创新的灵魂所在。

创业初期,创业者可以通过讲述用户痛点与自己的独特解决方案,吸引投资者的目光。借助用户故事,创业者不仅可以展现产品或服务的市场潜力,还可以传递自身对事业的热情和信念。

产品设计开发阶段,企业可以通过用户故事了解用户在使用产品时遇到的困扰,设计师和开发团队则可以迅速响应,优化产品设计,提升用户体验。这种以用户为中心的设计思维,有助于企业打造出真正符合市场需求的产品。

4.4.4 视频
经营商务鞋的核心思路

在市场宣传中,通过讲述用户如何使用产品改变生活、解决问题等真实故事,公司的品牌形象将变得更加鲜活、立体。这些故事可以在潜在客户心中激起共鸣,从而激发他们对产品的兴趣和购买欲望。品牌的知名度和认可度则在用户故事的传播中不断得到提升。

此外,用户故事也是企业发现产品问题、寻求改进方案的重要途径。公司可以通过用户反馈的故事,意识到产品存在的缺陷,进而积极寻找解决方案,推出新款产品,成功解决问题,进而赢得用户的信赖。

2. 理解用户的生活方式

在现代商业世界中,企业之间的竞争已不再是单纯地比拼产品,而是转向了对用户体验、产品价值和商业模式的全面竞争。其中,深入理解用户的生活方式成为企业制胜的重要出发点。用户的生活方式不仅反映了他们的价值观、审美偏好以及与社会环境的互动模式,而且体现着他们的日常需求和行为。

4.4.5 文本
理解用户生活方式：
一家健身房的用户故事

为了精准把握用户的需求,企业可以通过用户故事这一有力工具来洞察用户的内在世界。通过用户故事,企业将用户置于熟悉的日常生活场景中,深入剖析他们的情感体验和行为模式。这样的用户形象不再抽象和模糊,而是变得立体和生动,使企业能够更直观地理解他们的需求和期望。

这种设身处地的思考方式为企业的产品设计和优化提供了有力依据。有了用户故事带来的理解,企业将能够打造出更加贴心、符合实际需求的产品或服务,从而在激烈的市场竞争中脱颖而出。

3. 从用户故事中挖掘创新机会

用户故事不仅是理解和满足用户需求的重要工具,也是激发创新灵感的宝贵资源。通过深入挖掘用户故事中的细节和情感,我们能够发现隐藏的需求、痛点以及潜在的改进空间,进而推动产品的创新。

以某教育品牌为例,他们通过构建和深入分析用户故事,特别是关于考生在备考过程中的心理状态、学习需求和时间管理等方面的挑战,成功地挖掘出创新的机会。

在备考的过程中,考生的需求和心理状态是随着时间和复习进度而变化的。在备考的初期,考生可能感到迷茫,不知道如何开始复习;到了中期,他们可能开始焦虑,担心自己是否掌握了足够的知识;而在备考的最后阶段,他们可能既紧张又期待,希望能够在考试中取得好成绩。

该教育品牌敏锐地捕捉到了这些变化,意识到单一的产品或服务可能无法满足考生在整个备考过程中的所有需求。因此,他们决定根据不同阶段考生的具体需求和心理状态来设计和推出不同的产品。

4.4.6 文本
一家教育培训机构的
用户故事

这种基于用户故事的深度挖掘,使得该教育品牌能够推出更加贴心和实用的产品：

逆袭卷,考前 60 天左右使用,知识覆盖面广,主要帮助考生全面掌握知识点。

黑白卷,考前 30 天左右使用,突出教材的重点、难点及高频考点,主要帮助学生掌握核心知识点。

定心卷,考前 10 天左右使用,全真模拟考题难度,检测学生对知识的掌握程度。

三、故事板展示用户故事

思考讨论

初学者使用"万能犁"滑雪,虽然姿势可能不够"酷",但能顺利地滑起来,避免摔跤。如何理解在学习新技能或新方法时,"最佳学习实践"与"最佳应用实践"之间的差异?

1. 如何描绘用户故事

描绘用户故事是理解和满足用户需求的关键。以下是描绘用户故事的具体步骤。

(1) 明确用户角色

首先需要确定你的目标用户是谁。这可能是一个具体的个体,如"张三,一位35岁的市场营销经理",也可能是一个用户群体,如"年轻的都市职场人士"。了解用户的基本信息,有助于你更准确地把握用户的需求和痛点。

(2) 设定具体场景

接下来,需要描述用户在使用产品或服务时所处的具体环境。这包括时间、地点以及具体的情境(如准备上班、休闲娱乐)。场景设置应该尽可能具体和生动,以便更好地将用户带入故事中去。

(3) 明确用户问题

在设定的场景中,识别用户遇到的主要问题或挑战。这些问题可能是功能性的(如产品使用不便),也可能是情感性的(如感到孤独、无聊)。同时,分析这些问题是如何影响用户的使用体验和生活质量的。

(4) 表达用户期望

阐述用户对解决方案的期望。他们希望产品或服务如何帮助他们解决问题或满足特定需求?这可能包括功能改进、界面优化、增加社交互动等方面。

(5) 整合信息,形成故事

将以上四个步骤的信息整合,形成一个连贯的用户故事。这个故事应该包括用户的背景信息、所面临的问题以及他们对解决方案的期望。通过描绘一个生动且具体的故事,可以帮助我们更好地理解用户的需求,进而设计出更符合他们期望的产品或服务。

4.4.7 视频

李娜的袜子困境:构建以用户为中心的故事

2. 简易用户故事模板

卢克·米勒在《用户体验方法论》中指出，作为用户体验设计师，我们并不期望讲述的故事能像狄更斯、梅尔维尔或卡夫卡那样出色，但我们同样是在讲述故事的人，这也是这份工作吸引人的地方。

为了更规范、更清晰地传达用户需求，用户故事通常遵循一个简易模板：

用户故事＝角色＋活动＋价值

"角色"不仅指产品的直接使用者或购买者，还可能包括口碑传播者或其他利益相关者。由于用户群体的多样性和复杂性，准确识别并定义用户角色至关重要。"活动"描述了用户在使用产品或服务过程中需要完成的关键任务或操作，如购买商品、使用特定功能或接受服务等。"价值"揭示了产品或服务如何满足用户的需求和期望，以及为用户创造何种价值。

用户故事＝角色＋活动＋价值，这一模板简单易懂，易于操作。但需要注意的是，在构建用户故事时，我们并不一定要固守这一模板。正如《用户故事地图》的作者所说的，使用用户故事模板有点像"万能犁"（初学者学习滑雪时为了控制速度防止摔跤的通用方法），没有必要为故事模板无法适用于所有场景而沮丧。

就像滑雪初学者使用的"万能犁"一样，这样的滑雪姿势既不酷，也不是应对复杂雪道的最佳选择。不过，它虽然并非最佳应用实践，却是最佳学习实践。

4.4.8 视频
维密与滴滴用户故事

3. 用故事板进行展示

故事板（storyboard）是一种视觉工具，用于将一个故事或情境以图像和文字的方式呈现出来。故事板可以用于各种领域，包括电影、动画、游戏、广告和产品设计等。它可以帮助团队成员更好地理解和沟通故事情节、角色和场景等元素，从而更好地进行创作和决策。

用故事板展示用户故事，就诞生了用户故事板。通过用户故事板，我们可以直观地看到用户的角色、活动和价值如何在实际场景中展开。

某智能家居公司为设计出理想的新型智能音箱，采用故事板形式，描述了一位忙碌的职场人士回家的场景。故事中，这位职场人在回家后，期望通过智能音箱的语音指令功能，轻松播放心爱的音乐，以此放松身心并享受个人时光。

设计团队构建了包含"用户下班回家""与音箱交互"和"享受音乐"三个核心场景的故事板。每个场景都配有生动的图片和文字说明，从用户下班回家，到与智能音箱轻松交互，再到最后放松地享受音乐，都进行了细致的描绘。

4.4.9 文本
新型智能音箱：
故事板展示用户故事

故事板在智能家居设计团队中发挥了重要作用。它通过图像和文字说明清晰地展现了用户与智能音箱的交互过程（如图 4-4-2 所示），从而增强了团队成员对用户需求的理解，促进了团队沟通，辅助了产品决策，并指导了设计工作。这不仅提高了工作效率，还确保了产品设计始终围绕用户需求展开，并最终提升了用户体验。

角色：忙碌的职场人士　　　　活动：语音指令控制播放　　　　价值：放松身心并享受

下班后，忙碌一天的我回到了家门口。　　我对智能音箱说："播放我的放松音乐列表。"　　我闭上眼睛，享受片刻的宁静。

图 4-4-2　智能音箱故事板

小组任务

讲述用户故事

针对你们小组的"我来经营……"项目，完成以下用户故事讲述任务。

1. 收集故事元素。根据角色卡呈现的用户画像，深入挖掘与之相关的故事元素。

2. 讲述用户故事。利用故事元素，编写用户故事，描述他们在特定场景下的行为、感受和期望等。

3. 用故事板呈现用户故事。在完成用户故事的编写后，使用故事板可视化地呈现这些用户故事。

任务五　完成用户情境剧本

> 引人入胜的画像植根于故事产生的参与感和洞察力。通过对人物和故事的理解，可以对虚构的人物进行生动逼真的描述，目的是改变他们的刻板印象。
>
> ——莱尼·尼尔森

一、画像与故事并不割裂

思考讨论

如果用户画像是人物的素描,那么用户故事就是连环画,这两者相辅相成,共同构建一个丰满、真实的用户世界。现在,请你选择一个你熟悉的领域或产品来说明这一点。

_____

_____

1. 用户故事源自用户画像

在企业经营创新过程中,只有深入了解用户的需求、痛点和期望,我们才能设计出真正符合他们心意的产品。而用户画像和用户故事正是帮助我们实现这一目标的组合工具。

用户画像是我们对目标用户的多维描述,它包括用户的各种特征,如年龄、性别、职业、兴趣等。通过构建用户画像,我们可以对目标用户形成一个整体的、全面的认识。然而,仅仅有用户画像还不足以支撑起一个成功的产品设计,因为用户画像只能告诉我们用户是什么样的,它无法告诉我们用户在特定场景下会如何行动、思考和感受。

4.5.1 文本
在线购物应用——从用户画像中衍生出用户故事

为了弥补这一不足,我们需要将用户画像与具体场景相结合,进一步构建出用户故事。用户故事是一种描述用户在特定场景下的行为和目标的简短叙述。它通常以"作为一个[用户类型],我想要[进行某种操作],以便[实现某种目的]"的格式来表达。用户故事将用户画像中的人物进一步场景化,让我们能够更加深入地理解用户的需求和痛点。

如何从用户画像中衍生出用户故事呢?首先,我们需要确定用户在使用产品时可能遇到的各种场景。这些场景可以是用户使用产品的各个环节,如浏览、搜索、购买等。然后,针对每个场景,我们可以想象用户在该场景下可能会遇到什么问题,有什么需求,以及他们期望如何解决这些问题。

2. 将用户画像嵌入用户故事

在讲述用户故事的过程中,我们必须认识到用户需求的多变性,这种多变性往往源于故事中人物角色和所处场景的差异。

以一则关于汽车需求的用户故事为例,其故事后半部分是"……我渴望拥有一辆车,以方便我的出行"。如果故事的前半部分分别为"居住在繁华市区的职场人士"与"生活在偏远郊区的农民",那么他们对理想车型的期望将会大相径庭。前者可能更看重车辆的便捷性、经济性和环保性,以适应城市拥挤的交通和有限的停车空间;而后者则可能更强调车辆的实用性、耐久性和载货能力,以满足他们在广阔乡村地区的工作和生活需求。

为了精准地描述这些不同的用户群体,我们可以运用具体的用户画像来丰富用户故事。这种做法不仅能让故事中的角色更加鲜活、立体,还能帮助我们更准确地挖掘和定义用户需求。

需要再次强调的是,以用户为中心的故事叙述不仅是一个方法,更代表着一种理念。它鼓励我们深入了解用户的背景、习惯、痛点和愿望,并将这些元素自然地融入故事中,让故事不再是脱离实际的抽象构想,而是对真实生活情景的反映。

无论我们是基于用户画像来构建用户故事,还是在故事框架中嵌入用户画像,核心目的都是确保故事与画像的紧密结合:好的画像自带故事,好的故事具有画面。

4.5.2 视频
一家餐厅点评网的
用户画像与用户故事

3. 深入用户探寻市场

对比下面两个王老吉的用户故事,其中哪个故事可以带给你更具体的经营思路和决策?

> **用户故事 1**
>
> 作为一个容易上火的都市白领,每当我感觉喉咙痛或者身体里有热气时,我都想打开一瓶王老吉凉茶来喝,以便快速地清热消痛,让身体回归舒适状态。王老吉那独特的草药香和甘甜的口感总能给我带来一丝清凉和惬意,让我能够继续精神饱满地应对各种挑战。

> **用户故事 2**
>
> 作为一个热爱吃火锅的人,每次和朋友或家人聚餐时,总会优先选择火锅。在享受火锅美味的同时,我也经常担心吃得太辣或太油腻对身体造成负担。因此,我习惯在吃火锅的时候备上几瓶王老吉凉茶。

尽管"用户故事1"在叙述上显得更为生动有趣,但相比之下,"用户故事2"却通过描绘消费者在享受火锅时担忧上火问题的具体场景,展现了更加明确和具体的用户需求。这一故事不仅情节清晰,而且与消费者的实际行为紧密相关,为王老吉凉茶提供了明确的市场定位,并为其指出了未来的品牌发展方向。

深入用户、探寻市场是构建具体且有针对性的用户故事的关键所在。通过深入观察并分析目标用户的行为习惯、需求和

4.5.3 视频
王老吉:画像、故事与策略

痛点，企业能够更精准地把握市场动态，进而构建出真实反映用户需求和场景的用户故事，为企业的决策提供有力支持。

二、用户情境剧本的用处

思考讨论

想象一下，你手里有几张描绘不同人物的卡片和一些描述他们日常生活的片段。你的任务是利用这些卡片和片段，编出一个有趣又生动的小故事。你能否通过创作故事，思考这个角色可能有哪些潜在的需求？

_____

_____

1. 融合角色卡与故事板

在创造用户价值的过程中，了解和刻画具体、生动的用户形象是至关重要的。如果将这一过程比作电影制作，那么经营者就是电影的导演，负责项目整体策划与指导；产品经理则是编剧，其职责是构思并细化用户与产品交互的"故事情节"；而用户就如同电影中的演员，他们的行为和反馈成为衡量"剧本"成功与否的关键指标。

剧本为电影提供清晰的故事线，保证内容的连贯性，并吸引观众。正如电影制作离不开精心编写的剧本，在商业环境中，我们也需要一个用户情境剧本作为指导框架。这个剧本是通过结合用户画像（我们可以称之为"角色卡"）和用户故事（或称为"故事板"）来构建的。

4.5.4 文本
Airbnb 如何完成用户情境
剧本——白雪公主计划

用户画像详尽地描绘了用户的基本信息、个人喜好、目标以及他们所面临的挑战，这使得企业能够更深入地理解他们的背景和需求。而用户故事则通过具体的使用场景和交互行为，真实展现了用户在使用产品或服务过程中的体验和感受。

这样的用户情境剧本为经营者和产品经理提供了一个有力的工具，让他们能够从用户的视角出发，思考如何优化产品的功能和提升用户的体验。这种以用户为中心的设计思维，不仅能够帮助团队更好地把握市场趋势，还能及时响应用户需求的变化，从而开发出更具市场竞争力的产品或服务。

2. 挖掘潜在需求的利器

企业竞争，比拼的是对用户生活方式的理解。在快速变化的市场环境中，企业取得成功的要素已经从简单地了解用户需求，转变为深入探索用户的心理世界和他们的日常生活方式。如今，仅仅知道用户需要什么已经不够了，企业还需要深入分析用户的生活方式、价值观和日常习惯，以便更精确地把握市场动态。

在这一变革中，用户情境剧本成了一个重要的工具。它不仅聚焦于用户在特定情境下的直接需求和行为，而且深入地挖掘这些行为和需求背后的深层次动机、情感因素以及社会文化影响。通过这种全面且详尽的分析，企业能够构建出一个立体、生动的用户需求全景图。

如图 4-5-1 所示，这样的用户情境剧本不仅能帮助企业更精确地理解用户的明确需求，还能发掘出那些用户可能还未明确表达，甚至自己都还未意识到的潜在需求。有了这些宝贵洞察，企业就能更有针对性地进行产品设计和服务创新，打造出贴近用户心意的产品和服务。

4.5.5 文本

脑白金的用户情境剧本与策略

归途孝心：小李的春节礼物之旅

场景一：都市的忙碌与乡愁　　场景二：春节的期待与准备　　场景三：选择礼物的迷茫

又是一年快要结束了，春节回家的时间越来越少，今年一定要好好准备一份礼物给爸妈。

春节对爸妈来说是一年中最重要的节日，我要给他们一个惊喜。

我到底送什么能表达孝心呢？

图 4-5-1　用户情境剧本示例

3. 描绘用户生活的舞台

一部好小说往往以其立体的人物形象和扣人心弦的情节吸引读者。在产品和服务的设计中，我们也可以采用类似的思维来深入了解用户。如果将用户画像视为"角色卡"，那么用户与产品或服务的交互过程就可以看作"故事板"。当我们将用户角色卡和用户故事板巧妙地结合起来，便形成了一个用户情境剧本，即

用户情境剧本＝用户角色卡＋用户故事板

用户角色卡是一种可视化工具，用创建的人物代表目标用户群体。每个角色卡通常包括姓名、年龄、职业、兴趣等基本信息，以及关于他们的目标、挑战和行为的详细描述。通过创建角色卡，团队成员可以更好地了解目标用户，并从用户的角度思考和设计产品或服务。

4.5.6 视频
方太集成烹饪中心：
壹平米，料理生活百味

用户故事板则是一种研究用户需求的工具，用于展示用户在使用产品或服务过程中的关键场景和交互。故事板通常以图像、文字和注解的形式呈现，可以帮助团队成员更好地理解用户的体验流程，并发现潜在的问题和改进点。

当用户角色卡与用户故事板完美结合时，一个立体、生动的用户情境剧本便呈现在我们眼前。这两者的结合，就像是为用户描绘了一个生活的舞台。我们可以看到这个舞台上的每一个角色，以及他们如何在这个舞台上演绎自己的生活。这不仅可以帮助我们更深入地理解用户，也向我们提供了改进产品和服务的重要线索。

三、运用用户情境剧本

思考讨论

电影制作需要精心编写的剧本来提供清晰的故事线，企业经营创新也是"讲故事"，其中用户情境剧本被用来描绘用户生活的场景，并成为挖掘用户需求的工具。请思考如何将电影剧本的编写技巧和方法应用于企业经营中的用户情境剧本创作。

1. 情境剧本应用案例

当我们致力于理解用户需求和行为模式时，用户情境剧本如同一面多维度的透镜，呈现出立体、生动的用户画像。这种深度理解的重要性远超过简单的数据分析和市场调研，它使经营者和产品经理能够真正站在用户的视角，深入感受他们的需求、痛点和期望。

4.5.7 视频
只溶在口，不溶在手：
通过情境剧本深挖用户需求，
巧妙设计创新产品

用户情境剧本的应用场景非常广泛，人们可以根据不同的需求开发出不同类型的剧本。这些剧本可以帮助我们更深入地理解用户，发现他们的需求和痛点，从而指导产品设计，优化用户体验。

在面对开发新产品的挑战时，产品经理可以通过构建用户情境剧本，以角色卡和故事板的形式，深入挖掘用户的潜在需求。例如，在情境剧本中，某巧克力品牌发现，用户在食用传统巧克力时容易粘手。基于这一发现，团队提出开发一款"只溶在口，不溶在手"的巧克力产品，旨在提供更好的食用体验。产品设计师提出研发新型糖衣作为解决方案,以保持巧克力的美味口感并解决粘手问题。市场部门看到了这款产品的市场潜力,并建议将其特色定位为"随时随地的甜蜜享受",以吸引年轻都市上班族。广告部门则提出了简洁明了的广告语,以突出产品的独特卖点。

在整个过程中,用户情境剧本不仅为团队提供了宝贵的用户洞察,还成为各部门之间协同合作的桥梁,推动了产品的成功上市。其用户角色卡和故事板如图4-5-2所示。

- 姓名:小杰。
- 年龄:25岁。
- 职业:都市上班族,创业公司员工。
- 生活环境:快节奏、高压的都市环境。
- 兴趣爱好:对巧克力有独特喜好,视为工作间隙的甜蜜慰藉。
- 挑战:在繁忙工作中,寻求一种既解压又不添乱的巧克力食用体验。

- 场景设置:下午三点,小杰在办公室内刚刚结束一个会议,想要放松一下。
- 行动:小杰打开抽屉,选择了一块普通巧克力,准备享受甜蜜时光。
- 问题出现:撕开包装后,巧克力意外地粘在了手指上。
- 反应:小杰感到尴尬,尝试用纸巾擦拭,但巧克力顽固地留在手上。
- 情感变化:从期待的甜蜜变为尴尬和不便。

图4-5-2 用户角色卡和故事板

2. 化繁为简剧本指南

当我们提及制作用户情境剧本时,很多人可能会觉得这是一个复杂、烦琐的过程。但实际上,只要掌握了正确的方法,制作用户情境剧本并不复杂。

"用户情境剧本=用户角色卡+用户故事板",这个公式形象地表达了用户情境剧本的构成要素。制作用户情境剧本的关键,就在于结合用户角色卡和用户故事板。用户角色卡聚焦于目标用户的关键特征,而用户故事板则描绘了用户在特定情境下的行为和感受。

第一步,创建用户角色卡。

确定基本属性:为目标用户设定一个具有代表性的名字、年龄、性别和职业等。

明确目标与动机:简要说明用户使用产品或服务的目的和驱动力。

4.5.8 文本"巅峰对决"用户情景剧本

第二步，完成用户故事板。

选择关键场景：挑选出用户在使用过程中的重要环节，如初次使用、常规操作、遇到问题等。

细化用户行为：在每个关键场景下，具体描述用户的操作步骤、思考及情感反应。

识别需求与痛点：从用户的行为中洞察他们的潜在需求和可能遇到的困扰。

第三步，整合与呈现。

将用户角色卡和用户故事板的内容整合，形成一个连贯的用户情境剧本。这个剧本不仅应真实反映用户的需求和期望，还应揭示出产品或服务可能存在的改进空间和机会。通过这一步骤，我们可以将复杂的用户研究简化为一个清晰、直观且易于理解的剧本，为后续的工作提供有力的指导。图4-5-3 展示了实例分析中的用户情境剧本。

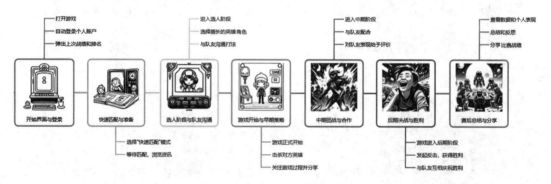

图 4-5-3　"巅峰对决"用户情境剧本

3. 分析用户情境剧本

在用户情境剧本制作完成后，我们需要对其进行分析，以提取有价值的信息并指导后续的工作。分析用户情境剧本是理解用户需求、行为和期望的关键步骤，它能够帮助我们洞察用户的真实世界，以及他们在与产品或服务交互时的体验。

分析用户情境剧本的核心步骤如下：

第一步，用户目标与行为分析。

目标清晰度：分析角色目标是否明确，并分析目标如何影响用户的行为模式。

行为连贯性：分析用户行为是否逻辑清晰、连贯，这些行为是否有助于用户实现其目标。

第二步，流程体验分析。

流程顺畅性：检查用户在整个流程中的体验，识别可能的瓶颈或断点。

功能利用率：检查产品或服务的功能是否被用户使用，这些功能是否满足用户需求。

第三步，用户体验与情感分析。

满意度：通过剧本中的用户反馈和行为，分析用户对产品或服务的整体满意度。

情感波动：观察用户在剧本中的情感变化，特别是焦虑、兴奋等关键时刻的情感反应。

第四步，潜在需求与机会分析。

未明确表达的需求：通过用户的言行，挖掘他们可能未明确表达的潜在需求。

产品与服务的改进机会：基于分析，识别产品或服务可能的改进点和创新机会。

通过以上步骤，我们就可以完成用户情境剧本分析。

4.5.9 文本
"巅峰对决"用户情境剧本应用分析

小组任务

"我来经营……"项目用户情境剧本

针对"我来经营……"项目，基于之前创建的用户角色卡和用户故事板，将它们结合起来，形成一个完整的用户情境剧本。

1. 创建用户情境剧本。每个剧本应围绕一个具体的用户角色，详细描述其在特定场景下的行为、需求、痛点以及与我们项目产品或服务的互动。

2. 分析用户情境剧本。在创建用户情境剧本后，小组需要对剧本进行深入分析，以了解用户的真实需求和期望，以及我们的产品或服务如何更好地满足这些需求。

Project

03

项目三
"我来经营……"价值主张设计

情境五　产品价值与价值主张
情境六　价值主张画布

企业经营创新地图				
项目一	项目二	**项目三**	项目四	项目五
启程： 项目主题选择	探索： 市场用户分析	**创新： 价值主张设计**	实践： 用户体验过程分析	整合： 商业模式设计

主题

"我来经营……"价值主张设计

目标

能深入分析产品价值，提出独特有力的价值主张，并精准提炼产品卖点。通过运用"价值主张画布"这一工具，系统地完成自己项目的产品或服务价值设计，实现"用户目标达成"。

内容

在项目二中，我们开展了市场用户分析。现在我们将基于用户需求，提出价值主张，致力于解决用户痛点、提供用户爽点，借助我们的产品或服务实现用户目标，同时提炼出独特的卖点。

（1）**产品价值与价值主张**。明确产品或服务背后的价值，并通过提出价值主张来凸显产品的独特之处和优势。

（2）**从价值主张角度提炼卖点**。找到产品的特色和优势，提炼成独特卖点，确保这些卖点与价值主张紧密相连。

（3）**提供独特的价值主张**。制定独特的价值策略，并不断调整和打磨价值主张，以维持其独特性和吸引力。

（4）**洞察用户的真实需求**。深入挖掘用户的痛点和期望的爽点，以提供满足用户需求的产品和服务。

（5）**实现用户目标的达成**。通过产品和服务帮助用户实现他们的目标，这是产品设计和服务优化的基石。

（6）**完成价值主张画布**。应用价值主张画布，挖掘用户痛点和爽点，提出针对性的产品服务方案。

情境五

产品价值与价值主张

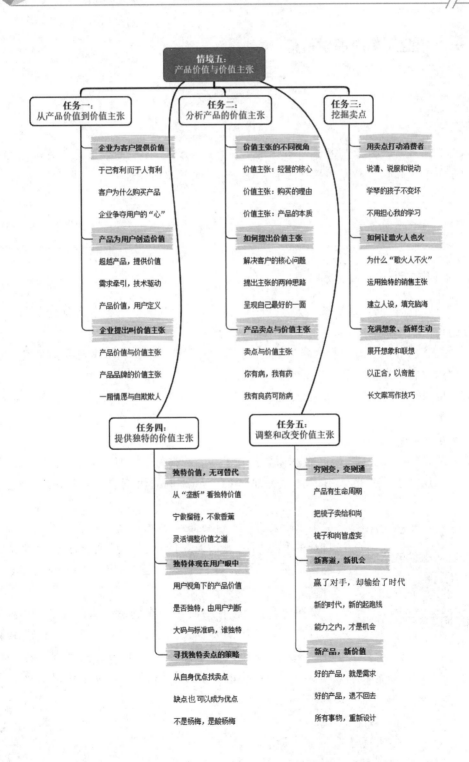

任务一　从产品价值到价值主张

一、企业为客户提供价值

思考讨论

从产品角度看，抖音与微信似乎截然不同。你认为它们之间存在竞争关系吗？如果存在竞争关系，你认为抖音和微信主要在争夺用户的什么资源？

_____
_____
_____

1. 于己有利而于人有利

"一有适当的利润，资本就胆大起来……有300%的利润，它就敢犯任何罪行，甚至冒绞首的危险。"这是马克思在《资本论》中引用的一段广为流传的话。

资本是逐利的，会追求利润最大化。然而，这并不意味着资本本身是万恶之源。从商业道德角度看，经营企业可以分为四个层次。

第一层，"于人有利于己无利者，非商也"。这种行为看似高尚，但从商业角度来看，没有利润的企业无法生存。因此，从某种程度上说，不能盈利的企业是不道德的，因为它们无法承担起自己的社会责任。

第二层，"损人之利以利己之利者，奸商也"。企业为了自身利益而损害他人利益，这种行为不仅是不道德的，有时甚至是违法的。从商道的角度来看，这种行为是奸商行为。

5.1.1　文本
思想实验：无奸不商
vs 无"尖"不商

第三层，"于己有利而于人无利者，小商也"。企业只关注自身的利益而忽视了他人的利益，只追求眼前的利益而忽视长远的发展和社会的责任。这一层次的企业只能称作"小商"。

第四层，"于己有利而于人有利者，大商也"。企业不仅关注自身的利益，同时也关注他人和社会利益，追求共赢和可持续发展。这种商业道德体现了企业的社会责任和长期发展目标，只有这样的企业才能够做大做强并获得长远的商业成功。

2. 客户为什么购买产品

正如投资家巴菲特所言，价格是你付出的，价值是你得到的。具体来说，顾客购买产品的可能原因可以归结为两种。

第一种是价值冲动。当顾客觉得超值时，即"价值＞价格"时，就有可能产生购买的行为。这强调的是消费者对产品或服务所感知到的价值超过了其实际支付的价格，通常发生在消费者对产品或服务有较高评价，认为其带来的好处、品质或体验超过了所付出的金钱。

例如，以智能手机为例。当苹果公司推出新的 iPhone 时，很多消费者愿意支付高价购买。尽管这些手机的价格可能比其他品牌的手机高出许多，但消费者认为 iPhone 的独特设计、高端技术和卓越的用户体验使其价值超过了价格。

第二种是价格冲动。当顾客觉得价格相对较低，得到的价值较高时，即"价格＜价值"时，也有可能产生购买的冲动。这强调消费者实际支付的价格低于他对产品或服务的价值感知，通常发生在打折、促销时，消费者会认为自己以较低的价格购买到了原本价值更高的产品或服务。

例如，在"双十一"等促销期间，一款原价 500 元的智能手表可能只需 250 元就能买到。消费者会觉得非常划算，因此产生购买行为。

因此，企业的策略就是降低价格，提升价值。降低价格易于理解，但若要提升价值，则需深入剖析和探讨价值的本质，我们将在后面内容中展开分析。

5.1.2 视频
擦车小伙的客户价值创新

3. 企业争夺用户的"心"

在理想情境下，如果某企业的产品或服务能很好地满足用户的需求，且市场上没有其他竞争者，那这家企业基本会取得成功。但现实情况是，用户需求千变万化，且竞争者总是存在的。因此，用户最宝贵的资源——时间与金钱，成了企业间竞相争夺的对象。

这背后实则是企业在争夺用户的"心"，因为每次用户的消费选择，都代表着他们对某一品牌的认可。谁能触动用户的心，谁就能赢得他们的时间和金钱。

金钱非常宝贵，用户会根据自己的经济状况和价值取向来做出消费决策。时间同样珍贵，人们只愿为那些真正打动他们、带来价值的事物付出时间。因此，很多企业对用户的态度是"有钱的捧个钱场，没钱的捧个人场。要么让用户花钱，要么占用户时间"。

"有钱的捧个钱场"意味着企业希望那些有经济能力的用户购买他们的产品或者服务，从而为企业带来经济收益。"没钱的捧个人场"是指企业也重视那些愿意投入时间的用户。这

5.1.3 视频
"金钱＋时间"争夺战

些用户可以通过参与社区互动、分享内容、提供反馈或帮助宣传等方式，为企业带来另一种价值，如提升品牌知名度、进行口碑宣传等。

无论是金钱还是时间，用户的投入都是企业发展的重要支撑。通过不断创新和优化产品或服务，企业可以更好地吸引和留住用户，最终实现商业成功。

二、产品为用户创造价值

思考讨论

人们常常认为先有需求，然后有满足该需求的产品。然而，在现实中并非总是如此。那么，你如何看待这种"先有鸡还是先有蛋"的现象？产品的出现与需求的产生之间，是否存在一种互为因果的关系？

_____

_____

1. 超越产品，提供价值

汽车在被创造出来之前，人们有"对汽车的需求"吗？或许你会回答没有。然而，当我们换一个角度来看待这个问题时，答案就变得清晰了。在汽车被创造出来之前，人们是否有着"更快到达目的地的需求"？对于这一点，答案几乎是肯定的。

因此，虽然汽车作为一种具体的交通工具在被发明之前，人们对它没有明确需求，但对于更快、更便捷的交通方式的需求却是一直存在的。汽车的发明，正是满足了这一深层次的需求。

5.1.4 文本
超越产品——探索
用户真正的需求

企业作为营利性组织，其核心活动是通过与客户进行交换来获取利润。企业为客户提供什么？传统上，我们可能会回答提供的是产品或服务。这种回答虽然不错，但并未触及问题的核心。正如我们之前通过"汽车"和"更快到达目的地"的例子所揭示的那样，人们购买的不是产品本身，而是产品背后更深层次的价值。

在商业世界中，产品只是价值的载体。企业要做的，不仅是生产和销售产品，更重要的是为客户创造价值，提供超越产品本身的满足感和体验。因此，企业需要深入挖掘产品的内在价值，并将其有效地传递给目标客户。

通过这种方式，企业不只是销售了产品，更是提供了一种解决方案或改善了一种生活方式。这种全方位的价值提供，能够增强客户的满意度和忠诚度，从而为企业带来更持久的竞争优势。

2. 需求牵引，技术驱动

很多技术人才在研发过程中容易陷入一种"技术先行"的思维模式。他们通常首先专注于技术的研发和创新，努力攻克技术难题，然后才会考虑如何将这些技术或专利应用于实际的产品中。在这个过程中，市场需求往往被置于次要的地位，甚至有时被完全忽略。

施乐公司的 Palo Alto 研究中心就是一个典型的例子。这个研究中心在计算机科技领域有着很高的声誉，早在 20 世纪 70 年代就取得了一系列重大的技术突破，如激光打印机、计算机鼠标、图形用户界面等。尽管这些技术在后来都被证明具有划时代的意义，但遗憾的是，施乐公司当时并未能充分认识到这些技术的潜在应用价值，导致这些宝贵的技术成果未能及时转化为实际的产品和服务。

在为客户创造价值的过程中，产品和服务是传递价值的桥梁，其根本目的是满足客户的实际需求。这就引出了一个关键问题：一个创新产品的诞生，究竟是更多受需求牵引，还是更多受技术驱动？这个问题看似简单，实则复杂。

事实上，大多数成功的产品都是需求牵引和技术驱动共同作用的结果。单纯的技术驱动可能导致产品与市场需求脱节，而纯粹的需求牵引又可能限制技术的创新和突破。因此，理想的产品开发模式应该是在深入理解市场需求的基础上，以技术为手段，共同推动产品的创新和发展。

5.1.5 视频
超小硬盘：从东芝弃子到音乐革命

3. 产品价值，用户定义

产品的真正价值，并不是由企业单方面定义的，而是由用户根据自身的需求和体验进行衡量的。以手机为例，商务人士可能更看重其高效移动办公功能和网络连接的稳定性，这些在他们眼中构成了手机的核心价值。

然而，对于不同类型的用户，同一产品的价值侧重点会有所不同。摄影爱好者在选择手机时，可能会更加青睐那些配备高清摄像头和强大拍照功能的机型。这说明产品的价值在很大程度上取决于用户的使用场景和个人偏好。

值得注意的是，产品价值并不仅限于其功能性。以香水为例，其价值并不仅仅在于其气味。香水的选择往往与个人的情感、记忆和身份认同紧密相连。或许某一款香水的味道能唤起你的某段美好回忆，或许它的品牌形象和你的个性与生活方式高度契合。因此，你选择这款香水，并不仅仅是因为你喜欢这个味道，更可能是因为它代表着一种情感寄托、一种生活态度或一种个人身份。

5.1.6 视频
石头也能做宠物？

由上面的例子可以看出，产品价值是一个包含功能性、情感价值以及与个人身份和生活方式的契合度等的多维度概念。

而这些维度的具体内容和权重,都是由用户根据自身需求和体验来定义的。这也提醒企业在提供产品的过程中,只有深入了解目标用户的需求和偏好,才能创造出更符合用户价值定义的产品。

三、企业提出价值主张

思考讨论

企业的价值主张往往只是企业的"一厢情愿",而客户的需求表达可能也只是客户的"自欺欺人"。你如何看待这种观点?在实际情况中,企业应如何更准确地把握和理解客户的真实需求,并据此制定有效的价值主张?

1. 产品价值与价值主张

产品价值是由客户来定义的。一个产品可能有多种功能和特点,但它最终的价值体现在如何满足客户的需求和期望上。价值主张是对品牌或产品所拥有的价值最精练的体现和传达,它直接指向目标用户,传递着产品或服务的独特优势以及为客户带来的核心价值。

假设一家经营高品质袜子的公司,为了满足客户对袜子的多样化需求,深入分析了客户对袜子的多种需要和期望,包括护理功能、舒适性、时尚性等。基于此,该公司提出了以下价值主张:"舒适体验,从脚开始;不仅是保护,更是情感的呵护;展现个性,连接你我。"

这一价值主张不仅强调了袜子在提供舒适体验和脚部保护方面的基本功能,而且突出了其作为情感呵护和个性展现的载体所带来的额外价值。通过这样的价值主张,企业可以成功地将产品与客户的需求紧密连接起来,向客户清晰地传达产品的核心优势和独特之处,希望以此激发客户的购买欲望。

5.1.7 文本
价值主张驱动产品设计与
营销策略——情深深袜子公司

在这里,价值主张扮演着至关重要的角色。它是连接产品价值与客户需求的桥梁,是企业向外界传递产品价值的有效工具。因此可以说,价值是实质,主张是展现;价值是深意,主张是述说;价值是内敛的精髓,而主张则是其向外传递的媒介。唯有价值确实存在,才可能有明确的主张;而有了实质的价值,才会有具体的表述。

2. 产品品牌的价值主张

产品价值主张与品牌价值主张是构成企业价值主张的两大支柱。这两者虽然相辅相成，但各有侧重。产品价值主张着眼于产品的实用性、性能、质量及价格等硬性指标，它强调的是产品如何精准地满足消费者的基本需求和期望，是产品竞争力的直接体现。

与产品价值主张不同，品牌价值主张更多地关注品牌的情感连接、社会责任以及创新能力等软性元素。一个具有吸引力的品牌价值主张能够与消费者的价值观和生活方式产生共鸣，从而在消费者心中形成独特的品牌印象。这种印象不只是对产品的认可，更是对品牌理念和文化的认同。

众多成功企业的案例表明，一个清晰、有力的价值主张对于企业塑造品牌形象和占据市场地位具有关键作用。例如，爱彼迎通过"像当地人一样生活"的品牌理念，为旅行者提供了深入体验当地文化的机会；耐克以"Just Do It"为口号，传递了积极行动和挑战自我的生活态度；苹果公司的"Think Different"则鼓励创新思维和个性追求。

因此，明确的价值主张对于企业的成功来说不可或缺。它不仅可以提升品牌形象，使企业在激烈的市场竞争中脱颖而出，还能帮助企业更精准地锁定目标客户群体。通过有效地传达企业的核心价值和理念，企业能够显著推动销售和转化率的提升，实现实实在在的业绩增长。

5.1.8 文本

乔布斯与"Think Different"：
重塑苹果品牌的力量之源

3. 一厢情愿与自欺欺人

农夫山泉是否有点甜？德芙巧克力是否丝滑？感知一杯水是否精准？你是不是本来就很美？尽管产品的价值最终由客户来评判，但价值主张却是由企业自行提出的，这两者之间存在一定的差异性。就像在恋爱中，一个人总是希望对方能理解自己的心意，但不能完全掌控对方的感受。

价值主张体现了企业对自身产品和服务的主观认知和期待，其是否能实现，依赖于客户是否接受和认同这一主张。因此，它表现为一种"一厢情愿"的期望。而客户需求尽管从表面上看很明确，但很多时候，客户自身可能并不清楚他们真正的需求，因此客户对自身需求的表达可以视为一种"自欺欺人"的表述。

有趣的是，尽管价值主张或许只是企业的"一厢情愿"，客户需求有时也像是消费者的"自欺欺人"，但当这"一厢情愿"与"自欺欺人"相遇时，却会产生神奇的"化学反应"，促使客户购买行为的发生。也就是说：

5.1.9 视频

王后的魔镜与皇帝的新衣

一厢情愿 × 自欺欺人 = 客户购买

价值主张和客户需求在市场上的交汇往往充满复杂性和不确定性：企业带着自身的期望和定位进入市场，与此同时，客户的需求可能受到信息不对称、社会压力或其他因素的影响。而当企业的价值主张恰好与客户的某种需求或期望产生共振时，这种"化学反应"便可能促成购买行为的发生。

小组任务

"我来经营……"项目的客户价值

请针对"我来经营……"项目，深入探讨并提炼项目的核心价值，明确为什么这个项目对潜在用户或投资者具有吸引力。基于这些核心价值，请进一步提出自己的价值主张，即你们认为该项目能够为用户或投资者带来的具体好处或解决方案是什么。

任务二　分析产品的价值主张

一、价值主张的不同视角

思考讨论

当你在购买一件产品时，请思考为什么你会选择这一个产品，而不是其他同类产品。你看中的是什么因素？是价格、品质、品牌、功能、设计，还是其他用户的评价？这些因素是如何影响你的购买决策的？

_____
_____

1. 价值主张：经营的核心

在复杂多变的商业环境中，企业的生存与发展始终离不开一个核心要素——利润。利润对于企业而言，就如同食物对于生物，是维持其生命力的基础。"利润＝收入－成本"这一公式，揭示了企业经营的内在逻辑。在这个公式中，收入主要来源于客户，而客户之所以愿意购买企业的产品或服务，是因为企业能够为他们提供具有吸引力的价值。

那么，企业要为客户创造什么样的价值呢？这就需要企业明确自己的价值主张。价值主张是企业向客户传达的关于其产品或服务如何满足客户需求、解决客户问题的明确陈述。一个强有力的价值主张能够吸引客户的注意,激发客户的购买意愿,为企业带来持续的收入和利润。

为了实现价值主张,企业必须投身研发、生产、营销等一系列经营活动。这些活动伴随着资金、时间和人力等资源的消耗,构成了企业为实现价值主张所必须承担的成本。这些成本虽然必不可少,但正是通过它们,企业才得以将价值主张转化为实际的产品或服务,进而将其呈现在客户面前。

因此,在企业经营创新中,价值主张无疑占据着核心地位。它不只是企业向外界展示自身优势和特点的关键方式,更是连接企业与消费者、建立深厚情感联系的重要桥梁。价值主张的明确与否,直接关系到企业的市场定位、品牌形象以及长远发展。

5.2.1 文本

传销与直销:价值主张背后的真相

2. 价值主张:购买的理由

在客户心中,每一个选择背后都有一个"为什么"。这个"为什么"就是企业所传达的价值主张,它回答了消费者最核心的疑问:"我为什么选择你?"价值主张不仅是一个宣传口号或广告语,它还是企业与消费者之间的情感纽带,是品牌与消费者的沟通基石。

"在 NO.5 之前,女人身上的香水味道闻起来不是玫瑰花、丁香花,就是薰衣草。这多么恐怖啊,典型的男权主义!他们想把女人变成活生生的、会走动的大花盆。"这句香奈儿的名言不仅是对传统香水市场的一次颠覆,更是对女性个性表达的一种支持和鼓励。

香奈儿的价值主张,给了客户选择它的理由:如果你渴望打破常规,展现自己的独特魅力,那么选择我们的香水,它会让你与众不同。

当客户在选择产品或服务时,他们其实是在寻找一种能够满足自己内心需求和期望的解决方案。在这个过程中,如果企业的价值主张能够准确地捕捉到客户的需求,并提供符合这些需求的产品或服务,那么客户就更有可能选择这家企业。

因此,一个成功的价值主张必须建立在深入了解目标客户的基础上,通过精准的市场定位和独特的产品特性来吸引和留住客户。同时,价值主张也要具有差异化和创新性,以便在竞争激烈的市场中脱颖而出。只有这样,企业才能为消费者提供一个购买理由。

5.2.2 视频

脑白金的购买理由

3. 价值主张:产品的本质

每个成功的产品背后都隐藏着一个清晰的价值主张。这不仅是产品的灵魂,更是其吸引消费者的核心所在。透过价值主张,我们可以看到产品的深层含义,理解为什么消费者会选择它,以及它能为消费者带来何种独特的价值和利益。

5.2.3 文本
从"凡所有相皆是虚妄"
看产品与价值主张

例如,房地产商不只是卖房子,更是卖一种生活方式、安全感和投资回报;汽车不仅仅是交通工具,更代表着个人的身份、品位和对未来的追求;健身不是只为了锻炼身体,更是为了提升自我、释放压力和改善生活质量。

价值主张就是这样一种无形的力量,它超越了产品本身,揭示了产品的真正意义。如图 5-2-1 所示,价值主张是从产品的众多特性中提炼出的最精粹、最吸引人的部分。它是产品存在的根本原因,也是产品吸引消费者的关键因素。

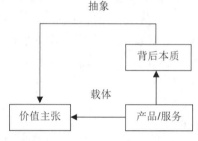

图 5-2-1 价值主张与产品服务

在这个意义上,每一个产品或服务都是其价值主张的具体呈现。它们承载着企业的理念和承诺,为消费者带来实实在在的好处。而不同的产品,尽管形式各异,却有可能承载着同样的价值主张,为消费者提供相同或相似的价值体验。

企业要做的,就是深入挖掘和明确自己的价值主张,确保自身的产品或服务能准确地传达这一主张,与消费者建立深厚的情感联系。同时,企业也要认识到,相同的产品在不同的场合、针对不同的用户,其价值主张可能会有所不同。

二、如何提出价值主张

思考讨论

如果在人际交往中要设计一张"个人名片"来展现自己最好的一面,你会强调哪些内容?同样地,如果你是一家企业的负责人,要为你的企业设计一张"价值主张名片",以此展现你们企业最好的一面,你会强调哪些内容?

_____
_____

1. 解决客户的核心问题

一个优秀的价值主张能够帮助企业在竞争中脱颖而出。价值主张是企业与顾客之间的重要沟通工具，能够清晰地传达企业的产品特性和优势。为了提出有效的价值主张，企业须从用户需求出发，针对这些需求提出相应的解决方案。

在竞争激烈的市场环境中，一个产品能否成功，很大程度上取决于其价值主张是否能够解决客户的核心问题。价值主张是企业向潜在客户传递的一种承诺，即该产品将如何满足他们的特定需求或解决他们的特殊痛点。

只有当价值主张能够针对性地解决客户的核心问题，企业才能在竞争激烈的市场中赢得顾客的青睐。例如，达美乐比萨发现，客户最关心的是外卖送达时间的确定性，而非速度等因素。于是，达美乐转变策略，强调"准时送达"，并提出"30分钟送达，否则免费"的承诺，直接解决了客户对时间不确定性的焦虑。这一变革使达美乐在市场中脱颖而出，因为它们不仅在提供美食，更在传递信任和安心。

5.2.4 文本
超越速度，达美乐比萨的"确定性"价值主张

因此，一个成功的价值主张必须紧密围绕解决客户的核心问题来构建。这需要企业具备敏锐的市场洞察力和深厚的用户需求理解能力。只有这样，企业才能确保自己的产品和服务始终与市场需求保持同步，从而在激烈的市场竞争中立于不败之地。

2. 提出主张的两种思路

在建立和维系人们之间的良好关系时，"雪中送炭"和"锦上添花"是两种有效的手段。这两种策略不仅在个人交往中发挥着重要作用，对于企业而言也同样适用。在竞争激烈的市场环境中，企业若想与客户建立稳固且长久的关系，也应深谙此道。

价值主张，作为连接企业与客户的桥梁，是企业向客户传达其产品或服务的独特价值的关键途径。因此，在提出价值主张时，企业同样可以运用"雪中送炭"和"锦上添花"这两种策略。

第一种是"雪中送炭"型价值主张。在客户最需要帮助的时刻，企业提供出切实有效的解决方案。这种价值主张体现了企业对客户的深切关怀，能够在客户心中留下深刻的印象，从而赢得他们的信任和忠诚。

第二种是"锦上添花"型价值主张。在客户已经对现有产品或服务感到基本满意的基础上，企业进一步提供超出期望的增值服务或升级产品。这种策略能够为客户创造额外的价值和愉悦的体验，从而提升他们的满意度和忠诚度，为企业带来更多的市场机会和竞争优势。

5.2.5 文本
"雪中送炭"与"锦上添花"：
两种类型的价值主张解析

无论是提供"雪中送炭"般的实际帮助，还是"锦上添花"般的增值感受，"炭"与"花"都是基于客户的需求提供的产品和服务，能够精准地满足客户的真实需求，从而赢得他们的信任和忠诚。

3. 呈现自己最好的一面

在人际交往中，每个人都希望展现出自己最好的一面，以赢得他人的尊重和喜爱。在商业世界中，企业也同样需要精心呈现自身好的一面，以此吸引和留住客户。在这个过程中，价值主张就如同一张精心设计的名片，向外界展示着企业的独特魅力。

价值主张是企业精心策划的自我展示，它不仅要突显企业的核心竞争力，还要精准地传达出企业能为客户提供的独特价值。社交舞会上，每个人都希望自己的舞姿能够吸引他人的目光。商业舞台上，企业则通过价值主张来展示自己的"舞姿"，以赢得客户的"芳心"。

5.2.6 文本
"璀璨优雅"如何呈现最好的一面

在人际交往中，我们需要先了解对方的喜好和兴趣，然后才能找到共同话题，建立起深厚的友谊。同样，为了提出一个有效的价值主张，企业需要深入目标客户的内心世界，探索他们的真实需求和期望。只有真正理解了客户，企业才能找到最能打动他们的价值点，进而提出具有吸引力的价值主张。

企业在传达价值主张时，需要运用恰当的语言和方式。清晰、简洁且有力的表达，有助于客户捕捉到企业的核心价值，产生共鸣和信任。这就像是在与他人交流时，我们只有用恰当的语言和表达方式，才能让对方感受到我们的真诚和热情。

因此，价值主张就是企业精心策划的"自我展示秀"，旨在"呈现自己最好的一面"。

三、产品卖点与价值主张

思考讨论

请分析丸美眼霜的广告语"弹弹弹，弹走鱼尾纹"和王老吉的广告语"怕上火，喝王老吉"，并探讨这两句广告语的出发点有何不同。

---

1. 卖点与价值主张

奔驰的豪华、宝马的操控性、沃尔沃的安全性——这些不仅是汽车的卖点，更是它们向消费者传达的价值主张。产品的卖点，通常是那些使得产品在市场中别具一格的显著特点，包括独特的设计、出色的功能、卓越的性能和品质等，这些都能成为吸引消费者的关键点。

而价值主张则更为深远,它不仅关注产品的显性特征,而且强调产品为消费者带来的整体价值和深层意义。一个清晰的价值主张会从消费者的真实需求出发,明确说明产品如何精准满足这些需求,从而为消费者带来切实利益。

卖点和价值主张的界限常常会变得模糊,它们经常相互影响、相互融合。一个突出的卖点能够有效传递产品的价值主张,而明确的价值主张也能为提炼卖点提供有力的指导。为了更好地提出价值主张和构建鲜明的产品卖点,可以采用以下两种策略。

第一种是"你有病,我有药"。以丸美眼霜的广告语"弹弹弹,弹走鱼尾纹"为例,其表达的是针对消费者有鱼尾纹的问题,提供专门的眼霜。这种策略要求企业敏锐地捕捉消费者的痛点,然后提供相应的产品或服务以解决这些痛点。

第二种是"我有良药可防病"。例如,王老吉凉茶的广告语"怕上火,喝王老吉"就是一个典型。企业预见到消费者可能遇到的问题或风险,如上火,然后提供相应的产品或服务以预防这些问题的发生。

5.2.7 视频

幽默卖点:"他不配"与"偷偷用"

2. 你有病,我有药

"你有病,我有药,对症下药,药到病除",这句话揭示了医生为病人治病的原理,而且同样适用于商业领域。企业就像医生,通过洞察消费者的"病痛"——需求和痛点,提供恰当的"良药"——产品或服务,以实现问题的解决和需求的满足。

在这种"问题-解决方案"的框架下,企业聚焦于消费者的需求和痛点,通过创新的产品或服务来提供解决方案,实现"对症下药,药到病除"的效果。以下是实现这一目标的三个步骤。

第一步,识别"病痛"。这要求企业深入了解目标消费者群体,识别他们当前面临的具体问题或"病痛"。这些问题可能是显性的,如身体上的不适、生活中的不便等,也可能是隐性的,如情感上需求的不满足、心理上的压力等。

第二步,打造"良药"。在识别了消费者的"病痛"后,企业要针对性地研发或优化产品与服务,关键是要确保这个"良药"能够直接、有效地解决消费者的问题,让他们在使用后能够感受到明显的处境改善或需求满足。

第三步,"药"到"病"除。运用简洁有力、易于传播的语言来表达自己的解决方案,重点强调产品或服务的针对性和效果。通过使用生动的语言、有力的证据来展示"对症下药,药到病除"的效果,让消费者明白,这款产品或服务正是他们所需要的,能够帮助他们解决当前的问题或满足某种需求。

5.2.8 文本

OPPO手机广告,解决你的电量焦虑

3. 我有良药可防病

如果将王老吉的广告"怕上火,喝王老吉"调整为"上了火,喝王老吉",两者间的差异显而易见。后者更倾向于应对已出现的问题,即"你有病,我有药"的即时解决方案模式。前者则代表了另一种策略——"我有良药可防病",它着重于预防潜在的问题,鼓励消费者在问题出现之前就采取行动。

这就像是在医疗领域里,医生不仅关注已生病的病人,而且注重对未病群体的预防性关怀。同样地,企业应通过洞察市场与消费者,识别潜在问题,提供创新性解决方案,从而在消费者可能发生的问题尚未显现时,就为他们准备好相应的产品或服务。

5.2.9 视频
运用"我有良药可防病"提出卖点

从目标客户群体来看,"上了火,喝王老吉"这句广告语主要针对的是那些已经出现上火症状的人群,这个群体相对较为狭窄。相比之下,"怕上火,喝王老吉"则涵盖更广泛的用户群体。它不仅包括那些已经上火并寻求解决方案的人,还包括那些尚未上火但担心自己可能出现这一问题的人群。

例如,"隐患无处不在,我们有预防利器。安心生活,从选择我们开始",这是一句广为适用的模板。首先,它强调了隐患的普遍存在,即预见风险;接着,它提出了一个解决方案——"预防利器",即构筑屏障;最后,通过"安心生活"这样的表述,传递了消费者使用产品或服务后可以获得的安心感。

小组任务

两种卖点提出方案

请深入分析"我来经营……"项目的核心理念和价值,结合市场需求和潜在客户的心理,从"你有病,我有药"和"我有良药可防病"两个角度出发,提炼出两种卖点。进一步讨论你们的项目更适合哪一种卖点,或者是否有可能将两种策略结合起来。

任务三 挖掘卖点

一、用卖点打动消费者

思考讨论

请阐述"说清""说服"和"说动"三者之间的区别。回想你的成长过程,你是不是很容易被人说服？请举例说明。当我们谈论产品卖点时，你认为其主要目的是"说清""说服"，还是"说动"？

1. 说清、说服和说动

奥美公司的创始人大卫·奥格威曾分享过一则故事。在古希腊雅典地区，面对外敌入侵，两位演说家各自发表了一番演讲，试图激起民众的反抗情绪。第一位演说家演讲后，人们称赞："好，讲得很出色，真的精彩！"而第二位演说家演讲后，人们却纷纷站起来高喊："走，我们一同去与敌人交战！"

"说清""说服""说动"这三个词语都与"说"有关，但其内涵与目的各不相同。"说清"指的是清晰、准确地表达自己的观点，目的是让对方了解自己的看法。"说服"是使对方接受自己的观点和看法，目的是改变对方的态度和行为。"说动"则是使对方产生动力和决心，采取行动或作出决定，目的使他们行动起来。

现实生活中，我们可能会经常看到这样的情形：当有人充满自信地呈现看似无懈可击的理论、观点和论证时，有人或许会说"你说得很有道理，我竟无言以对"。这并不意味着他们真的接受或认同对方的观点。虽然事情可以被说清楚，但是人们很难被说服，而只有被说动后才有行动，因此，产品和服务的卖点要能打动用户。

5.3.1 文本
从"说清"到"说动"：
广告如何打动人心

广告承载着卖点，卖点体现着价值。一个成功的广告，除了要吸引人们的眼球，还需要激起他们的购买欲望或推动他们采取所期望的行动。只是向消费者传达产品或服务的优势与特点并不足够，关键是要触动他们的内心，促使他们真正行动起来。

2. 学琴的孩子不变坏

早春街头，阳光和煦，万物复苏。但暖暖的春意中，一个凄凉的盲人身影引人注目。他静坐路旁，举着一块牌子乞讨，牌上写着："自幼失明，沿街乞讨。"行人络绎不绝，他们看到这位盲人，虽心生同情，但也只是匆匆而过。这时，大诗人拜伦走过。他停下脚步，在牌子上加了一句话："春天来了，可是我却看不见。"

"自幼失明，沿街乞讨"，说出了盲人的状况和境遇。虽然说清了事情，但没有足够打动人心的力量。而"春天来了，可是我却看不见"这句话十分有感染力，通过表达盲人无法感受春天的遗憾，唤起了人们对美好事物的向往和对弱势群体的同情。

因此，卖点并不一定要详细解释产品的所有功能或特点，更重要的是要能够打动人心，唤起人们的情感共鸣。一个成功的卖点应该是简明有力的，能够用精练的语言触动人们的内心，激发人们的情感，促动人们展开行动。

5.3.2 文本
学琴的孩子不会变坏——
触动内心的卖点

例如,"学琴的孩子不变坏"这句钢琴培训机构的广告语,虽与弹奏技巧无直接联系,但受到众多父母瞩目。它意味着学钢琴能让孩子培养良好的兴趣,远离沉迷游戏等不良习惯。同时,"坏"也涉及孩子成长过程中的各种负面因素,包括行为、情感、态度等。学钢琴不仅是学习技能,而且能帮助孩子建立自信,有效抵御成长中的负面影响。

3. 不用担心我的学习

在设计卖点时,要将目标用户与产品的特性紧密融合起来。为了让卖点匹配需求,须深入了解目标用户,分析用户的使用场景,凸显产品的优势,关注竞争对手,并用简练有力的语言传递信息。每个步骤都需要我们细心思索,以确保卖点能真正触动用户。

以学习机为例,考虑两句广告语——"妈妈再也不用担心我的学习"和"让黄冈中学的老师给你当家教",两者都很简练,哪一句效果更好呢?

学习机的主要购买者是家长,而使用者则是孩子。因此,在设计和选择卖点时,我们需要同时考虑到孩子和家长的需求。需要强调的是,作为购买决策者的家长,他们的意见和选择对于学习机的销售情况具有决定性的影响。

5.3.3 文本
深入用户需求场景,
找到产品卖点

从家长视角出发,"妈妈再也不用担心我的学习"这句广告语更能打动家长的内心,因为它直接回应了妈妈们最为关心和焦虑的问题——孩子的学习(对于许多妈妈们来说,辅导孩子就是打一场大仗)。这种情绪化的表达方式能够让妈妈们感受到,这款产品或许能够有效地解决他们最核心的痛点。

相比之下,"让黄冈中学的老师给你当家教"虽然凸显了产品所拥有的高质量教育资源,但可能无法直接触动大多数家长的情感和教育期望。毕竟,并非所有家长都对黄冈中学有深入的了解和认识。因此,这样的卖点可能难以在妈妈们心中引起共鸣。

二、如何让歌火人也火

思考讨论

"歌火人不火"在流行音乐界是一种耐人寻味的现象,请深入思考并列举可能导致这种情况的具体原因。进一步地,如果你是一位音乐制作人或歌手经纪人,你会如何避免这一现象的发生?

1. 为什么"歌火人不火"

"歌火人不火"这一有趣现象,在娱乐圈屡见不鲜,其背后的原因值得深思。歌曲广为传唱,但歌手本人未能随之走红,这往往是因为歌曲与歌手的个性之间缺乏紧密的联结,或者歌手本身的特点不够鲜明。

在商业世界中,这种情况同样存在。我们经常看到一则广告或文案红极一时,但其所宣传的产品或品牌未能深入人心。这就像是"歌火人不火",广告代表着歌曲,而产品或品牌代表的则是歌手。"歌火"意味着广告流量大,"人不火"意味着没有产生相应价值。

对于企业而言,这种现象是一种警示。它告诉我们,仅仅依靠出色的广告创意和大量的投入,并不足以确保产品的成功。关键在于,企业必须找到产品与广告之间的最佳结合点,确保广告能够准确地传达产品的核心价值,同时塑造出自身独特的品牌形象。

此外,"歌火人不火"提醒我们,品牌建设是一个长期且持续的过程。企业需要不断地维护和提升自己的品牌形象,确保自身在激烈的市场竞争中保持领先地位。同时,企业也要密切关注市场动态和消费者需求的变化,及时调整策略,以适应市场的不断变化。

"歌火人不火"不仅是一种娱乐圈现象,更是一种商业隐喻。它提醒我们,在广告和品牌建设过程中,要注重策略的一致性、广告的针对性以及品牌的个性。

5.3.4 视频
"健康家庭,永远相伴"和"怕上火喝王老吉",哪句广告语好?

2. 运用独特的销售主张

如果卖点与产品关联度不足,就可能导致"歌火人不火"的尴尬现象,即广告或营销活动受到广泛关注,但产品本身未能吸引消费者。为了避免这种情况,企业需要找到产品的特色和优势,将其提炼成独特卖点。此时,可以运用独特的销售主张(USP)理论。

USP 理论的基本要点包括:向消费者提出一个独特的销售主张,这个主张必须是竞争对手无法提出或未曾提出的;这个主张必须具有强大的吸引力和说服力,能够立刻打动消费者并促使他们采取行动;这个独特的销售主张必须能够对消费者产生实际利益,而不是华而不实的噱头。

首先,为了构建独特的销售主张,企业必须深入了解自己的产品,找出其相对于其他竞品的优势差异。这些优势差异可以是功能上的创新、设计上的独特性、更优质的服务,或者是与特定消费者群体的深度契合。

其次，企业需要将这些优势差异转化为具有吸引力的销售信息。这要求企业不仅要清晰地阐述产品的独特性，还要用生动、有趣的方式将这一点表达出来，以吸引消费者的注意并激发他们的购买欲望。

最后，企业需要确保这些销售主张能为消费者带来实际的利益。一个空洞的噱头或许能暂时吸引消费者的目光，但只有真正能为消费者解决问题的产品才能赢得他们的长期信任和忠诚。

5.3.5 视频
如何挖掘枕头的卖点

3. 建立人设，填充脑海

在商业竞争中，为了让"歌火人也火"，我们可以采用以下策略。

（1）确定人设，传递价值

通过深入挖掘产品的独特卖点和特色优势，找到与产品契合的"人设"（人物设定）。例如，耐克通过挑战极限的价值主张，吸引了无数追求超越自我的消费者；德芙巧克力则以情人为人设，传递出浪漫与甜蜜的情感体验。

（2）创意营销，"劈开脑海"

在确定了产品人设后，接下来需要通过创意营销来"劈开脑海"，打破消费者的固有认知，吸引他们的注意力。例如，iPhone通过颠覆性的产品设计和功能展示，重新定义了手机的概念，成功抢占了用户的心智空间。

5.3.6 视频
巧克力的卖点与德芙的人设

（3）先入为主，抢占先机

在品牌和产品营销中，"先入为主"的策略同样重要。通过率先提出某一价值主张或卖点，可以抢占消费者心智中的空白地带，使其他竞争对手难以模仿或超越。例如，瓜子二手车通过"没有中间商赚差价"的独特卖点，成功抢占了二手车市场的先机。

（4）重复刺激，霸占大脑

根据赫布理论，重复刺激能够加强神经元之间的连接，从而加深记忆。因此，为了让产品人设深入人心，需要持续地进行品牌营销和传播活动。例如，"挖掘机技术哪家强，中国山东找蓝翔"，山东蓝翔通过这句广告语的重复刺激，成功加强了消费者对其品牌的认知和记忆。

三、充满想象、新鲜生动

思考讨论

直到人相信你，真理才成其为真理；直到人明白你所说的内容，他们才会相信你；直到人愿意听你说，他们才会明白你的言下之意；直到你讲得趣味盎然，他们才会听你说；直到你说得充满想象、新鲜生动，你才算是趣味盎然。说说你对这段话的理解。

_____

_____

1. 展开想象和联想

"德芙巧克力，纵享丝滑"，这一宣传语激起了大众对丝滑口感的无尽遐想，使得众多巧克力爱好者纷纷被其吸引，尝试这纵享丝滑的美妙滋味。"农夫山泉有点甜"，这个略带神秘感的描述，引发了大众对农夫山泉独特口感的好奇。很多人带着探索的心情，去品尝那若有若无的甜味，试图找到那抹甘甜。

为了让卖点更吸引人，我们需要让它"充满想象、新鲜生动"。如何做到这一点呢？方法是运用想象和联想来发掘卖点，使受众在接收信息时能产生联想和想象。比如，我们可以利用人体的六种感官体验"眼耳鼻舌身意"以及它们所对应的"色声香味触法"，来寻找与产品相关的感官表达。

从味觉的角度出发，"农夫山泉有点甜"这句广告语通过"有点甜"这个描述，让消费者联想到清新甘甜的泉水。"蓝瓶的钙、好喝的钙"这句广告语则是通过视觉信息来传递卖点，其中，"蓝瓶"这个描述让消费者联想到一个清晰、鲜艳的蓝色瓶子，而"好喝的钙"则让消费者联想到喝钙的口感和体验。

5.3.7 文本

"是时候换双镜头手机"与"前后双摄，拍人更美"，哪一句好？

"整个世界瞬间都安静了"是某降噪耳机的宣传文案，会让人们有如下想象和联想：在喧嚣的地铁车厢或嘈杂的办公室中，戴上降噪耳机，整个世界瞬间都变得安静起来，仿佛身处一个隔音的世界。这种体验让人们感到轻松和愉悦，仿佛逃离了城市的喧嚣和忙碌。

2. 以正合，以奇胜

"凡战者，以正合，以奇胜"，这句话在商业领域中具有广泛的应用。"正"代表企业的常规操作，"奇"则代表企业的创新策略。

以咖啡口感为例，当众多品牌都在用"精益求精，非凡醇享""甄选现磨，香醇独特"或"滴滴香浓，意犹未尽"等美好却常规的形容词来描绘自己的产品时，一个出人意料的描述——"香的——令人发指"却如一匹黑马脱颖而出，给人们留下了深刻且与众不同的印象。这正是"奇胜"策略的典型应用，通过打破常规，创造出新颖、独特的表达方式，从众多竞争者中脱颖而出。

商业竞争中的成功策略往往遵循着"人无我有，人有我优，人优我特"的原则。其中的"特"，便是"奇胜"策略的核心所在。例如，在形容干净的程度方面，一句"干净

5.3.8 视频
从不知所措的疲惫，到癫狂至极的活力

得有点过分，这是你每根头发丝都咬牙切齿的梦想"的夸张描述，不仅让人们对干净的程度有了更深刻的认知，更在无形中提升了品牌的形象和记忆度。

某经营者在对其培训机构报名情况的描述中，便巧妙地运用了"奇胜"策略。当其他培训机构都在用"火热报名"来形容自己的报名情况时，他却以"不温不火报名中""欲火焚身地想去报名学习"来描述，显示出其独特的营销表达方式。这种描述方式出人意料，给人们留下了深刻的印象。

3. 长文案写作技巧

我们生活在一个碎片化的时代，人们的注意力很难持久。《娱乐至死》一书的作者指出，广告教给我们的东西很多，比如短小简单的信息优于冗长复杂的信息，表演优于说理，得到解决方法优于面对问题。霍普金斯却认为，简短的广告并不被鼓励，任何有效的广告都必须详述一个完整的故事。

霍普金斯的观点并不意味着广告需要变得冗长或烦琐，而是要强调故事叙述在广告中的重要性，因为过于简短的广告可能无法充分展现产品的优势或传达品牌的核心价值观。通过讲述完整的故事，广告可以在更长的时间内吸引观众的注意力，并传递相关信息。

5.3.9 视频
喜力滋啤酒的长文案

营销高手约瑟夫·休格曼幽默地说，第一行的目的，是让人读第二行；第二行的目的，是让人读第三行……这句话的意思是说，每一行文本都应该引起读者的兴趣和好奇心，以促使他们继续读下去。这种策略是一种有效的方法，尤其是在较长的文案中。

在人们的注意力越来越难以持久的时代，写出吸引人的长文案成了一项挑战。然而，结合霍普金斯和休格曼的观点，我们可以得出一个清晰的讲述思路：通过完整的故事和不断引发好奇心来吸引读者。例如，苹果公司的"Think Different"广告、耐克的"Just Do It"广告等就采用了完整的故事叙述和不断引发好奇心的策略，成功吸引了观众的注意。

小组任务

提炼独特卖点与创作五句广告语

请对"我来经营……"项目进行深入的分析和总结，从中提炼并整理出最具吸引力的卖点。基于这些卖点，创作5条从不同角度展示项目优势的广告语。同时，撰写一则长文案，注重情节的铺陈和情感的渲染，力求打造一则既能抓住人心又能有效传递信息的优质内容。

任务四　提供独特的价值主张

> 如果你想要无可取代，就必须时刻与众不同。
> ——可可·香奈儿

一、独特价值，无可替代

思考讨论

事物可以分为榴梿型和香蕉型两种。"榴梿型"事物：人们要么非常喜欢它，要么非常讨厌它；"香蕉型"事物：既不讨人喜欢也不讨人厌。从商业视角出发，你认为哪种类型的企业或产品在市场上更具竞争力？

_____
_____

1. 从"垄断"看独特价值

暂且将关于垄断的争议搁置一旁，我们必须承认，追求市场份额、力争成为行业领导者乃至实现"垄断"，是企业发展的重要策略之一。这样的策略有助于企业确立坚实的市场基础、塑造强大的品牌影响力，并最终将其转化为更大的商业价值。

垄断企业的盈利秘诀何在？答案在于它们通常占据着市场的绝对份额，有时还会有特许经营权等方面的支持，这使它们能够提供一种独特的价值。这意味着，在高度竞争的市场中，仅仅提供与竞争对手相似的产品或服务是远远不够的，企业必须找到并创造与众不同的价值，以吸引和留住客户。

提供独特价值要求企业不仅要识别和解决那些被忽视或未曾解决的问题，还要以创新的方式满足现有的市场需求。这需要企业既具备出色的创造力，又要有精准的战略规划和强大的执行力。

5.4.1　文本利乐公司的业务嵌入模式

2. 宁做榴梿，不做香蕉

"如果你给我的，和你给别人的是一样的，那我就不要了。"三毛的这句话揭示了人们对独特性的渴望。无论是人还是产品，大体可以分为两种类型："香蕉型"平易近人，广受欢迎；"榴梿型"则独具特色，常引发争议。

在商业世界中，每个企业都渴望成功，但成功的路径千差万别。有些企业选择迎合大众，走"香蕉型"路线，而有些则选择独树一帜，成为"榴梿型"企业。在多元化和竞争激烈的市场环境下，"宁做榴梿，不做香蕉"是一个值得深思的经营理念。

5.4.2 文本
香奈儿与迪奥的"榴梿型"品牌之道

"榴梿型"企业专注于为特定目标客户提供独特价值，强调产品的独特性和个性化。虽可能舍弃部分市场，但对于欣赏并需要这种独特价值的消费者来说，该产品或服务极具吸引力。相反，"香蕉型"企业的产品虽然迎合了大众的口味，普遍受欢迎，但因为缺乏独特性，难以形成忠实的消费者群体。在消费者需求日益多样化的今天，"香蕉型"企业面临着越来越大的挑战。

为什么选择"宁做榴梿，不做香蕉"呢？因为在这个信息爆炸的时代，消费者的注意力是有限的，只有那些具有独特性和创新性的产品或服务，才能在激烈的市场竞争中脱颖而出。

需要指出的是，"宁做榴梿，不做香蕉"是一种态度，并不是让我们做一只刺猬，谁靠近就刺谁，这种态度强调的是追求独特，舍弃平庸。

3. 灵活调整价值之道

当一家企业在市场中找到一个独特的价值点并成功地将其提供给用户时，这无疑标志着该企业取得了初步的成效。然而，商业环境并非静止不变的湖泊，而是持续翻涌的海洋，充满着变数与挑战。在这样的环境下，一家企业所提供的独特价值往往无法避免被市场中的其他竞争者所察觉。

5.4.3 视频
女装行业变中求胜的法则：生于款式，死于库存

在商业竞争中，山寨模仿是一种低成本、高收益的策略。模仿者可以节省大量的研发成本和市场测试时间，有效降低市场风险。此外，由于原有企业已经培育了市场需求，模仿者可以更容易地进入市场并获得消费者的认可。因此，一旦有企业崭露头角，其竞争对手很可能会深入剖析其业务模式、产品特性或服务流程，企图复制其成功的秘诀。

面对这样的竞争态势，企业需要保持高度警惕，不断创新和优化自身的产品或服务，以确保自身在激烈的市场竞争中保持领先地位。同时，企业也需要密切关注市场动态和竞争对手的动向，以便及时调整战略，应对潜在的市场风险。

为了在这场不断变化的商业环境中保持领先地位，并持续为客户提供不可替代的价值，企业必须灵活调整策略以应对各种挑战。以下是一些具体的应对策略。

　　人无我有，人有我优；我不独特，必有近忧。
　　人优我廉，人廉我转；紧盯对手，创新不断。
　　人弃我取，人取我予；看准市场，当机立断。

二、独特体现在用户眼中

思考讨论

哈雷摩托的用户说："我们骑的不是摩托，是哈雷。"对此你如何理解？可口可乐与百事可乐相比，各自的独特价值体现在哪里？

_____

_____

1. 用户视角下的产品价值

尽管产品是由企业研发并推向市场的，但其实际价值却需要由用户来评判和确认。这是因为用户是产品的最终使用者，他们会基于自身的实际需求、预期以及对产品的特定喜好来评价产品是否符合他们的期望，并由此决定产品的实际价值。

从用户视角出发来剖析产品价值，要求我们深入用户的使用场景，因为产品的真正意义在于融入并改善用户的日常生活。

以智能家居系统为例，当用户下班回家，灯光会自动亮起，空调将室内调至舒适温度……这一系列自动化操作，不仅给用户提供了便利，更是赋予了用户一种家的温馨与归属感。此时，产品的价值体现在它能提供个性化的服务，提升用户的生活品质。

再如，用户使用运动手环记录跑步数据时，产品的价值不仅体现在其精确的监测功能上，也在于它可以帮助用户更好地了解自己的运动状态，从而科学地调整训练计划。这种价值关乎个人的健康管理。

5.4.4　视频
不是摩托，是哈雷

因此，从用户视角分析产品价值，我们必须深入用户的具体使用场景，理解他们的需求和期望，观察产品如何在细节上满足这些需求。产品的每一个功能、每一项设计，都应在用户的实际使用中找到其存在的意义和价值，这才是产品设计的真谛。在这个过程中，用户不仅是产品的使用者，更是产品价值的创造者和见证者。

2. 是否独特，由用户判断

在探讨产品价值时，我们经常会听到"独特性"这一词。然而，产品的独特性并非仅仅由企业说了算，更重要的衡量标准是用户的感受和判断。

为了更好地说明这一点，我们从另一个角度来分析。有时，即便产品在功能和性能上与竞品相比并无显著差异，但只要顾客在心中为其打上"独特"的标签，那么该产品就拥有了独特性。

以可口可乐和百事可乐为例，两者在产品上的核心差异微乎其微。面对百事可乐的竞争，可口可乐决定从情感角度入手，强调其"百年传承，正宗可乐"的品牌定位，试图触动消费者的怀旧情绪。有人曾这样描述："我爷爷喝可口可乐，我爸爸喝可口可乐，我也要喝可口可乐。"

5.4.5 视频
可乐之战——产品独特性：由用户定义的市场法则

面对这样的市场策略，百事可乐应该如何应对呢？尽管百事可乐曾经做过口感测试，得出百事可乐比可口可乐更好喝的结论，但消费者似乎并不太关心这一点。随后，百事可乐转变策略，将自己定位为"新一代的选择"，并主打年轻消费者市场。

其潜台词是，"我爷爷喝可口可乐，我爸爸喝可口可乐，而我喝百事可乐，新一代的选择"。这样一来，百事可乐成功地将自己与年轻、新潮的形象联系在一起，与可口可乐的传统形象形成了鲜明对比。

3. 大码与标准码，谁独特

（1）某创业者的创业构想

我想开设一家服装店，这是一个"大红海"，竞争激烈但市场大。如何在这片红海中找到蓝海，一直是我深思的问题。突然，我脑海中闪过一个绝佳的灵感。女朋友身高165厘米，这个身高在中国相当普遍。那么，为何不开设一家"1米65女装专营店"？

5.4.6 文本
"1米65女装专营店"构想分析与市场独特性探讨

正如店名所暗示的，我们专注于销售适合身高在160厘米到165厘米之间女性的服装。尽管这样的定位可能会让我们失去一部分过高或过矮的顾客，但可以保留大多数的客户。

在相同的周转资金条件下，由于我们专注于标准码销售，相较于其他需要进购多款尺码的服装店，我们的店铺能够提供更为多样化的款式选择。

对于进店的顾客来说，她们都是我们的潜在目标客户。只要我们的款式足够吸引人，她们甚至可能不需要试穿就会直接购买。

（2）独特价值分析

为了更好地探讨这位创业者的"标准码女装"项目，我们可以将其与"大码女装"项目进行比较。从独特性角度进行分析，两者有着显著的不同。

"大码女装"项目专注于服务体型偏大的女性，为她们提供合身的服装，这是其他服装店无法提供的，因此这类店铺对其客户来说具有独特性。

"标准码女装"项目提供的服装是标准码，所有服装店都有。正因如此，"1米65女装专营店"除了店名有特色外，对其客户而言没有什么独特性。

三、寻找独特卖点的策略

思考讨论

食物讲究色香味俱全。然而，某公司生产的月饼：第一，不够美观；第二，香味不浓；第三，保质期短。也就是月饼的色、香、味都不如同行。请你构思一段宣传文案，让消费者对这家公司的月饼产生兴趣。

_____

_____

_____

1. 从自身优点找卖点

在激烈的市场竞争中，企业要想脱颖而出，就需要从自身优点中发掘出独特的卖点。这要求企业深入探索自身的产品或服务，明确自己的优点和特色，进而提炼出与竞争对手不同的价值点。

首先，企业需要全面了解自己的产品或服务，不仅包括产品本身的特性，还包括企业在生产、服务以及技术创新等方面的综合优势。例如，一个智能手机品牌，其优势可能体现在卓越的摄像头技术、长久的电池续航，或者对用户友好的操作系统上。

接着，企业需要与竞争对手进行深入对比，以明确自身的独特性。在充分了解这些独特性之后，企业应筛选出最能吸引目标消费者且最具市场潜力的卖点。例如，如果智能手机企业的目标消费者是摄影爱好者，那么企业就可以将卓越的摄像头技术作为核心卖点。

找到这些独特卖点后，接下来是对其进行精炼和提升。这意味着企业需要强调和宣传自身的优点，使消费者认识到这些独特性的实际价值。同时，企业应将这些独特性巧妙地融入品牌形象和故事中。通过精心打造品牌形象和叙述品牌故事，企业可以加深消费者对这些独特卖点的认知，并与其建立情感上的联系。

5.4.7 视频

广告语"喜力滋啤酒瓶是经过蒸汽消毒的"，好在哪？

2. 缺点也可以成为优点

一位网友的求助帖在某论坛上引起了热议:"几年前,我老爸承包了大片杨梅树,今年终于结果了。但杨梅酸得让人龇牙咧嘴,老妈咬了一口就直接丢掉了。这些杨梅外表看起来鲜艳诱人,但口感却出奇地酸,我们该如何处理这些酸杨梅?"

大多数人回复的建议,都集中在如何通过加工处理来降低杨梅的酸度方面。这些建议似乎都基于一个隐含的前提:酸是缺陷,因此需要采取措施来消除这一缺陷。

然而,如果我们换一种思维方式呢?这批杨梅的最大特点就是"酸"。这个特点既可以被视为缺点,也可以成为优点。如果我们选择将其视为优点,那么"天下第一酸"就可以成为我们的独特卖点。

5.4.8 视频

酸杨梅的解决方案

想象一下,如果市场上充斥着甜度适中、口感相似的杨梅产品,突然有一个品牌推出了以"天下第一酸"为卖点的杨梅,会吸引多少消费者的注意?那些喜欢挑战味蕾极限的人、热爱酸味食品的人,甚至是寻求新奇体验的人,都可能成为我们的目标客户。

为了突出这一独特卖点,我们可以采取一系列营销策略。例如,设计醒目的包装和标签,强调杨梅的酸度和口感;在社交媒体上发起挑战活动,鼓励消费者分享自己吃酸杨梅的有趣经历;甚至可以与餐厅、酒吧等合作,推出以酸杨梅为特色的菜品和饮品。

3. 不是杨梅,是酸杨梅

在之前的讨论中,我们以酸杨梅为例,探讨了如何将产品的缺点转化为特点,进而将这些特点升华为吸引人的优点。现在,我们进一步开阔思路,深入探究如何从酸杨梅中提炼出更具吸引力的市场卖点,如图5-4-1所示。

5.4.9 文本

五重诱惑:挖掘酸杨梅的非凡魅力

其核心理念是:我们卖的不是杨梅,而是我们家的酸杨梅。为了精准确定酸杨梅的卖点,我们可以从以下几个角度进行深入挖掘:① 别具一格的口味;② 为人们带来的独特感受;③ 作为礼品的独特价值;④ 对味蕾的强烈刺激。

除了上述几个视角外,我们还可以借鉴褚橙的品牌故事:杨梅不再只是一种简单的水果,而是代表着一段丰富的成长历程、一个饱含深情的故事。同时,我们可以从历史典故"望梅止渴"中汲取文化灵感,或借助"青梅竹马"这一纯真回忆来唤起消费者的共鸣,从而凸显杨梅所蕴含的深厚文化内涵和独特情感价值。

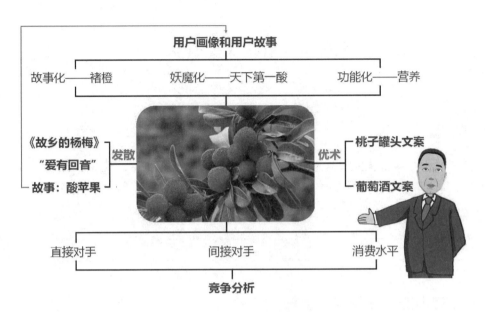

图 5-4-1　酸杨梅的解决方案

以下是一些具体的策略。

如果我们以独特的口味为卖点,那么可以锁定那些偏爱酸味的消费者,例如孕妇这样的群体。

如果我们主打情感牌,那么就可以通过深情讲述杨梅背后的故事,来触动消费者的心弦。

如果我们把杨梅定位为高端礼品,那么精美的包装和对其健康益处的宣传就显得尤为关键。

如果我们强调味蕾的刺激,那么酸杨梅独有的酸味,无疑将为消费者带来一次难忘的体验。

小组任务

提出独特价值主张

请思考并明确你们项目的独特价值主张。也就是说,你们的项目或产品相较于竞争对手,有哪些独特之处?为什么用户会选择你们而不是其他类似的服务或产品?你们的项目解决了用户的哪些核心痛点?提供了哪些无法替代的优势或功能?

任务五　调整和改变价值主张

思考讨论

你是一家生产和销售胶卷的企业，你发现市场似乎越来越小，你会怎么做？如果要把"梳子"卖给"和尚"，请你想一句文案。

一、穷则变，变则通

1. 产品有生命周期

世间万物都遵循着自然的生命周期规律：从诞生、成长到成熟，最终走向消亡。产品亦是如此，从研发问世、逐步推广到市场成熟，再到被新产品取代，每一个产品都会经历这样一个生命历程。典型的产品生命周期可以划分为四个阶段：导入期、成长期、成熟期和衰退期。对于企业而言，认识并适应这一周期，是保持市场竞争力的基石。

以日本索尼公司的随身听为例，这款产品在20世纪80年代曾一度引领全球潮流，成为索尼品牌的标志性产品。然而，随着科技的日新月异和消费者需求的不断变化，音乐播放设备的市场格局也在悄然发生改变。MP3播放器、iPod以及智能手机的出现，使消费者越来越偏好功能更全面、操作更便捷的音乐播放设备。

在这一市场变革中，索尼公司的随身听产品逐渐步入了衰退期。遗憾的是，索尼在随身听产品市场逐渐萎缩时，未能及时洞察市场趋势和调整产品策略，而是继续生产传统的随身听产品。这种僵化的策略导致索尼公司在激烈的市场竞争中逐渐失去优势，其市场份额被新兴的竞争对手逐渐蚕食。

索尼公司的这一案例提醒我们，企业必须敏锐地捕捉市场动态和消费者需求的变化，并据此灵活调整产品策略。只有这样，企业才能在瞬息万变的市场环境中保持领先地位，实现长久而稳定的发展。

5.5.1　文本
随身听的产品生命周期与自行车行业的困境

2. 把梳子卖给和尚

如何把梳子卖给和尚？这个问题乍一听似乎有些匪夷所思，但当我们进一步探究时，会发现这里蕴含着每个企业在拓展市场时都可能遇到的问题。从常规的市场定位来看，尝试向和尚推销梳子似乎并不明智，毕竟和尚通常没有头发，无须用梳子打理。

在商业世界中，"把梳子卖给和尚"其实是一个隐喻，它代表着企业在面对看似不可能的市场时，如何寻找并创造机会的问题。随着企业的发展，市场饱和、竞争加剧等问题会逐渐浮现。这时，企业需要发挥"把梳子卖给和尚"的精神，去发掘那些被忽略或被认为无利可图的市场机会，从而开拓新的市场领域，吸引新的客户群体。

产品生命周期是客观存在的规律。当某一产品步入成熟期尤其是衰退阶段，市场便趋于饱和，竞争压力日益加大。在这样的背景下，企业要想实现持续发展，就必须像"把梳子卖给和尚"那样，去寻找和开发新的增长点。

此外，"把梳子卖给和尚"还体现了企业的应变能力和创新精神。当企业的核心产品面临市场衰退的风险，或市场环境发生新的变化时，企业需要迅速调整策略，展现出足够的灵活性和创新能力。因此，"把梳子卖给和尚"不仅是一种销售策略，更是勇于挑战、不断创新的体现。

5.5.2　文本
"梳子张"的困境

3. 梳子和尚皆虚妄

不抽象，我们就无法深入思考；不还原，我们就看不到本来面目。在这个意义上，"梳子"并非仅仅指梳子，它可以代表任何产品；"和尚"也不仅仅是和尚，它可以代表任何客户。这种抽象化的思考方式，有助于我们从纷繁复杂的事物中提炼出共同特征和规律，进而形成具有普遍适用性的原理。

然而，抽象思考也存在局限性。过度的抽象可能会使我们脱离现实，陷入空洞的理论探讨。此时，我们需要运用还原思维，将抽象的概念和原理重新放回到具体的现实情境中，以检验其有效性和适用性。

上述讨论中，"梳子"可以代表任何产品，比如胶卷或鞋垫。柯达和富士曾经是胶卷行业的两大巨头。但随着数字技术的崛起，胶卷市场逐渐萎缩。将胶卷推销给消费者，就如同向和尚推销梳子一样。同样地，如果你发现人们普遍不使用鞋垫，却打算经营这一产品，那么你将面临同样的困境。

在商业竞争中，企业要想脱颖而出，就必须深入挖掘产品的潜在价值，并结合自身的核心竞争力和优势更好地满足消费者的需求。同时，为了应对市场的不断变化，企业还需保持敏锐的市场洞察力和高度的战略灵活性。而运用抽象思考和还原思维的商业策略，有助于企业在复杂多变的商业环境中立于不败之地。

5.5.3　视频
如何把"梳子（产品）"卖给"和尚（客户）"

二、新赛道，新机会

思考讨论

① 请解释这句话："我战胜了所有对手，却输给了时代。"你认为这句话揭示了哪些商业现象或挑战？② 假设人类长出了尾巴，从商业角度来看，这将会带来哪些新的商业机会或者挑战？你会如何应对这些变化？

_____

_____

1. 赢了对手，却输给了时代

在《三体》一书中，地球人成功反击了三体世界的侵略，却未曾想到会被更高级的文明——歌者文明所觉知。一片轻薄的二向箔，轻轻一抹，便让整个太阳系从三维降为平面，如同一张被抹平的画。那句"毁灭你，与你何干？"让我们意识到，在宇宙的浩瀚中，人类和地球是多么渺小和脆弱。

在现实生活中，街头的警察数量并未大增，但扒手却日益少见。这并非因为警察的打击力度加强了，而是因为电子支付手段的兴起使扒窃的收益降低了。便捷的电子支付方式并非针对扒手而设计，但它们改变了人们的消费习惯，使得现金用于日常交易的频率降低了，从而"消灭"了扒手。

5.5.4 文本
诺基亚：赢了对手，输给时代

商业世界也是如此，有些企业在与同行的激烈竞争中脱颖而出，成为行业的佼佼者，却因为未能跟上时代的步伐，最终被淘汰出局。诺基亚曾是手机行业的霸主，以其卓越的质量赢得了消费者的喜爱。然而，随着智能手机时代的到来，诺基亚却最终陷入了"赢了对手，输给时代"的窘境。

因此，企业不能满足于战胜眼前的竞争对手，更重要的是保持敏锐的洞察力和高度的灵活性，时刻关注环境的变化和时代的变迁。只有这样，才能在不断变化的市场中立于不败之地。否则，就可能会像堂吉诃德一样，虽然勇敢无畏地与风车作战，但最终沦为了时代的笑柄。

2. 新的时代，新的起跑线

科技的进步和消费者需求的不断变化，共同揭开了新时代的序幕。在这个时代，传统的商业模式和产品形式正遭遇前所未有的冲击。对于企业来说，这却是一个机遇与挑战并存的时代。

新时代的钟声响起，意味着我们站在了新的起跑线上。在这个变化多端的商业世界里，企业需要重新审视自己的市场角色、产品方向和核心价值，以便更好地适应新兴的市场趋势和满足消费者的新期待。

"不要输在起跑线上。"如果新创企业选择在老牌企业主导的赛道上竞争，那么从一开始，它们就可能已经处于不利地位。老牌企业通常具有品牌、市场和供应链等方面的优势，这些优势为它们筑造了坚实的护城河。因此，在这些赛道上挑战已经站稳脚跟的老牌企业，难度极大。

然而，新时代的到来可能会开辟全新的竞技场。新赛道往往伴随着新技术、新商业模式和新运营方式的涌现。在这条全新的赛道上，所有参赛者都将从同一起跑线开始，老牌企业的传统优势将不再成为新进企业的经营障碍。

竞争战略的关键在于差异化，避免在运营效益上与对手直接对抗，而是通过提供独特价值来赢得市场。换言之，就是要选择一条与众不同的竞争路径。对于新企业来说，找到这条新赛道，就意味着抓住了新时代的机遇。

5.5.5 视频

思想实验——新的时代：如果人类长出了尾巴

3. 能力之内，才是机会

设想一下，你热爱音乐，自幼便学习钢琴。有一天你心血来潮，想学习小提琴。虽然你之前没有接触过，但你的钢琴基础会成为你学习小提琴的助力。你的音乐理论、听力训练、手指的灵活性和协调性，都会让你在小提琴的学习上比一般人更快上手。这就是能力迁移的力量。

这个道理不仅适用于个人，也适用于企业。企业在寻找新的市场机会、探索新的商业赛道时，往往会被外界繁华所吸引，追求那些看似前景广阔但实则难以企及的目标。然而，真正有价值的机会只存在于企业已有的能力范围之内。

因此，当企业计划涉足新的市场或开发新的产品时，首要任务是全面评估自身的资源和能力。这包括认清自己的优势，例如技术储备、品牌影响力以及供应链管理能力等，从而准确地识别出哪些市场机会与自身的核心竞争力相契合。如果企业轻率地追逐潮流，贸然进军自己不擅长的领域，很可能因能力不匹配而陷入困境，甚至导致失败。

"能力之内，才是机会"不仅是一种理智的选择，也是一种智慧的表现。对于个体而言，它鼓励我们根据自身的才能和兴趣，去发掘和开拓真正适合自己的成长路径。而对于企业来说，在面对市场的风云变幻时，则需要依托自身的资源和实力，做出最为合理和可行的决策。

5.5.6 文本

柯达向左，富士向右——从胶卷到制药与化妆品

三、新产品，新价值

思考讨论

① 请用一句话阐述好产品的主要特征。② 如何理解"好的产品，退不回去"这一说法？"好的产品，就是需求"这一观点又在表达什么？"所有事物，重新设计"体现了什么思想？

_____
_____
_____

1. 好的产品，就是需求

"好的产品，就是需求"这句话揭示了优秀产品的本质。"好的产品"不止于满足用户的需求，还需要深入理解并优化用户的体验，甚至在一定程度上塑造用户的需求。

首先，好产品能满足用户的基本需求。例如，智能手机需要提供稳定清晰的通话功能、顺畅的网络连接以及人性化的操作界面，以确保用户在日常使用中不会遭遇明显障碍。

其次，好产品会在细节上追求卓越，从而提供好的用户体验，比如提供出色的设计、流畅的操作，以及贴心的功能设定等。这使用户能享受到使用产品的乐趣，进而形成对品牌的忠诚。

5.5.7 视频
"完美汽车"的价值主张

再次，好产品不仅能满足现有的需求，还能通过自身的创新来引领市场，创造新的用户需求。以苹果公司的 iPhone 为例，它不仅满足了用户对手机的基本需求，而且凭借其独特的设计和功能，领导了智能手机市场的新潮流。

最后，好产品能与用户形成情感连接，让用户感受到品牌的温度和价值。这种深层次的连接，能转化为用户的忠诚度和良好的口碑，进一步推动产品的销售和扩大产品的市场影响力。

"好的产品，就是需求"，要求企业深入理解和把握用户需求，关注细节，勇于创新。只有这样，才能打造出真正的好产品。

2. 好的产品，退不回去

什么样的产品才是好产品？其答案因产品适用的不同需求和场景而有所差异。然而，从用户的角度出发，我们可以找到一个普遍的标准：好的产品，往往能让人们一旦体验，就"退不回去"。

"退不回去",是指用户在体验了某产品后,难以再接受没有这种产品或品质较低的产品。这种感受,是优质用户体验的结果。一款好的产品,不仅在功能上满足用户需求,更会在用户体验上追求卓越,让用户真正爱上使用产品的过程。

科技的快速发展正在以前所未有的速度提升我们的生活品质。许多过去令人烦恼的琐事,如今都已由出色的产品来操作。这种进步就像一种进化,使我们逐渐摆脱过去的限制,享受到更加便捷、高效和舒适的生活。

以日常生活为例,对于当代年轻人来说,在米饭中吃到沙粒可能是无法想象的事情。然而,对于他们的长辈来说,这或许是过去的常态。技术的革新,已经使得淘米——从米中挑出沙粒的烦琐步骤成为历史。

"好的产品,退不回去",意味着一旦消费者体验到了高品质的产品,他们的标准和期待就会随之提高。"由俭入奢易,由奢入俭难",人们在享受过优质产品带来的便利后,很难再回到过去那种相对落后的状态。这正是好产品的魅力所在,它们不仅改变了我们的生活方式,更在无形中提升了我们的生活品质。

5.5.8 文本
好产品就是需求,退不回去

3. 所有事物,重新设计

我们正身处日新月异的商业世界,得到创始人罗振宇提出的"热带雨林脑洞"就描绘出一个多元、繁荣且持续变化的商业生态环境。新产品和新商业模式层出不穷,它们如同热带雨林中诞生的新物种,给市场注入了源源不断的活力。然而,这也对传统产品和服务提出了新的挑战。面对消费者审美的提升和对产品功能和体验的需求升级,传统产品和服务需要"重新设计"。

热带雨林的生态多样性及其进化规律,在商业世界中找到了倒影。以抖音直播为例,抖音平台汇聚了多样化的主播类型,这些不同类型的主播代表着市场的不同细分方向和消费者的不同偏好。

"新物种"的不断涌现,不仅为市场带来了新的活力,也为消费者提供了更多选择。同时,这些新兴力量也在推动着行业的创新和进步,并往往能颠覆传统模式,引领新的潮流,为企业创造出前所未有的商业机遇。

5.5.9 视频
如何经营生日蛋糕

然而,"新物种"的出现并不意味着传统产品的消亡。相反,它对现有产品提出了更高的要求。这种挑战激励企业不断地对产品进行重新审视和设计。这种重新设计并非简单的表面修改,而是需要深入产品定位、核心价值和用户体验等基础层面寻求全面革新。

 小组任务

产品再设计构想

　　针对"我来经营……"项目,深挖产品的价值。如果让你对此类产品进行重新设计,你会从哪些角度入手?思考如何在产品中融入"好的产品,就是需求;好的产品,退不回去;所有事物,重新设计"的理念。

情境六

价值主张画布

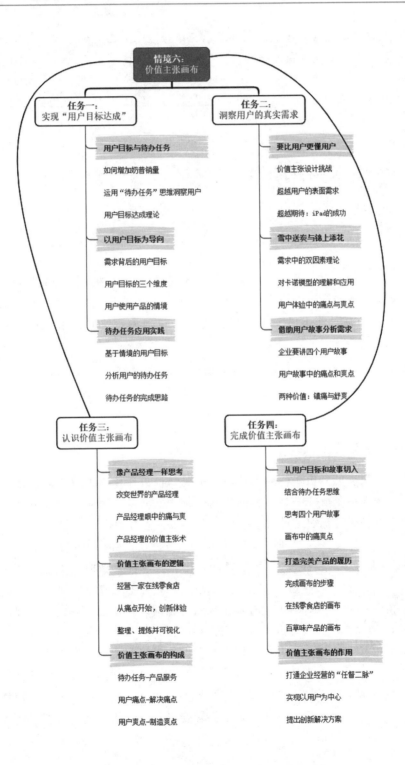

任务一　实现"用户目标达成"

> 用户其实不是在购买产品或服务，而是为了让自己的生活有所进步，因此才把这些产品或服务拉进生活中。
>
> ——克里斯坦森

一、用户目标与待办任务

思考讨论

你是一位市场分析师，发现口香糖市场急剧萎缩。你认为这个趋势背后有哪些可能的原因？是因为人们越来越注重健康饮食，对口香糖中的成分产生了疑虑，还是因为现代人的生活节奏加快，没有时间和习惯去嚼口香糖，抑或是其他未曾设想到的因素在作祟？

_____

_____

1. 如何增加奶昔销量

作为一家早餐店的老板，你的奶昔销售情况目前处于中等水平。若想进一步提升销量，就需要更深入地了解并满足顾客的需求。你表示道："我明白，要从顾客的角度出发，思考他们早餐时选择奶昔最看重的是什么，然后努力做好这一点。"

6.1.1　视频
解决"奶昔困境"

那么，顾客在选择早餐奶昔时最看重的是什么呢？你回答："当然是口味，比如我选择奶昔时，肯定是基于我喜欢的味道。"然而，问题并非仅仅在于口味。即使你的奶昔口味绝佳，并且开展了大量促销活动，但也不一定能确保销售效果有所提升。这时候你会怎么办？

我们可以从克里斯坦森提到的一则案例中得到启示。某快餐店试图提升早餐奶昔的销量。开始时，他们根据消费者的反馈对产品口味进行了多次调整，但是这似乎对于销量没有任何影响。之后，他们转变思路，开始探究消费者在何种情境下会选择奶昔，以及他们的核心需求是什么。经观察和分析，它们发现许多消费者在早晨长时间驾车上班途中会购买奶昔，主要目的是解闷和充饥。选择奶昔而非其他食物，是因为其浓稠的质地能让他们更长时间地享受美味，同时提供饱腹感，而且奶昔放在车内杯座上非常方便。

基于这些发现，公司决定暂停口味研发，转而加强奶昔的功能性和便携性。他们调整了奶昔的浓度，加入了小果粒以增加惊喜，并推出了快速结账系统以方便消费者。这些举措最终有效地提升了奶昔的销量。

2. 运用"待办任务"思维洞察用户

"待办任务"（JTBD, Jobs to be done）思维是克里斯坦森在用户目标达成理论中强调的一种思考方式。它要求企业或个人在设计和提供产品或服务时，从用户的角度出发，思考用户真正想要完成的目标或任务是什么，而不是仅仅关注产品或服务本身的功能或特性。

这种思维方式的核心在于理解用户的需求和期望，以及这些需求和期望背后的原因。用户购买或使用产品或服务，是为了解决他们的问题或完成特定的任务。因此，企业应该深入了解用户的"待办任务"，即用户真正想要完成的事情，然后提供能够实现这些任务的产品或服务。

还是以上面提到的奶昔案例为例，这家快餐店想要增加奶昔的销量，从"待办任务"思维的角度出发，他们应该首先思考：用户为什么会在早餐时段选择喝奶昔？用户的"待办任务"是什么？是为了快速缓解饥饿感，抑或为了在繁忙的早晨补充能量？了解到这些"待办任务"后，快餐店就可以针对性地对产品和服务进行改进，使其更加符合用户的需求和期望。

6.1.2 文本
口香糖市场的挑战：如何重新定位产品

"待办任务"思维强调以用户为中心的设计理念。通过深入了解用户的"待办任务"，企业可以更加准确地把握市场机会，提供真正有价值的产品或服务，从而实现用户目标的达成。同时，"待办任务"思维也有助于企业或个人发现新的市场机会和创新点，从而在激烈的市场竞争中脱颖而出。

3. 用户目标达成理论

在之前的案例中，快餐店初期试图通过改进产品——奶昔的口味来吸引消费者，但这些努力并未带来销量的提升。这背后的原因是，公司没有深入理解消费者购买奶昔的真正目标和动机。消费者并不仅仅是在购买一款产品，他们更是在寻求一种能够解决他们生活中具体问题的方案。

用户目标达成理论是由哈佛商学院的克莱顿·克里斯坦森教授提出的，它强调从用户要完成的任务出发进行思考的重要性。这一理论的核心在于，用户购买产品或服务不是为了拥有它们本身，而是为了完成某个特定的任务或实现某个目标。换句话说，用户"雇用"产品或服务来完成他们心中"需要完成的任务"，如图 6-1-1 所示。

图 6-1-1 "待办任务"思维

用户目标达成理论的提出，打破了传统上以产品为中心的思维模式，强调了以用户"任务"为出发点的重要性。在传统的产品开发和市场营销中，企业往往关注产品的特性和功能，而忽略了用户真正想要完成的任务。然而，用户目标达成理论提醒我们，用户购买产品的决策是基于他们需要完成的任务，而非产品本身。

因此，企业应该将注意力集中在用户要完成的任务上，通过深入了解用户的需求和期望，提供能够帮助他们完成任务的产品或服务。这样的产品或服务不仅能满足用户的基本需求，更能提供额外的价值和满足感。

实例分析

6.1.3 文本
早期的特斯拉，
"富人"的玩具

二、以用户目标为导向

思考讨论

同一件衣服在不同人身上效果各异，那么，当两个人喷洒同一款香水时，其散发的气息会相同吗？为什么说香水是一件"看不见的华服"？人们购买香水，究竟是因为自己喜欢这个独特的香气，还是希望迎合他人的喜好？

1. 需求背后的用户目标

在商业世界和日常生活中，我们经常遇到各种产品或服务。但很多时候，我们真正追求的并不是这些产品或服务，而是借助它们的帮助实现我们想要达成的目标或想要完成的任务。正如哈佛商学院教授西奥多·莱维特曾指出的那样："顾客不是想买一个直径五毫米的钻孔机，而是想要一个直径五毫米的钻孔！"这句话揭示了用户的需求本质。

设想这样一个日常生活场景：你的女友购买了一个时尚的衣帽架，打算装在墙上，于是找你安装。安装的第一步，显然是在墙上打孔。

当她询问你需要什么工具时，你很可能会回答："我需要一个钻孔机。"在这里，钻孔机作为产品，其直接用途是帮助你完成打孔这一任务。

然而，你去五金店购买钻孔机时，老板开始滔滔不绝地介绍："这款钻孔机外形设计酷炫，采用高级材质制造，结构科学合理，经久耐用，我们还提供长期保修服务……"尽管老板的介绍看似详尽，但对你而言，这些信息可能并不那么重要。

6.1.4　视频
从"需求链"洞察
用户真实需求

因为你的目标是在墙上打一个孔，而钻孔机仅仅是实现这一目标的"工具"或"道具"。你关心的不是钻孔机本身，而是它能否高效、准确地完成打孔任务。因此，在企业经营创新的活动中，了解并聚焦客户的实际需求至关重要。客户购买产品或服务，是为了解决他们的问题或实现他们的目标。

2. 用户目标的三个维度

在用户目标达成理论的视角下，产品或服务并非孤立存在，而是作为实现用户目标的解决方案。因此，产品或服务的设计和开发必须紧密围绕用户目标展开。

当一个人感到饥饿并打算外出就餐时，他会面临多种选择。既可以选择一家快餐店，迅速解决饥饿问题，也可以寻找一家心仪的餐厅，静静享受美食带来的愉悦，或者约上几位朋友，共同分享聚餐的乐趣。这些选择背后反映了用户目标的多元性。

6.1.5　视频
用户目标的三个
维度——香水

需求往往并不明确且复杂多变。"饿了需要吃东西"，这是基本需求，但仅仅了解这一点并不足以提供有效的解决方案。在现实生活中，人们可能因为忙碌而无法腾出时间用餐，或者因为社交、情感等方面的需要而进食，即使他们并不感到饥饿。

综合这些考虑，用户目标可分为三个维度（如图 6-1-2 所示）。

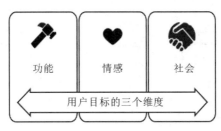

图 6-1-2　用户目标的三个维度

（1）功能目标

功能目标是用户希望通过产品或服务实现的具体任务和效果。比如在感到饥饿时，功能目标就是找到食物并迅速填饱肚子。

（2）情感目标

情感目标是用户在使用产品或接受服务过程中期望获得的情感体验。例如，在选择餐厅时，用户可能会考虑餐厅的氛围、装修风格和菜品的色香味等因素，以获得更好的用餐体验。

（3）社会目标

社会目标是用户通过使用产品或接受服务期望获得的社会认同和归属感方面的反馈。例如，与朋友一起聚餐是社交活动的一种形式，可以满足用户的社交需求。

3. 用户使用产品的情境

用户情境指的是用户在特定时间、特定环境下与产品互动时所面临的实际情况。深入研究和理解用户使用产品的情境，有助于我们设计出更符合用户需求、更贴近用户生活场景的产品。用户情境由多重因素构成，包括时间、地点、使用对象等，这些因素共同影响着用户与产品的互动方式和效果。

以智能手机应用为例，不同的用户情境可能导致不同的使用行为和需求。在工作环境中，用户更倾向于使用那些能帮助他们提高效率、管理任务和沟通协作的应用。此时，他们关注的是应用的实用性、稳定性和安全性。而在休闲时间，用户则可能更倾向于使用娱乐、社交或信息获取类的应用。此时他们更看重应用的趣味性、互动性和个性化。

6.1.6 视频

头脑风暴：袜子的用户场景与市场洞察

进一步地，即使在相同的环境中，不同的用户也可能因为个人喜好、经验水平或目标任务的不同而展现出不同的使用行为和需求。例如，在旅行规划中，一些用户更喜欢使用可以提供详细攻略和定制建议的应用，而另一些用户则更倾向于使用简洁直观的地图和导航工具。

因此，充分考虑用户使用产品的各种情境，可以帮助我们更好地满足用户需求，提升产品的使用价值和用户满意度。通过模拟用户在不同情境下的使用行为，我们可以发现潜在的问题和改进点，从而不断优化产品设计，提升用户体验。

三、待办任务应用实践

思考讨论

某一讲故事栏目由于所讲故事十分生动，广受好评。然而，该栏目近期收到了客户投诉，原因很奇葩——故事太生动。妈妈们反映在孩子睡前给孩子听故事，由于故事太生动，孩子兴奋得不肯睡觉。请提出解决方案。

1. 基于情境的用户目标

在用户目标达成理论中，用户目标的本质是"不断追求进步"。这种追求不仅要求产品功能持续升级，而且强调用户在使用产品过程中能获得体验的全方位改善。要实现这一点，我们需要对用户目标的多层次性有深刻的认知。

然而，单纯聚焦用户目标的多层次性并不足够。用户目标并非孤立存在的，而是与具体的使用情境紧密相连。这些情境对于用户目标的塑造和实现发挥着至关重要的作用。因此，若要深刻洞察用户目标，就必须对用户使用产品的具体情境进行详尽的探究。

脱离实际情境来评价产品，我们便难以对其优劣作出准确判断，这是因为产品的价值和使用效果往往与特定的情境紧密相连。以某讲故事栏目为例，其故事的生动性本应是吸引用户的重要指标。但有趣的是，这个栏目因为故事生动遭到了一些妈妈们的投诉。她们通常在睡前为孩子们播放故事，然而由于故事太过生动，孩子们听后变得异常兴奋，不肯入睡。

6.1.7　视频
故事生动成缺点

因此，在评估产品时，我们必须将其置于具体的情境中进行全面考量。这要求我们对用户的需求、使用场景以及可能面临的问题和挑战有深刻的理解。唯有如此，我们才能更准确地评判产品的价值和使用效果，进而为用户提供更为周到与实用的解决方案。

2. 分析用户的待办任务

用户目标达成理论为企业提供了一种以用户为中心的产品开发和创新方法。在用户目标达成理论中，待办任务是核心概念，它指的是用户期望通过特定产品或服务来完成的具体工作或任务。待办任务实质上是对用户目标的细化和具体化，它常常包含一系列清晰可操作、可度量的子任务。这些子任务与用户通过使用某种产品或服务希望达成的具体目标紧密相连。明确这些待办任务后，企业能更精准地把握用户需求，进而提供具有针对性的解决方案。

6.1.8　文本
"凯叔讲故事"栏目的
待办任务及改进策略

为了分析用户的待办任务，企业需要深入实际使用场景，从用户视角出发，详尽地探究他们期望通过产品或服务解决何种问题、完成哪些具体事务。以使用智能手机为例，用户的待办任务可能涵盖拍照留念、浏览社交动态、视频通话以及处理工作邮件等。每个待办任务都对应着用户的一种或多种具体需求，例如拍照功能可能需要高清画质和快速对焦等特性，而处理邮件则倚赖强大的邮件客户端和便捷的文本编辑功能。

因此，分析用户的待办任务是企业以用户为中心进行产品开发和创新不可或缺的一环。通过深入洞察用户的真实需求和使用场景，企业不仅能更精准地满足用户需求，提升产品竞争力，而且能发掘新的市场机会。

3. 待办任务的完成思路

在商业世界中，取得成功的关键在于满足用户需求。尽管解决用户痛点很重要，但用户目标达成理论提醒我们，用户的真实需求远比表面上呈现的痛点更为深刻。用户所追求的，不只是单个问题的解决，更是生活方式的提升和优化。以雨伞为例，用户在选择这一产品时，除了考虑其基本的挡雨功能外，还会考虑便捷性、耐用性、舒适性以及时尚性等多个方面的产品特性。这些方面共同构成了用户的需求。

要分析这些需求，首先需要运用问卷调查、深度访谈和观察用户行为等方法，洞察用户在具体情境下的需求和困扰，探寻他们对产品或服务的期望。

之后需要设想用户在使用产品时可能遇到的场景，包括时间、地点、活动及情感反应等，在此基础上深入分析用户需要完成的具体任务及其重要性。

6.1.9 视频
为什么会换一个牌子——
以护肤品为例

然后将用户目标细化为具体的、可执行的待办任务，并确保这些任务是可衡量的，以便评估产品的实际效用。例如，"便携性"可细化为"雨伞须轻便、易折，方便用户放入包中或口袋"。同时要结合用户反馈和市场数据，对待办任务进行优先级排序，以确定哪些任务对用户最为关键，从而在资源有限时优先满足用户的核心需求。

最后，在产品开发过程中，要通过用户测试、意见反馈和数据分析等方式，不断验证并优化待办任务的完成方式，以持续提升用户体验和满意度。

小组任务

达成用户目标

针对"我来经营……"项目，分析用户购买产品的功能目标、情感目标以及社会目标。明确产品的"待办任务"，即用户希望通过我们的产品解决什么问题或实现怎样的需求。列举并描述用户使用产品的具体场景，以及在不同情境下用户如何使用产品完成其"待办任务"。

任务二　洞察用户的真实需求

一、要比用户更懂用户

思考讨论

懂用户需求这事儿，就像谈恋爱。你以为你了解对方，但还是有那么多出乎意料的时刻。你以为女朋友喜欢浪漫的烛光晚餐，其实她想要的是在家吃饭。这个情景带给你什么样的启示？

_____

_____

1. 价值主张设计挑战

用户需求谁不懂，谁还不是用户？然而，你觉得你懂了，结果做出来的产品，用户一看：这啥玩意儿？我要的不是这个！你觉得自己懂了，用户却可能给你一个大大的"差评"。

在市场竞争日益激烈的今天，企业想要成功，就必须深入了解并满足用户的需求。然而，这并非易事，因为用户往往只能表达出自己的表面需求，难以准确描述自身深层次的、潜在的需求。因此，企业面临的挑战之一，就是如何设计出能够真正触动用户内心的价值主张，而这正是"要比用户更懂用户"的核心所在。

价值主张是企业向用户传递的关于产品或服务能够为他们带来何种价值的陈述。一个有效的价值主张能够清晰地表达出产品或服务的独特之处，以及为什么这些特点对用户来说是有价值的。然而，在设计价值主张的过程中，企业面临着多方面的挑战。

6.2.1　视频

洞察真实需求：
用户调研的局限性

① 企业需要深入了解用户的真实需求，包括用户的显性需求和隐性需求。显性需求是用户能够明确表达出来的需求，而隐性需求则是用户自己都没有意识到的需求。

② 企业需要使产品或服务的特性与用户需求精准对接，这要求企业不仅理解自身的独特优势，而且洞悉这些优势如何满足用户需求。

③ 企业还须以简明扼要、有说服力的方式，有效地向用户传达核心价值，确保用户能够理解和接受这一价值主张。

2. 超越用户的表面需求

导演泰摩尔曾指出，永远不要问观众想看什么，他们只能根据自己看过的东西来说想看什么。我们的工作就是要把他们带到一个他们不知道的地方，一个他们不想去，但最后他们会喜欢的一个地方。这段话形象地描述了理解用户真实需求的重要性。

对于导演来说，观众就是用户，而泰摩尔之所以强调不要直接问观众，是因为观众往往只能基于他们已有的知识和经验来表达需求。这种表达往往局限于他们已知的范畴，难以触及更深层次的、尚未被发掘的需求。

用户所表达的需求，往往受到他们当前认知、使用习惯以及沟通方式的限制，并不能反映他们真正的期望。因此，企业需要运用专业的洞察力和分析技巧，深入探索用户背后的真实需求。

6.2.2 文本
用户期望：随机播放功能

例如，有用户提到自己的需求——"应用程序运行更快速"。这可能只是他们直观的期望，用户真正关心的可能是在使用应用时能够拥有流畅、不卡顿的体验。这种流畅的用户体验，远比单纯强调运行速度更能满足用户的实际需求。

又如，某用户向客服反馈说："我希望在搜索商品时能够看到更多的结果。"听到这样的反馈，用户似乎希望平台提供更多的搜索结果。研究后却发现，用户的困扰在于他们在搜索结果中很难找到符合自己需求的商品，他们需要的是更准确、更相关的搜索结果。

3. 超越期待：iPad 的成功

乔布斯曾说，消费者并不知道自己需要什么，直到我们拿出自己的产品，他们就发现，这正是我要的东西。这句话在 iPad 的成功上得到了完美的验证。iPad 不仅仅是一款产品，更是一种全新的体验，一种改变了人们生活方式的力量。

6.2.3 视频
iPad 是"被窝电脑"

时光倒流至 2010 年 1 月的那场苹果公司盛会上，乔布斯站在舞台中央，背后的大屏幕左侧展示着苹果笔记本电脑的优雅身影，而右侧则是 iPhone 的精致面容。他向观众提出了一个问题："这两者之间还可能存在别的东西吗？"如今人们可以毫不犹豫地回答：那就是平板电脑——iPad。

然而，在 iPad 刚刚问世之际，它遭受了不少质疑和批评。人们纷纷指出它的种种不足：没有 USB 接口，不支持多任务处理，无法播放 Flash，等等。iPad 发布会刚刚落幕，知名科技网站 gizmodo 的一位作者就迫不及待地发表了一篇题为《iPad 的八大逊处》的文章，对 iPad 进行了毫不留情的抨击。

甚至连比尔·盖茨也加入了嘲讽的行列，他认为配备手写笔和实体键盘的上网本才是未来的主流趋势。

乔布斯在短短 24 小时内收到了约 800 封电子邮件，其中大多数都是抱怨和指责——"没有这，没有那！这个功能缺失，那个功能不足"。然而，当 iPad 正式上市后，一切都变化了，市场反馈的热烈程度远远超出了所有人的预期。

二、雪中送炭与锦上添花

思考讨论

我们很容易区分雪中送炭和锦上添花的含义，那么，"雪中送炭"型产品与"锦上添花"型产品分别能为客户带来怎样的价值？尝试通过几个实例来详细阐述这两种产品的不同之处。

_____

_____

1. 需求中的双因素理论

双因素理论是由赫茨伯格提出的经典理论，最初是为了探讨工作满意度和工作动机。然而这一理论的深刻内涵和广泛适用性使其在其他领域也产生了重要影响，特别是在用户体验和产品设计方面，为我们分析和理解用户需求提供了一个全新的视角。

双因素理论的核心在于区分了两种因素：保健因素和激励因素。在提升用户体验方面，这两种因素可以被简单地理解为给客户带来了"小满意"和"小惊喜"。

"不是有了你更好，而是没有你不行。"保健因素就像是生活中的必需品，它们的存在可能并不会给我们带来多少特别的感受。然而，如果它们缺失或者不足，我们就会感到明显的不满。

在产品设计中，这些保健因素通常对应着产品的基本功能，以及稳定性、易用性和可靠性等核心要素。换句话说，这些都是用户期望一个产品应该具备的基础特性。没有这些特性，产品就无法满足用户的基本需求，从而导致用户的不满。

"不是没有你不行，而是有了你更好。"激励因素就像生活中的小惊喜，它们的存在能够给我们带来额外的满足感和愉悦感。

在产品设计中，激励因素通常与产品的附加功能、个性化定制、优秀的客户服务等相关联。当产品具备这些因素后，

6.2.4 文本
厨房中的激励因素
与保健因素

就能够有效激发用户的积极性和提升其满意度，使用户对产品的整体评价得到很好的提升。

2. 对卡诺模型的理解和应用

卡诺模型是由东京理科大学教授狩野纪昭提出的一种用户需求分类工具，其灵感源自双因素理论。这一模型挑战了传统观念，即增加功能或提升性能总是能提高用户满意度。

在卡诺模型中，用户需求被分为三个核心类别：魅力属性、期望属性和必备属性。这些属性描述了产品或服务对用户满意度的影响方式。

魅力属性是指那些超出用户期望的属性，当产品或服务具备这些属性时，会给用户带来惊喜和额外的满足感。然而，即使没有这些属性，用户也不会感到不满意。例如，一个购物网站提供个性化的购物体验或推荐，这超出了用户的基本期望，但如果没有这些功能，用户仍然可以使用网站进行购物。

6.2.5 文本

卡诺模型：伞的必备属性、期望属性与魅力属性

期望属性是用户认为产品或服务应该具备的属性。这些属性与用户的满意度直接相关。如果产品或服务具备这些属性，用户会感到满意；如果缺乏这些属性，用户会感到不满。例如，购物网站的页面加载速度、商品描述的准确性以及支付流程的便捷性等都是购物网站的期望属性。

必备属性是产品或服务必须具备的属性，缺乏这些属性会导致用户感到极度不满。这些属性是用户接受产品或服务的基本要求。例如，购物网站必须保证交易的安全性、用户数据的私密性以及网站的稳定性。如果这些基本需求得不到满足，用户将对该网站非常不满。

3. 用户体验中的痛点与爽点

双因素理论认为满意和不满意不是一种相互排斥的关系，也就是说，它们之间并不是非此即彼的关系，或者说不是二选一的关系。

在我们的日常用语中，我们往往容易把满意看作是不满意的对立状态。用户对于产品或服务的体验似乎只有两种可能：满意或不满意。缺乏满意似乎就意味着不满意，而没有不满意则似乎意味着满意。然而这种二元化的观点可能过于简化了。

为了更准确地理解和描述用户体验，我们引入了两个通俗的的词汇："痛点"和"爽点"。首先，我们要明确，没有痛感并不意味着就有爽感，没有不爽的感觉也并不代表没有痛感。换言之，不痛并不代表爽，不爽也不等于痛。

当用户在使用产品或服务时遇到困扰或不便时，这些"痛点"可能会导致他们对产品或服务产生不满和失望，从而影响他们的整体体验。而当用户在使用产品或服务时遇到超出他们预期的情况时，这些"爽点"可能会让他们感到满足和快乐，进而更愿意继续购买或使用该产品或服务。

在卡诺模型中，痛点和爽点与必备属性和魅力属性的关系可以按如下方式来理解。

具备魅力属性能够带来爽点，缺乏必备属性可能导致痛点。

具备必备属性不能带来爽点，缺乏魅力属性不会导致痛点。

6.2.6　视频
乔布斯眼中的痛点和爽点

三、借助用户故事分析需求

思考讨论

"解决痛"主要是指解决用户当前面临的问题或困扰；"带来爽"则是指提供超出用户期望的体验或享受。在你的生活中，有哪些经历让你感受到了"解决痛"的舒畅，又有哪些情形让你体会到了"带来爽"的愉悦？

_____

_____

1. 企业要讲四个用户故事

经营企业就是通过提供产品和服务，帮助用户达成目标。这一过程不仅体现了企业的价值，也塑造了用户与企业之间独特的故事。我们可以结合双因素理论和卡诺模型，将企业与用户之间的互动故事细分为四个篇章，如图6-2-1所示。

第一个故事讲述的是发现用户困扰、识别用户痛点的故事。在这个故事中，企业就像一位细心的观察者，时刻关注着用户的动态，努力去发现他们在使用产品或接受服务的过程中遇到的各种不便和难题。这些痛点可能是功能上的不足、使用上的不便，也可能是用户体验上的不佳。

6.2.7　文本
解决用户"痛点"，
带给用户"爽点"

第二个故事讲述的是探寻优化用户生活方式的故事，也是寻找并洞察用户爽点的故事。在这个故事中，企业不仅努力解决用户当前的问题，而且致力于深入剖析用户的潜在需求（爽点），探索如何进一步优化他们的生活方式。

第三个故事讲述的是排解用户困扰、消除用户痛点的故事。在这个故事中，企业以实际行动回应用户在第一个故事中发现的痛点。通过技术创新、流程优化、服务升级等手段，针对性地提出解决方案，并将其付诸实践。

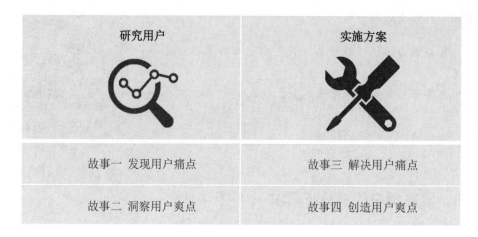

图 6-2-1　四个用户故事

第四个故事讲述的是提升用户生活质量、给予用户愉悦体验的故事。在这一个故事中，企业根据第二个故事中的发现，创造并优化超越用户预期的功能、产品和服务。这可能包括个性化的产品推荐、贴心的售后服务、丰富的用户活动等。

2. 用户故事中的痛点和爽点

在上一节中，我们详细探讨了企业经营过程与四个用户故事之间的紧密联系。本节中，我们继续剖析这四个用户故事的具体内涵，并分析它们与用户痛点和爽点的内在关联。

我们可以打一个不恰当的比喻：第一个故事描述的是"地狱"般的感受，第三个故事则是帮助你逃离这个"地狱"；第二个故事描绘的是"天堂"般的享受，第四个故事则是让你获得这种"天堂"般的享受。前两个故事主要描述用户的感受和状态，后两个故事则从用户视角来看待企业的产品。

因此，第三个故事所对应的是那些能够将你从"地狱"般体验中拯救出来的产品或服务。如果不使用这些产品或接受这些服务，你可能会感到"痛"。第四个故事所对应的是那些能够让你享受到"天堂"般体验的产品或服务。你一旦使用了这些产品或接受了这些服务，就能体验到"爽"。

6.2.8　视频
四个用户故事

简单来看，第一个故事聚焦于现在的痛点，比如你在雪中感觉很冷；第三个故事则让你摆脱现在的痛苦，犹如雪中送炭。第二个故事关注的是可能的爽点，是潜在的满足感和愉悦感；第四个故事则让你获得这种爽的体验，犹如锦上添花。

前两个故事关联的是商业机会的发现，后两个故事关联的是价值主张的实现；前两个故事展现的是对用户需求的洞见，后两个故事展现的是面对用户需求的解决方案；前两个故事讲述的是用户想要的和没想到的事物，后两个故事讲述的是给用户想要的和没想到的事物。

3. 两种价值：镇痛与舒爽

在提出产品价值主张时，我们可以结合双因素理论和卡诺模型，从两个核心角度出发：解决用户的痛点，给用户带来爽点。

（1）解决用户的痛点

价值主张一：我们的产品专注于解决用户在使用过程中的核心痛点，通过提供简单、高效且安全的解决方案，力求让您的工作和生活更加轻松。

在市场竞争中，众多产品都需要面对用户的各种痛点，如使用不便、功能缺失或用户体验欠佳等。深入挖掘和理解用户的真实需求和痛点，对企业而言至关重要。这不仅是产品开发的切入点，也是针对性地解决用户难题并满足他们需求的关键。

（2）给用户带来爽点

价值主张二：我们的产品不止于满足您的基本需求，更致力于通过创新的设计和个性化的功能，带给您前所未有的愉悦体验。

除了消除用户的痛点，企业还应追求为用户提供额外的愉悦体验，即产品的爽点。这种愉悦体验可以源于产品的易用、功能的强大或设计的精美等。当用户的期望和喜好得到满足时，企业不仅能吸引更多用户，还能有效提高市场占有率。

企业经营的核心在于不断创新，以满足用户不断变化的需求。而从用户的痛点和爽点两个角度出发，深入挖掘产品的价值，不仅为企业经营创新提供了明确的方向，也是提升用户体验、获得独特竞争优势的关键。

6.2.9 文本

智能手机的"痛"与"爽"

小组任务

讲述四个用户故事

1. 发掘用户痛点，讲述用户在使用产品或服务时遇到的问题。
2. 探索用户爽点，揭示产品或服务如何提升用户生活质量。
3. 讲述企业成功解决用户痛点的故事，展现改进效果。
4. 展现用户因所提供的产品或服务而实现更优质生活的情形。

要求故事真实反映用户声音与体验，紧扣项目主题。

任务三　认识价值主张画布

一、像产品经理一样思考

思考讨论

你灵感爆发，计划推出一项名为"时光胶囊"的创新服务。用户可以将个人重要记忆封存，选择在未来的某个时刻开启。你认为产品经理是做什么的？请你像产品经理一样思考，完成对"时光胶囊"的构思。

_____

_____

_____

1. 改变世界的产品经理

一听到"经理"二字，许多人脑海中便浮现出一个忙于管理团队、主持会议、制作报表等日常琐碎事务的形象。然而，有趣的是，众多企业巨头却更偏爱称自己为"产品经理"。

对于企业的掌舵人而言，如何称呼自己常常成为一个难题。称自己为企业家可能会给人一种过于"高大上"的印象，而称自己为老板又显得太俗气。至于商人这个称呼，听起来似乎有点"唯利是图"的味道。

乔布斯，苹果公司的创始人，被誉为苹果手机背后的创意推手；埃隆·马斯克，管理特斯拉、SpaceX 等众多企业的领航者；而雷军，无疑是小米手机取得辉煌成功的核心人物；还有张小龙，被誉为微信之父。这些业界的杰出领袖，都以产品经理的身份自居。

因此，"产品经理"这一称呼在某种程度上已经成为"改变世界"的代名词，它不仅仅是一个职位的标志，更是一种身份的象征。选择这样的称呼，一方面是因为产品经理确实是一个需要深入一线、亲身参与产品开发与优化的实干型岗位，这样的称呼彰显了他们"身先士卒"的精神。另一方面，产品经理这个称呼也蕴含着一种内在的、深刻改变世界的使命感，它代表着对产品品质的极致追求和对市场需求的敏锐洞察。正是这种精神与使命感，推动着他们不断前行，创造出改变世界的伟大产品。

6.3.1　视频
产品经理张小龙的思维转变

2. 产品经理眼中的痛与爽

在产品经理的视角中，痛点与爽点是产品设计的两大核心考量，它们直接关联用户的满意度和产品的市场竞争力。

（1）从痛点到爽点：产品设计之旅

产品经理深知，每一个产品设计的起点，都是对用户的深刻理解。洞察痛点与爽点，是产品经理打造出色产品的第一步。当产品能够解决用户的痛点，超出用户的预期，为他们带来前所未有的愉悦体验时，好产品就诞生了。从痛点出发，以爽点为归宿，这就是产品经理设计产品的基本思路。

（2）因人而异：动态捕捉痛爽点

产品经理明白，痛点和爽点并非一成不变，而是随着用户群体、市场环境以及技术发展的变化而不断变化。因此，他们需要时刻保持敏锐的市场触觉，动态捕捉用户的痛点和爽点。同时，不同的用户有不同的需求和期望。因此，产品经理在设计产品时，会充分考虑用户的个性化需求，力求为每一类用户打造出符合他们需求的产品。

（3）与时俱进：痛爽点的变迁与应对

社会在进步，科技在发展，用户的需求和期望也在不断变化。过去曾被认为是带来爽点的产品或服务，随着时间的推移可能会变为满足用户基本需求的事物。如果它们不能满足这一基本需求，就会带来痛点。因此，产品经理需要不断推陈出新，将曾经的爽点转化为产品的基础功能，同时发掘新的爽点，持续提升用户体验。

6.3.2 视频

穿越用户痛点的价值画布

3. 产品经理的价值主张术

产品经理，作为立志改变世界的先锋，深知每一个产品都有可能为人们的生活带来变革。因此，在提出价值主张时，他们不仅是产品功能和特性的守护者，更是用户需求和市场趋势的敏锐捕捉者。

价值主张，作为产品的灵魂，是连接产品与用户需求的桥梁。它不只是一个简单的陈述，更是产品经理对市场、用户、竞争环境的深刻理解的体现。那么，产品经理如何提出一个既有力又贴切的价值主张呢？

首先，产品经理需要通过用户研究洞察用户的痛点和爽点。他们需要了解用户在使用产品或接受服务过程中遇到的问题和困扰，同时还要理解用户在使用过程中获得的愉悦感受和期待获得的额外价值。

其次，产品经理会根据这些洞察来确定产品的核心价值，明确产品能够解决哪些用户痛点，并能提供哪些超越期待的爽点。他们将这些核心价值融入产品设计和服务中，以提升用户体验。

6.3.3 视频

产品经理：借助工具思考（以纸尿裤为例）

再次，产品经理会将产品的核心价值转化为简洁明了的价值主张。这个主张能够准确地传达产品的主要优势，帮助用户理解产品的价值，并引导用户作出购买决策。

最后，产品经理会持续验证和优化价值主张，确保其始终与市场和用户的实际需求保持一致。他们会密切关注用户反馈和市场动态，及时调整价值主张，以保持产品的竞争力。

二、价值主张画布的逻辑

思考讨论

想象一下，你脑海中突然闪现了一个绝妙的商业点子。然而，要将这个点子转化为具体的产品和服务，并真正转化为客户需要的价值，以及一个能够清晰传达这些价值的主张，你需要考虑哪些要素？

1. 经营一家在线零食店

在企业经营创新中，构思并提出强有力的价值主张是一项艰巨的任务。对此，我们可以从产品经理的思维方式中汲取智慧。产品经理的思维方式往往遵循以下核心原则——"以用户为中心，追求价值创新"。

首先，"以用户为中心"意味着我们需要深入了解我们的目标用户。这包括研究他们的行为模式、偏好、需求以及在使用产品或接受服务时可能遇到的痛点。通过用户场景分析，我们可以更准确地识别这些问题，并发现那些能够为用户带来愉悦体验的爽点。

接下来，"追求价值创新"要求我们根据发现的痛点和爽点寻找创新的突破口。这可能涉及新产品的开发、现有产品的改进或服务模式的创新。其关键在于，我们的创新必须能够为用户提供实实在在的价值，解决他们的痛点并给他们带来爽点。

6.3.4 文本
背景介绍：经营一家在线零食店

从理论到实践的转化往往充满挑战。尽管我们可能理解产品经理如何围绕用户进行价值创新，但在实际操作中常常感到无从下手。这主要是因为具体情况都有其独特性，而理论只能提供一般性的指导。

为了更有效地应用产品经理的思维方式，我们需要通过具体的案例来实践一下。例如，针对"如何经营一家在线零食店"这一问题，我们可以借助产品经理的思维方式来构建一个可视化的实用工具。这个工具将帮助我们系统地思考并制定有效的经营策略。

在继续探讨如何经营一家在线零食店的主题时，我们将聚焦于产品经理的角色和实践策略。下一节，我们将呈现一位产品经理假设自己经营西米网的思想实验及相关分析。

2. 从痛点出发，创新体验

"从痛点出发"是产品经理开展工作的主要出发点。在上面的实例中，产品经理对办公室女性这一用户群体作了精确洞察，识别出她们在吃零食的过程中遇到的关键痛点。这些痛点包括处理垃圾不便、手部难以清洁、大包装不易携带和保存，以及口味选择单一等。

为了解决这些痛点，产品经理运用创新思维，提出了一系列切实可行的解决方案。例如，设计"迷你垃圾筐"以解决垃圾处理难题，附赠湿纸巾以满足吃零食时的清洁需求，调整零食的标价方式和封装规格以适应用户的食用习惯，同时推出混合口味包装以满足用户对口味的多样化需求。

在"创新体验"层面，产品经理通过精心设计，为消费者创造了一种全新的零食食用体验。这种体验不仅切实解决了用户在实际食用过程中的困扰，更在细节处为用户带来了意想不到的便利和愉悦。例如，专门设计的小钳子使剥开坚果类零食变得轻而易举，且不伤果仁。这种细致入微的关怀让用户在品味美食的同时，感受到了品牌的温暖与用心。

此外，为了进一步提升用户的购买体验和忠诚度，产品经理还采用了富有策略性的营销手段，如赠送试吃装、搭配使用代金券和VIP折扣卡等。这些举措不仅有效提升了客单价和客户满意度，而且在潜移默化中塑造了品牌独特的价值观。

6.3.5 文本
如果我来操盘西米网

3. 整理、提炼并可视化

在实例分析"如果我来操盘西米网"中，我们详细探讨了某产品经理关于"如何经营一家在线零食店"的独到见解和创新策略。其始终聚焦于办公室内的零食消费群体，通过精心设计的解决方案，为用户创造更多价值和卓越体验。

在构建价值主张的过程中，产品经理始终遵循"以用户为中心，追求价值创新"的原则，确保所推出的产品不仅能精准满足用户需求，而且能为他们带来实实在在的价值和益处。

通过整理和提炼，我们可以看到产品经理是如何提出价值主张的。这一过程可以归结为三个主要方面：一是深入洞察和理解用户目标，二是基于具体场景考虑用户的痛爽点，三是明确提出如何有效满足这些需求的策略和方法。这三方面相辅相成，共同构成了产品经理在提出价值主张时的核心思考框架。

如果将产品经理的思考过程系统化、提取关键词并进行可视化，可以形成一种强大的工具——价值主张画布。这种画布工具不仅能够帮助企业更加清晰地理解其目标用户的需求，还

6.3.6 文本
"如果我来操盘西米网"的思考过程提炼和总结

能够指导企业通过创新的产品和服务来满足这些需求,从而在市场中形成独特的价值定位。

三、价值主张画布的构成

思考讨论

想象一下,你推出了一款名为"梦境录音师"的创新产品服务。这款产品可以在用户睡觉时记录并分析他们的梦境,然后在清晨通过一个定制化的音频故事来复述用户的梦境内容。请你基于这个创意产品,结合价值主张画布完成构思。

_____
_____
_____

如图 6-3-1 所示,价值主张画布由一圆一方两个部分组成。右侧圆形部分专注于探究用户需求,而左侧方形部分则致力于提出满足这些需求的具体方案。

图 6-3-1 价值主张画布

在右侧部分,围绕用户需求展开了三个关键要素的研究:待办任务、用户痛点以及用户爽点。左侧部分则与右侧部分相对应,提供了三个核心要素来满足这些需求:产品服务、解决痛点和制造爽点。

1. 待办任务-产品服务

在价值主张画布中,"待办任务-产品服务"这一对应关系构成了我们思考和设计产品或服务的基础框架。通过运用待办任务思维,我们能够更精准地理解和满足用户的需求,进而推动用户目标的实现。

从用户故事的角度审视,待办任务实质上定义了用户故事的主线。它具体展现了用户渴望完成的任务或达成的目标，这个任务是用户内心深处"需要完成的任务"，是他们"雇用"商品和服务的根本原因。

举例来说，当用户考虑购买汽车时，他的待办任务可能是"提高出行效率"或"提升社会地位"。对这些待办任务的深入理解和分析，对于我们设计出真正契合用户需求的产品或服务来说至关重要。

产品服务是实现用户目标的方法或手段。然而，需要明确的是，产品服务本身并不直接创造价值。只有当用户为达成其待办任务而选择使用这些产品服务时，产品服务的真正价值才能得到体现。

因此，在构建价值主张时，我们必须紧密围绕用户的待办任务来设计产品服务，以确保所提供的产品服务能够精准满足用户的实际需求与期望。还是以汽车为例，如果用户的待办任务是"提高出行效率"，那么产品服务可能包括设计一款油耗低、维护成本低、驾驶体验舒适的汽车。

6.3.7　文本

待办任务对应产品服务

2. 用户痛点-解决痛点

在价值主张画布中，"用户痛点-解决痛点"构成了另一组核心对应关系。从用户故事的角度出发，企业不仅要善于"捕捉用户烦恼的故事"，还要能够规划"解决用户烦恼的故事"。这一过程，实质上就是从问题发现到问题解决的循环。

首先，"捕捉用户烦恼的故事"是企业深入洞察用户需求的开始。企业需要精准地识别并理解用户的痛点，这些痛点可能源自产品功能的缺失、操作的复杂、性能的不稳定，或服务品质的不足、响应速度的迟缓等。对用户痛点的准确把握，是企业进行针对性改进与优化的关键前提。

接下来，"解决用户烦恼的故事"则要求企业在识别痛点后，采取有效的应对措施，这包括利用创新技术、优化运营流程、提升服务质量等多种方式。这一过程不仅是为了响应用户的需求，更是为了全面提升用户体验，进而巩固用户忠诚度并积累良好的市场口碑。

值得注意的是，解决用户痛点并非一次性任务，而是一个需要持续投入和关注的动态过程。随着市场环境的不断演变和用户需求的持续升级，新的痛点可能会随之浮现。因此，建立长期的跟踪与评估机制，定期审视产品和服务的实际表现，及时发现并解决新出现的用户痛点，对于企业的长远发展至关重要。

6.3.8　文本

用户痛点对应解决痛点

3. 用户爽点-制造爽点

在价值主张画布中，"用户爽点-制造爽点"这一对应关系揭示了用户体验的深层次需求。从用户故事的角度出发，企业需要关注两个层面："挖掘用户追求更好生活的故事"与"制造让用户享受更好生活的故事"。

"爽点"是用户在使用产品或服务时体验到的愉悦感、满足感与成就感，它超越了基本的任务完成和痛点解决层次，为用户带来了额外的、深层次的体验。这些爽点往往与用户对更高生活品质的渴望以及对常规想法的超越紧密相连。

"挖掘用户追求更好生活的故事"是理解用户深层次需求的关键。这需要我们深入探索用户的内心世界，洞察他们的生活方式、价值观及兴趣爱好，从而揭示他们追求更美好生活的内在动力和愿景。

6.3.9　文本
用户爽点对应制造爽点

而"制造让用户享受更好生活的故事"则是我们回应这些深层次需求的实践。通过创新的产品功能、卓越的服务体验以及个性化的解决方案，为用户打造超越期待的产品或服务，让他们在使用过程中真切感受到生活品质的提升和内心的满足。

这一过程要求企业不仅要有对用户需求的深刻洞察，更要能够超越用户的表面需求，捕捉到他们内心的真实渴望。更为关键的是，企业需要将这些需求和渴望转化为具体的产品或服务特性。这要求企业必须具备创新能力，能够持续推出新颖、有趣且实用的产品或服务。

小组任务

"我来经营……"项目痛点与爽点分析

针对"我来经营……"项目，分析用户的痛点与爽点。
1. 针对识别出的用户痛点，构思出切实可行的解决方案。
2. 精心设计一系列能够触动用户爽点的产品或服务特性。

任务四　完成价值主张画布

一、从用户目标和故事切入

思考讨论

完成价值主张设计的核心在于深入了解用户的生活方式。我们应该如何定义并理解

"生活方式"这一概念？有哪些具体的方法或工具可以帮助我们更全面地分析用户的生活方式？

_____

_____

1. 结合待办任务思维

在应用价值主张画布时，"待办任务-产品服务"这一对应关系是整个用户故事的核心。该关系清晰地展示了企业如何通过其产品或服务来满足用户的特定需求，并揭示了实现这些需求的各种路径。以此关系为基础，我们可以将用户需求与企业服务细分为四个核心部分，并为每一部分构思一个相关的用户故事。

现在，我们假设要为一家提供在线订餐服务的企业设计价值主张。为了实现这一目标，我们首先需要深入了解用户的真实生活场景，从而精确地识别出他们的核心需求，即待办任务。基于这些洞察，我们可以创作一个用户故事，展示该服务是如何自然地融入用户的日常生活中的。最终，我们将从这些故事中提炼出企业的核心价值主张。

用户情境：在快节奏的工作环境中，许多上班族发现自己在午餐时间难以离开办公室。

待办任务：这些用户急需一种解决方案，能够让他们在不离开办公室的情况下，迅速订购并接收到一份健康的午餐。

用户故事：一位忙碌的上班族在午餐时间打开了您的在线订餐应用，浏览了多种健康餐品选项，快速下单，并在30分钟内收到了热腾腾的午餐。

价值主张：为忙碌的上班族提供便捷、快速的在线订餐体验，让您在办公室就能享受到健康美味的午餐。

6.4.1 视频
运用价值主张画布
提出创新解决方案：
外干内湿的猫粮

2. 思考四个用户故事

人是故事动物，企业要讲四个用户故事。这些故事可以通过价值主张画布得到有效呈现，从而清晰传达企业所能提供的独特价值。从这个视角出发，商业的本质在于解决用户的烦恼并助力他们实现美好生活。为了达成这一目标，企业需要敏锐地捕捉用户的烦恼所在，随后深入挖掘用户追求提升的具体方面。

上述故事与价值主张画布的关系，如图6-4-1所示。

"待办任务-产品服务"这一对应关系为我们提供了故事的核心主题，并指明了企业应该讲述哪些类型的故事。具体而言，这四个相互关联的用户故事分别聚焦于以下方面。

6.4.2 视频
舞动价值画布：
几个应用例子

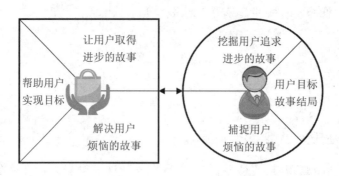

图 6-4-1　价值主张画布与四个用户故事

捕捉用户烦恼（痛点）的故事，发现用户痛点的故事。
挖掘用户追求更好生活的故事，寻找用户爽点的故事。
解决用户烦恼（痛点）的故事，消除用户痛点的故事。
制造让用户享受更好生活的故事，带给用户爽点的故事。

这四个用户故事分别关注用户的烦恼、追求、解决方案和生活进步四个方面。通过讲述这些故事，企业能够全面而深入地理解用户需求和市场机会，进而提供有价值的产品或服务，实现商业成功。

3. 画布中的痛爽点

在完成价值主张画布的过程中，我们需要详细描绘四个用户故事，并在图中填入用户的痛点与爽点。消除痛点并不等同于创造爽点，然而在实际应用中，情况往往更为复杂。

以口渴为例，当你口渴难耐时，这就展现了一个明显的痛点。此时，如果你痛痛快快地喝下一大口水，就很有可能产生爽感。或许你会由此得出结论：消除痛点会带来爽感。然而，情况并不总是如此。

设想一下，如果你在口渴难耐时仅仅抿了一小口水，虽然能稍微缓解口渴，但这并不足以给你带来"爽"的感觉。这似乎暗示着，爽点的产生与需求的充分满足有关，但事实又并非如此简单。

6.4.3　视频
详解价值画布中的痛爽点

再考虑另一种情况，你口渴难耐时，喝了一大口水，却仍然觉得口渴。在这种情况下，尽管口渴的痛点仍然存在，然而你感觉到了爽。反之，如果你持续小口喝水，直到口渴完全消失，那么在这个过程中，虽然痛点被逐渐消除，但爽感并不一定会伴随产生。

更重要的是，同一事物对某些人来说可能是一个"小惊喜"，但另一些人可能对此毫无触动，甚至对某些人来说，反而成了"小惊吓"。这种差异性的存在提醒我们，用户体验并非一成不变，而是随着个体和情境的不同而有所变化。因此，在使用价值主张画布时，我们必须保持高度的灵活性和开放的心态。

二、打造完美产品的履历

思考讨论

你如何利用价值主张画布来提出一个强有力的价值主张，并据此规划打造"完美"产品的路径？在这个路径中，你的起点和终点分别是什么？

_____

_____

1. 完成画布的步骤

价值主张画布有助于我们构建"完美产品履历"。虽然它没有固定的步骤，但我们可以设定一个大致的方向，以便迅速地掌握这个工具的使用方法。以下是完成价值主张画布的具体步骤。

步骤一：确定目标客户群体。

明确你的产品或服务主要面向哪些客户。用户画像是一个有力的工具，它能帮助你更加清晰地描绘出你的目标客户。

步骤二：明确用户的待办任务。

识别和理解你的目标客户试图完成的核心任务或实现的核心目标。这通常需要深入了解他们在日常生活、工作或娱乐中遇到的问题和挑战。

步骤三：挖掘用户故事。

收集或构建关于目标客户如何与你的产品或服务互动的具体故事。这些故事应该包括用户的情境以及他们对解决方案的期望。

步骤四：识别痛点和爽点。

从用户故事中提炼出主要的痛点和爽点。痛点是用户在完成任务时遇到的问题或障碍，而爽点则是使用产品或服务时能够给用户带来愉悦的地方。

步骤五：解决痛点，创造爽点。

基于步骤四中识别出的痛点和爽点，提出具体的解决方案。这些解决方案应该直接针对用户的痛点，并努力创造更好的爽点。

步骤六：确定产品服务。

根据前面步骤的分析，明确将提供怎样的产品或服务来满足用户的需求，包括确定产品的核心功能、附加服务以及任何能够增强用户体验的元素。

6.4.4 文本
智能家居安全系统
价值主张画布完成步骤

2. 在线零食店的画布

"君子不器,不为物役",这句话提醒我们,工具要为我们所用,而不应束缚我们的思想。在实际情形中,如何使用这些工具因人而异,就像乒乓球拍是打乒乓球的工具一样,不同的人可能有不同的使用习惯和方式。接下来,我们将结合先前提供的案例"如果我来操盘西米网",进一步探讨如何完成价值主张画布。

(1) 建立用户画像

目标用户主要是追求新鲜零食体验、喜欢品味美食、注重健康饮食并希望享受便捷服务的办公室白领。

(2) 描述用户故事

用户在工作或学习中需要美味、方便、健康的零食,并希望零食具有额外功能,如提供营养、缓解压力等。

6.4.5 文本
如何完成"如果我来操盘西米网"价值主张画布

(3) 准备画布

准备一张白纸,作为我们的价值设计画布,用以直观地展现我们的价值主张。

(4) 头脑风暴

围绕画布需要填充的内容,进行头脑风暴,激发创新思维。

(5) 完成价值设计画布

在用户视角与企业视角之间来回切换,记录缓解痛点、创造爽点和优化产品服务的方案设计,并最终完成价值主张画布,如图 6-4-2 所示。

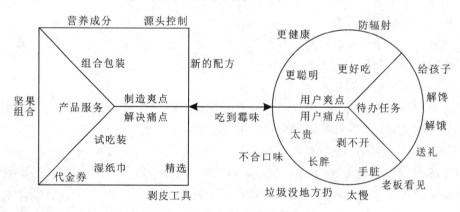

图 6-4-2 办公室零食价值主张画布

3. 百草味产品的画布

本节我们将继续围绕网上卖零食这一主题,探讨百草味系列产品的价值主张,以此揭示价值主张画布在企业经营创新中的实际应用。我们将基于用户目标任务理论,结合具体的用户画像和场景故事,来展示如何驱动产品创新。

（1）系列产品："匆匆辣年"辣条

用户画像：辣条爱好者。

用户目标：食用干净卫生的美味辣条。

痛爽点：卫生与情感。

产品服务：针对卫生和品质需求，设计出"匆匆辣年"辣条，满足用户情感需求。

（2）系列产品：每日坚果混合果仁

用户画像：事业与家庭并重的妈妈。

用户目标：希望在忙碌中为孩子提供营养均衡的早餐。

痛爽点：忙碌与营养。

产品服务：提供食用便捷、质地健康的混合果仁，满足孩子的营养需求。

（3）系列产品：年货系列

用户画像：春节回家的年轻人。

用户目标：在春节期间选购符合自身口味与具有品质的年货零食。

痛爽点：不会选与年味儿。

产品服务：推出多种年货礼盒，融合传统与现代，满足节日需求。

针对百草味的系列产品，我们可以为每一类产品分别绘制一张价值主张画布。这样做的好处是能够更精确地定位每款产品的目标用户、痛点和爽点等，从而制定更具针对性的产品方案和市场策略。

6.4.6 文本
详细讲解百草味

三、价值主张画布的作用

思考讨论

你认为"以用户为中心"仅仅是一句口号么？如果你认为"以用户为中心"不是一句口号，那么在实际操作中应如何具体实现这一理念？有哪些方法和工具可以帮助我们更好地实践"以用户为中心"的理念？

1. 打通企业经营的"任督二脉"

在企业经营活动中，产品服务与客户需求是两大不可或缺的基石。产品服务的质量、创新性及实用性，直接关系到企业在市场中的竞争优势和地位。同时，深入了解目标客户的需求与偏好，可以为企业指明清晰的市场方向。

6.4.7 文本
应用价值主张画布
构思创新枕头

因此，将产品服务与客户需求紧密结合，是企业取得成功的关键。这个过程可以被形象地比喻为打通企业经营的"任督二脉"，这将使整个企业经营过程更加流畅、高效。为实现这一目标，企业需要找到一种有效的方法来识别和连接用户需求与产品服务。

价值主张画布就是这样一种工具，它可以帮助企业识别和连接用户需求与产品服务。通过价值主张画布，企业可以更加深入地理解用户的真实需求，并将这些需求有效地转化为产品或服务的具体特性，最终构建出独特且吸引人的价值主张。

以枕头产品为例，有用户表示："我想要一个舒适的枕头，以帮助我更好地休息和睡眠。"基于价值主张画布，企业可以回应："我能给您提供一个记忆棉枕头，它可以根据您的头部和颈部形状进行自适应调整，为您提供更好的支撑和舒适度。"

这样的回应不仅直接满足了用户的需求，还在无形中加强了企业与用户之间的联系。通过为用户提供贴心、个性化的产品解决方案，企业就可以为自身的长远发展奠定坚实的基础。

2. 实现以用户为中心

价值主张画布的核心作用，在于引导企业将关注的焦点从内部的产品或服务特性，向外部的用户需求和体验进行转变。这一转变象征着企业经营思维的升级，即从传统的"我们能提供什么"的产品中心思维，逐步迁移到"用户真正需要什么"的用户中心思维。

借助价值主张画布，企业得以系统地收集并分析用户的反馈，从而深入洞察他们的需求和期望，以及在现有产品或服务中遭遇的痛点，还有那些可能带来极致体验的爽点。这种深入的用户洞察，为企业提供了宝贵的决策依据，将指导企业在产品设计、功能研发、服务供给等各个环节作出更加贴合用户需求的明智选择。

6.4.8 文本
智能健身镜——
价值主张画布应用

以用户为中心的价值主张，不仅要求企业充分满足用户的基本需求，而且要求企业在用户体验层面追求极致。这意味着企业须持续优化产品或服务的方方面面，包括但不限于易用性、可靠性、性能以及外观设计等，以确保用户在使用全程中都能获得愉悦与满足。

当企业真正将用户置于经营活动的中心位置时，用户的满意度和忠诚度自然会显著提升，因为用户能深切感受到企业的关怀，体会到企业在为满足他们的需求而不懈努力。这种以用户为中心的经营哲学，不仅能帮助企业在激烈的市场竞争中脱颖而出，更能为企业带来长久的业务增长和口碑传播，实现企业的可持续发展。

3. 提出创新解决方案

价值主张画布不仅是一个分析工具，更是一种助力企业或团队提出创新解决方案的得力助手。它提供了一种结构化的方法来识别和验证商业机会，从而更精准地把握市场趋势和用户需求。

价值主张画布的力量在于其能够透视到传统方法可能未曾触及的本质问题，从而揭示出隐藏的商业机会和创新空间。它帮助企业从用户的角度出发，深入了解他们的期望、需求和面临的挑战。在这一过程中，企业可以发现用户在日常使用中遇到的问题，以及他们对更优质体验的追求。这种深刻的用户洞察，为企业创造性地提出解决方案提供了稳固的基石。

有了对用户需求的深入了解，企业就可以开始构思如何以创新的方式满足这些需求。价值主张画布鼓励企业打破常规，挑战现有的解决方案，以寻求更有效的方法来解决用户的问题。这种思维可以帮助企业开发出更具吸引力的产品或服务。

借助价值主张画布的引导，我们可以更加明确地定义我们的价值主张，即我们希望通过产品或服务为用户提供什么独特价值。这一明确的价值主张将成为创新解决方案的核心，指导我们在设计、开发和推广过程中始终保持对用户需求的关注。

6.4.9 视频
旅行减脂两不误

小组任务

完成"我来经营……"项目价值主张画布

"我来经营……"项目接下来的任务是完善价值主张画布。请你们在价值主张画布中细致地填入各项内容。填入的每一项内容，都需要进行相应的解释。这一过程中需要进行讨论，以保证价值主张画布各要素是清晰和合理的。

Project

04

项目四

"我来经营……" 用户体验过程分析

情境七　用户体验过程感受
情境八　用户故事地图

企业经营创新地图				
项目一	项目二	项目三	**项目四**	项目五
启程： 项目主题选择	探索： 市场用户分析	创新： 价值主张设计	**实践： 用户体验过程分析**	整合： 商业模式设计

主题

"我来经营……"用户体验过程分析

目标

全面理解用户体验，掌握链式思维以系统地分析和优化用户体验，学会运用峰终定律提升用户满意度，借助用户故事地图工具进行可视化分析，最终能够针对个人项目开展用户体验研究，并提出有效的改进方案。

内容

在项目三中，我们借助价值主张画布，确定了我们的产品和服务。接下来，我们将运用链式思维来全面分析用户使用产品或接受服务时的体验和感受。通过这一分析，我们期望能够进一步优化用户体验，在激烈的市场竞争中赢得优势。

（1）**全面分析用户体验**。审视"用户体验链"各个环节，兼顾整体和细节，"点""链"结合分析用户体验。

（2）**时间旅行思想实验**。构思用户使用产品的完整场景，运用想象力和创造力，预见并解决用户体验问题。

（3）**提升体验方法策略**。拆解体验流程，优化触点，创造让用户无法离开的体验，运用峰终定律提升用户满意度。

（4）**以地图描述用户体验**。人类是故事动物，可以通过地图认知世界，用故事地图呈现用户使用产品的全过程及其感受。

（5）**绘制用户故事地图**。描绘用户使用产品的体验，包括他们的期望、行为、想法和情绪等，提出优化体验的方案。

情境七

用户体验过程感受

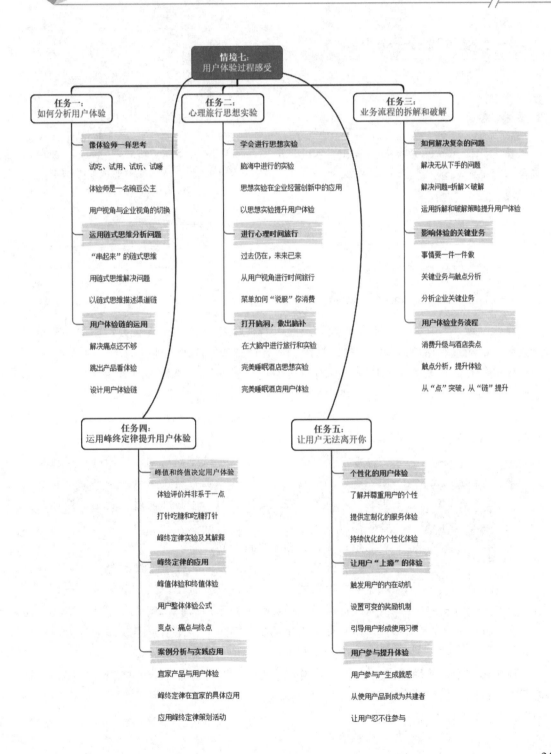

任务一　如何分析用户体验

一、像体验师一样思考

思考讨论

体验师的日常似乎就是：试吃、试用、试玩、试睡。体验师如何通过"试"，提供有价值的信息和建议？如果你想要成为一名体验师，你觉得自己需要培养和具备哪些特质和能力？

_____

_____

1. 试吃、试用、试玩、试睡

体验师或体验官是一种新兴职业，通过亲身使用和体验产品或服务，评估和改进产品或服务的质量和用户体验。试吃、试用、试玩、试睡等活动是他们的工作内容之一。

体验师在产品试用和评测方面具有重要作用。他们体验各种不同类型的产品，包括美妆、日用品、零食等，并真实描述产品的特性和试用感受，包括产品的外观、质地、气味、使用效果等。同时，他们关注产品的易用性和安全性，以及使用过程中可能遇到的问题和解决方案。

7.1.1　文本
某体验师在在线购物平台购物的体验感受

通过试吃、试用、试玩、试睡等活动，体验师得以更深入地了解产品的特点，从而为消费者提供更合理的产品推荐和购买建议。例如，在试吃零食时，体验师通过感受不同产品的口感和味道，了解这些产品的营养成分和热量等，为消费者提供更健康、更营养的零食选择建议。

体验师还可以为产品开发团队提供反馈和建议。他们将试用过程中发现的问题和改进点及时反馈给产品开发团队，帮助他们改进产品和服务，提升用户体验。例如，在试用美妆产品时，体验师会提供关于产品质地、使用效果和肤感等方面的反馈，帮助企业改善产品质量和优化用户体验。

体验师在亲身使用和体验产品或服务的过程中，需要具备专业的知识和技能，能够客观、准确地评估产品和服务的质量和用户体验。

2. 体验师是一名豌豆公主

"豌豆公主"可以隔着厚厚的 20 层褥子感受到三颗豌豆的存在。体验师应该像"豌豆公主"一样,具备超出常人的敏感性和洞察力。

试吃、试用、试玩、试睡这些看似简单的活动,对于用户体验师来说,却是一个全面而深入的探索过程。他们没有停留在表面的感受和体验上,而是通过这些试用活动,挖掘产品深层次的优点和不足,从而为消费者提供更精准、更有价值的反馈。

我们在"从豌豆公主做起"一节中提及:知识=体验×敏感度。知识与体验、敏感度之间存在着紧密的联系。

以试吃新食品为例,体验师不仅会描述食品的口感、味道、香气等直观感受,还会深入分析产生这些感受背后的原因,比如食材的新鲜程度、烹饪工艺的精细度、调味品的搭配等。他们的味觉和嗅觉敏感度远超常人,能够准确捕捉到食品中的每一个细微元素,从而为消费者提供详尽而实用的购买建议。

7.1.2 视频

豌豆公主的敏锐感知

在试用新化妆品时,体验师会仔细观察产品的质地、色泽、气味等特征,同时亲身体验产品的使用效果。他们不仅关注产品能够带来的美容效果,而且重视产品的安全性、持久性以及是否适合各种肤质。通过深入的分析和严谨的测评,他们能够为消费者筛选出真正安全、有效、适合自己的化妆品。

3. 用户视角与企业视角的切换

体验师需要了解消费者的需求和偏好,以便为消费者提供更合理的产品推荐和购买建议。同时,他们也需要了解市场趋势,以便为企业提供有价值的建议和反馈。

菲茨杰拉德有一句名言:同时葆有全然相反的两种观念,还能正常行事,是第一流智慧的标志。用户视角和企业视角尽管并不矛盾,但在实际的产品设计或服务过程中,它们往往存在一定的冲突。用户视角关注的是用户的需求和体验,而企业视角则更注重企业的商业目标和利益。

体验师的核心能力在于能够灵活地在用户视角和企业视角之间进行转换。从用户视角去感受产品,从企业视角去理解用户;从用户视角去识别问题,从企业视角去解决这些问题。其目的是提供更优质的用户体验和有效地实现企业目标。

7.1.3 文本

某体验师在用户视角与企业视角间的来回切换

微信之父张小龙在一次分享中提到,乔布斯之所以厉害,在于他能够随时切换成"傻瓜模式"。这里的傻瓜指的是"用户",他们并不清楚产品的技术、制造过程或业务逻辑。相反,他们只关心产品是否易于使用、是否能够满足他们的需求并带来良好的体验。

对于体验师来说,切换成"傻瓜模式"可以帮助他们更好地了解用户需求和体验,发现产品或服务所存在的问题和改进空间。同时,这种"傻瓜模式"还可以帮助他们真正理解用户的反馈和建议,并将这些反馈和建议转化为实际的产品或服务改进措施。

二、运用链式思维分析问题

思考讨论

① 商业世界中有很多"链",如产业链、价值链和供应链等。你认为链式思维的核心是什么?② 除了产业链、价值链和供应链外,请你创新性地提出另外两种"链",并解释它们的潜在作用。

1. "串起来"的链式思维

在商业世界中,各种"链",如产业链、价值链、供应链,构成了我们理解和分析商业活动的基础框架。这些"链"不仅揭示了商业活动的复杂性和相互关联,还引导我们形成一种特殊的思维方式——链式思维。

产业链就像一串珍珠项链,其中的每一颗珍珠都代表着产业中的一个环节。从原材料的开采与加工,到中间产品的制造,再到最终产品的生产与销售,这些环节紧密相连,共同构成了一个完整的产业流程。比如汽车产业链,从零部件制造到整车组装,再到销售服务,缺少任何一环都无法向用户交付完整的汽车产品。

7.1.4 文本

链式思维:构建从创意到商业化的"创造链"

价值链则像是魔法棒,它点石成金,让每一个环节都产生价值增长。企业在创造价值的过程中,形成了一系列相互关联但又各不相同的价值活动。比如一款手机,从设计到生产再到销售,每一个环节都为其增加了价值,最终呈现在消费者面前的是一款功能齐全、外观精美的产品。

供应链则像是一条输送带,它确保原材料、零部件和最终产品能够在正确的时间、正确的地点以正确的数量出现。供应链管理的目标就是优化这条输送带,使得物流、信息流和资金流能够更加高效、顺畅地流动。比如,当你在网上下单购买一件商品时,供应链就确保这件商品能够从仓库里被迅速拣选、打包并发货,最终送达你的手中。

2. 用链式思维解决问题

当我们听到某一个概念，并在这个概念之后加一个"链"字时，我们的脑海中会浮现出不同的想法。比如"价值"和"价值链"，一个简单的"链"字，就能引发我们对原有概念更深层次的思考和理解。

链式思维，是指像链条一样一环扣一环的思维方式。这种思维方式能够引导我们深入探索问题的各个环节，厘清它们之间的逻辑关系。

在面对复杂问题时，链式思维提供了一种全局视角。复杂问题往往涉及多个相互关联的因素和环节，这些因素和环节可能相互交织、相互影响，使得问题难以一眼看清。而链式思维通过将问题拆解成一系列相互关联的环节，构建出一个清晰的逻辑链条，从而帮助我们全面、系统地理解问题的本质和结构。

链式思维的全局视角体现在它能够将整个问题看作一个整体，而不只是关注某个局部或片段。这种全局性的思考方式使我们得以洞察问题的全貌，发现各个环节之间的联系和相互影响，避免陷入片面的思考。

7.1.5　视频
电风扇吹空香皂盒？
链式思维的解决之道

同时，链式思维也提供了一种有效的解决方法。通过将问题拆解成多个环节，我们可以逐个解决各环节存在的问题。这种方法不仅降低了问题的复杂度，还使得解决方案更加具体、可行。此外，链式思维还强调环节之间的关联性和逻辑性，这有助于我们发现潜在的问题和风险，从而提前进行预防和应对。

3. 以链式思维描述渠道链

渠道，原意是指水流的通道，比如水渠、沟渠。在商业领域，渠道被引申为商品的流通路线。简单来说，就是商品从生产者手里，经过一些中间环节，最终到达消费者手中的过程。

链式思维为我们提供了一个深入的视角来审视和理解渠道，也就出现了"渠道链"这一概念。既然是链条，它就由多个相互关联、相互依赖的环节组成。每个环节在渠道链中都扮演着特定的角色，这些角色相互补充、相互支持，共同构成了一个完整、高效的渠道链条。

这种思维方式有助于我们更全面地理解渠道链的运作机制，发现潜在的瓶颈和问题，并能够制定相应的策略来优化整个链条的性能。通过加强环节之间的协同和整合，我们可以提高渠道链的效率，为消费者提供更好的产品和服务体验，从而实现企业的市场目标和盈利增长。

7.1.6　视频
在"爱情链"中寻找机会

渠道链从消费者初次接触产品或服务开始，一直延伸到用户使用产品并享受售后服务的整个过程。用户使用产品前需要购买，购买之前需要进行认可，认可之前需要进行评估。而只有对某个产品或服务有了一定的认知，才能对其进行评估。不难看出，"渠道链"由五个环节构成，分别是认知、评估、购买、传递和售后。每个环节都对整体的渠道效率和消费者体验产生了重要影响。

三、用户体验链的运用

思考讨论

请详细描述一次你去餐厅的用餐经历和体验感受，包括以下阶段：选择餐厅的原因，对餐厅环境和氛围的第一印象，点餐和结账过程，食物的质量和口感，餐厅的卫生情况，以及整个用餐体验中你满意和不满意的地方。

_____

_____

7.1.7 视频
治疗跌打损伤的药油：解决一个痛点，带来多个痛点

1. 解决痛点还不够

人们常说，痛点是机会，解决痛点能够成就产品。确实，很多成功的产品都是通过精准地解决用户痛点而脱颖而出的。然而，让人困惑的是，有时候企业明明推出了解决痛点的"好"产品，市场反应却不如预期，即所谓的"叫好不叫座"。

在这种情况下，简单地将其归咎于营销不足可能是草率的。事实上，"叫好"已经说明产品在某种程度上得到了用户的认可。那么，为什么这样的产品仍然无法在市场上获得广泛的接受呢？

如图 7-1-1 所示，这是因为解决用户痛点往往是从"点"入手，但当我们从"链"的角度来看待用户体验时，就会发现用户体验链中的各个环节是相互关联、相互影响的。这意味着，仅仅解决一个痛点可能不足以全面提升用户体验，甚至可能在解决一个痛点的同时，不小心带来了新的痛点。

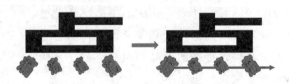

图 7-1-1 从痛点到"痛点链"

例如，一个电商平台存在的痛点是支付流程过于复杂，这导致许多用户在支付环节就放弃了购买。为了解决这个问题，平台简化了支付流程。然而，如果简化后的支付流程没有足够的安全性，那么就可能产生新的痛点——交易安全问题。

从链式思维的角度来看，解决用户痛点时，需要全面考虑用户体验链上的各个环节。这不仅包括需要直接解决问题的环节，还包括可能受到影响的上下游环节。通过综合考虑各个环节的相互影响，可以避免在解决现有痛点的同时带来新的痛点。图 7-1-2 展示的是实例分析中解决一个痛点，带来多个痛点的情形。

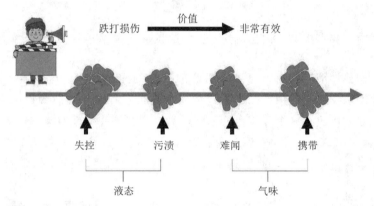

图 7-1-2　解决一个痛点，带来多个痛点

2. 跳出产品看体验

在探讨用户体验时，我们往往局限于产品的功能和特性。但要真正领悟用户体验的精髓，必须"跳出产品看体验"。这意味着超越产品的物理和功能层面，去深入探索用户与产品互动时的情感、社会和心理反应，这些都受到用户背景、期望、习惯和文化等多重因素的影响。

以手机为例，用户体验除了硬件、操作系统和摄像头等核心要素呈现的特性外，还涉及握持感、界面直观性和应用流畅度等方面，更重要的是，它还涉及手机如何融入用户的日常生活和社交中。

为更全面地分析用户体验，我们引入用户体验链概念。这个链条始于用户与产品的初次接触，并延续到用户使用产品后的反馈和行为。其中的每一个环节都对整体的用户体验产生着重要影响。

运用链式思维审视用户体验，可以更深入地洞察用户的真实需求。这有助于发现可能被忽视的产品细节，进一步优化用户体验。例如，在手机的用户体验链中，除关注软硬件质量，还需要考虑用户在发现、购买、设置、使用等过程中可能遇到的问题。其中每一环节都关乎整体体验。

"跳出产品看体验"是全新的思维方式，要求我们深入探索用户与产品的真实互动。通过分析用户体验链，可更全面地

7.1.8　文本

跳出产品看体验：治疗跌打损伤的药油

理解用户需求，提供更优质的服务。在追求产品创新和优化的同时，我们更应关注用户在使用过程中的整体感受，从而为用户创造更加舒适、便捷和愉悦的体验。

3. 设计用户体验链

用户体验链涵盖用户在整个产品使用过程中的所有接触点，强调用户体验不是由单个环节产生的感受，而是由多个相互关联的部分组成的整体体验。从用户体验链的角度出发，可以更全面地了解用户的需求和痛点，并采取相应的措施来改进产品或服务。

首先，要明确我们的目标用户和所提供的产品或服务是什么，为后续的分析奠定基础。

接着，我们要详细绘制出用户从接触产品开始的完整旅程。这涵盖用户如何发现、购买、开始使用以及持续使用产品的全过程。在这个过程中，我们要找出用户与产品的所有交互点，比如用户在哪个环节会接触到产品，会有哪些关键的操作。

7.1.9　视频

治疗跌打损伤的药油：
使用用户体验链解决问题

然后，我们要深入挖掘在这些交互点上用户的需求是什么，他们遇到了哪些问题，哪些环节让他们感到不便或不满意。

找到了问题，接下来就是解决问题。我们要针对每个痛点提出改进方案，可能是改进产品设计，也可能是优化服务流程，总之要让用户在使用过程中感到更加顺畅和满意。

制定方案后，就是实施并测试这些方案是否有效。这可以通过用户反馈、数据分析等方式来进行验证。

最后，优化用户体验不是一次性的工作，而是要持续进行的。我们要不断地收集用户反馈，关注市场动态，及时调整和优化用户体验链。

图7-1-3是实例分析中使用用户体验链解决问题的示例图。

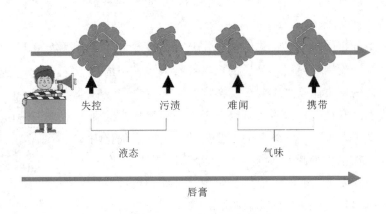

图 7-1-3　最终解决方案

> 小组任务

设计用户体验链

针对"我来经营……"项目,构建并完成用户体验链。具体来说,你们需要从用户首次接触你们的品牌或产品开始,一步步规划出他们在使用过程中的各种触点与体验环节,包括用户发现你们产品的途径、用户作出购买决策的过程、产品的实际使用体验,以及用户使用产品后的反馈和服务支持等。

任务二 心理旅行思想实验

一、学会进行思想实验

> 思考讨论

设想在一个没有雨伞的世界里,你构思了一个全新的产品——遮雨装置。这个产品旨在帮助人们在雨天遮雨,保持身体干燥。现在,你需要思考如何进行用户体验分析,以确保这个产品能够满足用户的需求并提供良好的使用体验。请进行描述。

_____
_____
_____

1. 脑海中进行的实验

思想实验,是一种独特的探索方式。它凭借我们的想象力,通过概念、逻辑、假设和推测等手段进行,无须依赖实际的物理设备或环境。它能够带领我们走向那些实际行动难以触及的领域,去理解和揭示世界的奥秘。

思想实验的重要性体现在其创造性和洞察力上。正如《思想实验:当哲学遇见科学》一书的作者乔尔·利维所言,当实际行动无法解决问题时,思想实验便成为我们的得力工具。通过构建概念、设定情景和提出假设,思想实验以富有创造力的方式揭示出事物的本质和规律。例如,我们可以通过想象一个接近光速的火车来探索光速不变原理。这样的思想实验不仅超越了物理环境的限制,而且可以帮助我们更深入地理解相对论的核心概念。

7.2.1 文本
思想实验：爱因斯坦的"追光"与"落体"之探

此外，思想实验还具有极高的明晰性和可理解性。它能够通过模拟和重构现象，将复杂的概念和问题简化，使其变得清晰易懂。比如，"薛定谔的猫"这一著名的思想实验，就成功地用简单的情景解释了量子力学的复杂性，让人们能够更直观地理解这一深奥的科学领域。

思想实验还是一种经济且高效的研究方式。与传统的物理实验相比，它不需昂贵的设备和烦琐的实验步骤，也不受时空的限制。这使得我们能够快速地探索各种可能性，寻找最佳的解决方案。因此，无论是在研究领域还是在日常生活中，思想实验都展现出了其独特的价值和魅力。

2. 思想实验在企业经营创新中的应用

在商业案例分析中，分析者会深入探讨企业的历史、现状及未来，借助思想实验构建各种情景，比如市场环境的变迁、竞争对手的变化以及企业战略的调整等。通过这种方式，他们能够更好地洞察企业成功的秘诀、面临的挑战以及未来的发展方向。

企业经营中常遇到无法重现的情况，使得真实实验验证变得不可能。而问题的复杂性和不确定性进一步增加了决策的难度。这时，思想实验就成了一个有力的工具，可以帮助企业更深入地剖析这些问题，并探寻更优解决方案。

7.2.2 视频
在脑海中构建一家"地狱餐厅"

在战略规划环节，企业可以利用思想实验来模拟和评估多种战略规划，从而更全面地了解不同战略的风险与机遇，进而作出更明智的决策。在新产品或新市场的开发阶段，思想实验能帮助企业设计出更符合消费者需求的产品，并更好地把握市场动态，以制定相应的市场策略。

此外，当企业遭遇难题时，思想实验也是一个强大的问题解决工具。通过模拟和探索各种解决方案，企业家和管理者能够更深入地理解问题的本质，并找到最佳的解决路径。

虽然思想实验不能替代真实的实验和实际操作，但它作为一种高效的思考工具，对于企业经营创新过程中的问题发现、问题分析和问题解决都起到了至关重要的作用。在合适的应用场景下，思想实验无疑是企业经营的得力助手。

3. 以思想实验提升用户体验

考虑到成本、时间和可重复性、可复制性等因素，在许多情况下，思想实验可以帮助企业更深入地理解用户需求，寻找到更佳的解决方案，创造出更出色的产品，不断优化用户体验。

以一家互联网公司计划开发的新在线购物应用为例，思想实验的作用可以体现在以下几个方面。

(1) 用户需求洞察

团队可以通过思想实验，将自己代入用户的角色中，想象并体验从浏览商品到完成购买的整个购物流程。在这个过程中，团队可以识别出可能的痛点和不便，如界面设计不合理、购物流程不简便、支付方式单一等。

(2) 未来场景设想

除了能够洞察当前用户的需求，思想实验还可以帮助团队设想未来可能的购物场景和需求。例如，团队可以想象通过虚拟现实技术进行在线试衣的体验，或者通过智能语音助手进行语音购物的过程。

(3) 技术创新探索

在思想实验中，团队可以自由地探索各种技术创新的可能性，以解决用户购物过程中的痛点。例如，团队可以设想通过引入人工智能技术来提升搜索和推荐的准确性，或者利用大数据分析来为用户提供更加个性化的购物体验。

通过以上分析可以知道，通过思想实验，企业可以更加深入地理解用户需求，发现潜在问题，并探寻创新性的解决方案，从而为用户带来更加优质、便捷的购物体验。

7.2.3 文本思想实验："浅醇时光"咖啡厅

二、进行心理时间旅行

思考讨论

① 首先，请闭上眼睛，回想最近一次旅行的经历，你是不是回到了过去？然后，再闭上眼睛，想象你下一次旅行的画面，你是不是穿越到了未来？② 假设现在是2050年，请描述一下你所在城市的生活方式，可以从政治、经济、社会、科技等方面切入。

_____

_____

1. 过去仍在，未来已来

我们每个人都是时间之河中的一叶扁舟，随着岁月的流转，过往经历会积淀成我们的记忆与情感。那么，如何在这条河流中追溯自己的过往、展望未来？答案藏在心理时间旅行的神奇力量中。

心理时间旅行，使我们拥有在时间纬度上自由穿梭的能力。不需时间机器，仅凭内心的力量，我们就能回访过去、预见未来。这一过程，实际上是大脑神经元网络的精妙演绎，它们相互连接、放电，编织出代表特定记忆与想象的神经网络图案。

当我们闭上眼睛，那些过往的瞬间便重新在脑海中浮现，仿佛能再次闻到那时的风，感受到那时的温度。这就是心理时间旅行的魔力，它让我们"重返"过去，不仅重温事件本身，而且重新体会与之相关的情感体验。

7.2.4 文本
一位演讲者的心理时间旅行

心理时间旅行同时也是一架通往未来的桥梁。通过它，我们可以描绘出未来的蓝图，从而更加从容地面对未知的挑战和把握稍纵即逝的机遇。在这个过程中，我们不仅是在作理智的分析和预测，更是在用心灵去触摸那个尚未到来的世界。

"过去仍在"意味着我们过去的经历和感受仍然对我们现在的生活和决策产生影响。我们需要通过心理时间旅行来重新审视和理解这些经历和感受。"未来已来"意味着我们需要展望未来，预测未来的可能性和趋势，在今天作出面对未来的行动和部署。

2. 从用户视角进行时间旅行

心理时间旅行是人类在心理上将自我投射到过去以重新经历过去的事情，以及把自我投射到未来预先经历可能事情的能力。

这种能力在分析用户体验的过程中有着广泛的应用。例如，通过回顾用户过去的行为和经历，设计师可以更好地理解他们的需求、偏好和痛点。这类理解可以指导产品的设计，创造出更符合用户需求的产品。

同时，心理时间旅行还可以帮助设计师更好地预测用户对未来产品的反应。通过模拟未来的场景和情境，设计师可以洞察用户可能遇到的问题，以及他们可能希望从产品中获得的体验。这些信息可以用来构建更具有预见性和响应性的产品设计。

7.2.5 文本
户外之音，智能音箱的新篇章

以设计一款智能音箱为例，我们可以引导用户或者从用户视角去回忆过去使用音箱的体验，尤其是这一过程中遇到的问题，如操作复杂、音质不佳等。这样，我们能更精确地把握用户对智能音箱的性能、功能和易用性的期望，为设计决策提供依据。

设计完成后，我们向用户介绍产品的独特功能和特点，并询问他们的期望与可能的疑虑，如对语音识别的期待和对连接稳定性的担忧等。这有助于我们预测用户对产品的反应，并据此调整设计，确保产品更符合用户需求。

3. 菜单如何"说服"你消费

心理时间旅行在用户体验中的重要性不容忽视，它深刻影响着用户的决策过程。预期体验、情感连接、决策简化、价值感知和品牌故事共鸣等，都是心理时间旅行在用户体验中的具体表现。

以设计餐厅的菜单为例，一份好菜单蕴含着无数的设计巧思，旨在引导顾客进行一场心理上的时间旅行，进而影响其消费决策。菜单不仅仅是菜品的列表，更是餐厅与顾客之间进行沟通的重要工具。

优秀的菜单，其设计元素、文字描述、排列顺序等，都是经过精心策划的，以最大限度地吸引顾客的注意并引导其作出消费选择。厚重菜单带来的高档感、精美图片引发的食欲、文字设计激发的好奇心、独特菜名增加的期待感、细节描述提升的价值感知，以及配色和字体对选择的潜在影响，都是菜单"说服"顾客消费的巧妙手段。

此外，菜单中菜品的排列顺序也是一门学问。例如，将最贵的菜品放在前面，会使后续的价格显得更为合理；而聚焦点的设置，则能够吸引顾客的注意，引导其关注餐厅希望推销的菜品。

餐厅通过精心设计菜单，利用上述元素来引导顾客的选择。在这场微妙的心理战中，菜单成为餐厅与消费者之间的沟通桥梁。各种设计元素共同作用于消费者的选择过程，最终帮助餐厅实现菜品的销售目标。

7.2.6 视频
菜单如何"说服"你

三、打开脑洞，做出脑补

思考讨论

偶然之下，你得知了一个惊人但真实的消息：1年后，由于某种未知的原因，全人类都将长出一条尾巴。面对这样一个前所未有的变革，作为企业家，你将如何把握这个奇特的机遇？你会在今天作出哪些部署？

1. 在大脑中进行旅行和实验

思想实验与心理时间旅行并非相互独立的存在，而是相互关联、相互融合的。思想实验是一种通过想象和推理来探究问题的思维方式，而心理时间旅行则是一种在想象中回到过去或未来的能力。

例如，一个人即将面临一场面试，他可以通过心理时间旅行，想象自己以前经历过的类似情境，回忆当时的情形，并预测自己在未来面试中的可能表现。这种将思想实验和心理时间旅行结合在一起的方法，可以帮助他更充分地做好面试准备，增强自信心和提高表现水平。

在脑海中进行旅行，无论是回忆过去，还是想象未来，都为我们提供了一个宝贵的平台。有了这样的平台，我们就可以在脑海中进行实验，从不同角度思考和预测可能的结果，并考虑各种可能的解决方案。这有助于我们培养创新思维和解决问题的能力。

思想实验需要的是想象力和逻辑思维能力，而心理时间旅行需要的是想象力和心理能力。因此，在脑海中进行旅行和实验需要我们具备这些能力，同时也会帮助我们训练这些能力。

想象力有助于我们"打开脑洞"，逻辑思维能力和心理能力则帮助我们"做出脑补"，因此，在脑海中进行旅行和实验也是"开脑洞，做脑补"的过程，不仅可以激发创新思维，而且可以帮助我们完成具体的方案。

7.2.7 视频
学生创意：解决
"不敢表白"的痛点

2. 完美睡眠酒店思想实验

企业经营创新的起点，往往是一个灵感的闪现。我们以经营一家酒店为例，在对市场趋势进行深入洞察、对竞争对手进行细致分析，以及对潜在顾客需求进行精确把握之后，完美睡眠酒店的构想应运而生。

市场定位：专注于为追求高品质睡眠体验的顾客群体提供差异化的酒店服务。

目标客户：商务旅行者、疲惫的游客以及急需高质量睡眠的各类顾客。这些顾客群体愿意为获得更好的睡眠体验支付溢价，从而为企业创造了独特的市场机会。

价值主张：为每一位顾客提供前所未有的优质睡眠体验。

接下来就可以结合头脑风暴，运用思想实验构建一家名为"云端之眠"的完美睡眠酒店。该酒店将围绕四大核心领域进行创新设计，以确保为每位顾客提供前所未有的优质睡眠体验。

7.2.8 文本
"云端之眠"完美
睡眠酒店

设计方面，注重对声音、光线、温度和湿度的控制和床铺的舒适度，以满足不同客户的个性化需求。

科技方面，通过睡眠追踪、智能助眠系统和客房控制系统，提供个性化的睡眠建议和优化睡眠环境。

服务方面，提供睡前准备、柔和唤醒、睡眠咨询和健康餐饮等创新服务。

营销方面，针对目标客户精准营销，与高端品牌合作，定期举办睡眠节活动，同时推出顾客忠诚计划，以提升品牌影响力和客户忠诚度。

3. 完美睡眠酒店用户体验

在经营创新的过程中,企业经常面临一个挑战:如何在产品或服务尚未实际存在时,就对其进行深入的用户体验分析?

心理时间旅行允许我们模拟并详细描绘用户在与产品或服务互动时可能遇到的各种情境和体验。通过这种模拟,企业可以预测用户的需求、期望和挑战,进而在产品或服务设计和开发阶段就进行有针对性的优化。

7.2.9 文本
"云端之眠"酒店的体验之旅

上一段中,我们运用思想实验构想了一家名为"云端之眠"的完美睡眠酒店。尽管酒店并不存在,但通过心理时空旅行,我们仍然可以预见并分析用户在预订、入住、睡眠、离店等各个环节中可能遇到的情境和体验。

预订:酒店的预订流程简洁明了,只需几步操作,即可轻松预定心仪的房型。确认信息将迅速送达,便捷无忧。

入住:抵达酒店时,用户可以感受到酒店宁静高雅的氛围。前台的热情服务让人心生温暖,并实现快速入住。

睡眠:房间内舒适的环境、柔软的床铺,再加上个性化的助眠服务,每一个细节都是为深度睡眠而准备。

离店:退房迅速,还有美味早餐作为离别的礼物,让人对在酒店享受到的美好体验回味无穷,期待再会。

可以看出,心理时空旅行不仅使我们能够深入体验并预见用户在"云端之眠"酒店的各个环节中的情境与感受,而且为我们提供了一个独特的视角,可以精准地优化和提升用户的整体住宿体验。

小组任务

思想实验+心理时间旅行

结合思想实验与心理时间旅行,针对你们小组的"我来经营……"项目,描绘出三年后的情形。在描绘的过程中,可以考虑以下几个方面。

1. 企业的规模和业务范围会有怎样的扩展?
2. 企业是否会进入新的市场或领域?
3. 企业的产品或服务将如何升级或创新?
4. 企业是否会有新的产品线或服务项目推出?

任务三　业务流程的拆解和破解

一、如何解决复杂的问题

思考讨论

当你在工作或生活中遇到一个看似复杂或难以下手的问题时，例如，先有鸡还是先有蛋，老虎和狮子谁厉害，如何判断一幅绘画是好作品，你通常会采取什么策略来解决问题？你是如何分析问题的关键点，以及如何制定和执行解决方案的？

1. 解决无从下手的问题

面对复杂或庞大的问题，我们有时会感到无从下手。此时，"拆解"就成为一个非常有效的策略。天下难事，必作于易；天下大事，必作于细。通过将大问题细化为若干小问题，我们可以更有针对性地寻找解决方案。

以艺术欣赏为例，一幅画作或一曲音乐，初看或初听上去可能只会获得一种朦胧的整体感受，要想深入探索就需要一些技巧。比如欣赏画作时，可以从构图、色彩、光影和笔触四个角度进行拆解。从这样的四个角度入手，不仅能更全面地理解作品，还能培养出对艺术更深层次的鉴赏力。

"看山是山，看山不是山"的观念也与此息息相关，如图7-3-1所示。初步的印象只是停留在表面，要想有深入的了解则需要我们"看山不是山"，即透过表面看到其背后的细节和深意。

图7-3-1　拆解一幅画

这种方法不局限于艺术领域。在日常工作或生活中，当我们面临一个庞大或复杂的任务时，拆解都能帮助我们找到切入点。例如，设计师在设计新款椅子时，可能会因为要考虑的方面太多而感到困惑。但如果将设计任务拆解为实现舒适度、耐久性、美观性和环保性等多个小任务，那么针对每一个小任务进行设计就变得相对简单多了。

总的来说，拆解不仅能帮助我们更深入地理解和解决问题，还能使复杂的事情变得简单，无从下手的问题也将变得有迹可循。

7.3.1　视频
运用5W2H分析法
解决问题

2. 解决问题＝拆解×破解

高手之所以区别于常人，在于他们能够出色地运用"拆解"与"破解"两大策略来解决问题，即

解决问题＝拆解×破解

面对庞大和复杂的问题，高手会先将其"拆解"成若干小问题或小任务。他们具备专业方面的系统思维，能轻松地将大问题细化到可解决的单元。这使他们在处理复杂问题和严峻挑战时不会手足无措。通过拆解，高手能更清晰地看到问题的各个部分，从而更容易找到解决方案。

而在"破解"方面，高手同样展现出卓越的能力。他们不仅拥有丰富的知识和经验，还具备敏锐的洞察力，能迅速捕捉到问题的核心。通过整合信息，高手能深入剖析问题的本质，提出创新解决方案。这种破解看似源于灵感迸发，实则源于深厚的专业知识和实践经验。

以《魔球》中的奥克兰队为例，经理比利·比恩就采用了拆解和破解策略。面对球员流失，他将球队需求拆解为具体的能力指标，并在数据库中寻找替代球员。这一策略成功降低了对特定球员的依赖，提升了球队整体实力。这正是运用拆解与破解策略解决问题的典范。

7.3.2　视频
拆解破解，"俘获"
电脑小白用户

总之，拆解与破解是解决问题的重要策略。高手之所以高效，是因为他们善于运用这两种策略：通过拆解，化大为小、化繁为简；通过破解，洞察核心、解决问题。这种能力使他们能在面对复杂问题时游刃有余，展现出卓越的解决问题的能力。

3. 运用拆解和破解策略提升用户体验

拆解和破解的策略在提升用户体验方面可以发挥重要的作用。用户体验链，是将用户从接触产品到使用产品的整个过程拆解成一系列相互关联的环节，然后对每个环节进行分析和优化，这正是拆解和破解思维的典型应用。

在产品设计过程中，我们通常会面临一系列复杂的问题和挑战，这些问题可能涉及产品功能、界面设计、交互流程、用户心理等多个方面。通过拆解问题，我们可以将复杂的用户体验问题分解成若干个更小、更具体的问题，从而更容易找到问题的症结所在。

7.3.3 视频
拆解破解，提升一家餐厅的用户体验

例如，在设计一款手机应用时，我们可以运用用户体验链的思维方式，将用户体验过程拆解为多个环节，如启动速度、页面加载、功能操作和用户反馈等。然后针对每个环节进行深入分析和优化，从而提升整体的用户体验感受。

破解则是在拆解的基础上，进一步找到解决问题的方法。在提升用户体验的过程中，破解一方面意味着解决难以解决的痛点问题，提升用户对产品的满意度，另一方面意味着打破常规的设计思路，尝试新的交互方式、视觉风格或功能创新。这些创新点往往能够为用户带来意想不到的惊喜和愉悦感，从而增强用户对产品的忠诚度。

二、影响体验的关键业务

思考讨论

作为一家企业的经营者，你在日常经营过程中需要处理众多事务。那么，你如何筛选出对于提升客户体验最为关键的事务呢？请列举出你认为对提升客户体验有重大影响的关键业务，并阐述它们之所以重要的原因。

_____

_____

1. 事情要一件一件做

"不积跬步无以至千里，不积小流无以成江河"，这句古训提醒我们，无论是企业经营还是日常生活，取得成功的关键在于脚踏实地，一步一个脚印地积累经验和资源。当面对看似庞大而复杂的问题时，有效的策略是将其拆解成一系列更小、更具体的问题，"事情要一件一件做"。

7.3.4 视频
从大象放进冰箱到大芬村油画的完成步骤

就像那个广为流传的笑话所说的，把大象放进冰箱需要三个简单的步骤：打开冰箱门，放入大象，再关上冰箱门。而一个稍微复杂的场景——把狗熊放进冰箱，也只需要四个步骤：打开冰箱门，取出大象，放入狗熊，最后关上冰箱门。

这个看似戏谑的例子，实际上展示了一种非常实用的问题解决策略，即使是最复杂的问题，也可以通过将其分解为一系列逻辑清晰、易于执行的步骤来有效解决。

企业经营创新包含很多"事情",也需要相应的步骤来完成。例如,客户需求和市场调研、产品研发和设计、生产计划和采购、生产制造和质量控制、市场营销和销售、客户服务与支持等,都是企业的业务活动。要想有效地完成这些业务活动,离不开一套明确的业务流程。通过这套流程,企业就能够有条不紊地推进各个环节,实现企业经营创新的目标。

2. 关键业务与触点分析

关键业务是企业经营创新活动中最重要的事情,也是分析用户体验的切入点。良好的用户体验不仅能够提升用户满意度,还能有效推动企业的业务增长,进而扩大市场份额。因此,那些能够紧密围绕用户体验来设计和优化业务的企业,往往能够在激烈的市场竞争中脱颖而出。

以客户服务为例,这一业务环节对于提升用户体验至关重要。当用户遇到问题时,企业如果能够迅速做出反应,提供切实有效的解决方案,并在此过程中展现出对用户的真诚关怀和关注,那么用户对企业的信任度将会大大增强。

7.3.5 视频
一家餐厅的关键业务与触点分析

在执行这些关键业务时,企业与用户直接交互的点称为"触点"。这些触点对用户体验具有决定性影响,它们不仅塑造了用户对企业及其产品的第一印象,还直接关系到用户是否愿意继续与企业互动,甚至影响到用户是否愿意将企业的产品或服务推荐给更多人。

触点种类繁多,根据其性质,我们通常可以将它们分为四大类。

信息触点,涉及企业与用户之间的信息传递,如广告、网站内容等。
操作触点,用户与产品或服务实际互动的过程,如用户界面设计。
环境触点,用户在使用产品或服务时的外部环境,如实体店面的氛围。
人际触点,用户与企业员工之间的直接交流,如客户服务过程。

3. 分析企业关键业务

企业经营创新是一个复杂的过程,它要求企业对自身的关键业务有深刻的理解和精准的分析。在这个过程中,企业不仅需要关注产品的生产和服务的提供,而且需要关注如何在市场中对这些产品和服务进行有效的营销。

我们曾用一个简洁的公式来揭示企业经营创新的核心内容:经营创新 = 提供产品 × 营销产品。在这个框架下,企业思考其关键业务时,应该始终围绕提供产品和营销产品这两个关键环节展开。

提供产品的关键业务涵盖从市场研究到产品交付的全过程。首先需要通过深入的市场调研来明确产品的设计方向;接着在产品规划阶段确定产品的各项属性和开发策略;

7.3.6 视频
识别并进行关键业务设计

然后通过精细的生产计划、严格的质量管理和成本控制来确保产品的高效生产；最后借助物流、库存和订单管理，确保产品能够准时、准确地送达客户手中。

营销产品的关键业务则聚焦于如何有效地推广和销售产品。这包括：确立品牌的市场定位和价值，通过广告和公关活动提升品牌的知名度；同时选择并拓展销售渠道，与合作伙伴共同开拓市场；最终借助客户关系管理，吸引新客户并保留老客户，通过数据分析不断优化营销策略，提供个性化的服务体验，从而实现销售增长和市场份额提升。

可以看出，提供产品与营销产品是分析企业关键业务、实现经营创新、提升市场竞争力的突破点。

三、用户体验业务流程

思考讨论

假设你是一家高端酒店的服务优化负责人，你如何通过深入分析宾客在酒店内的各个服务接触点，找到并优化影响宾客体验的关键环节？请思考并描述你将如何运用"触点分析"来改进酒店的具体服务。

_____

_____

7.3.7 视频
亚朵酒店打造"第四空间"：旅途中的全新生活体验

1. 消费升级与酒店卖点

如果让你来经营一家酒店，你会如何策划？"选黄金地段，聘请顶尖设计师，打造豪华酒店！"这颇有些电影《大腕》经典台词中的味道。它描绘了高端五星酒店的形象，主要服务于那些追求极致奢华的顾客。

现在请思考，人们选择入住酒店，核心需求是什么。很多人可能只是想"获得一夜良好的睡眠"，换句话说，就是在"睡眠体验"方面追求高性价比。而这正是经济型酒店的核心理念：一星的墙，二星的堂，三星的房，四星的床。

在酒店业中，中端市场一度被视为最难攻克的阵地。毕竟，五星酒店和经济型酒店分别稳坐市场的高端与低端，中端市场似乎难以找到突破口。那么，在消费持续升级、中产阶级日益壮大的今天，市场上是否还蕴藏着其他新的机会呢？

请进一步思考，酒店的核心价值是什么？经济型酒店主打的是"价格不高，睡个好觉"，而五星酒店更多是尊贵与地位的象征。亚朵酒店的创始人却为我们提供了一种新的视角——酒店的价值可以分为四个层次：第一个层面卖房间，第二个层面卖服务，第三个层面卖体验，第四个层面卖流量。

这四个层次，不仅揭示了酒店多元化的卖点，也可以被视为是从新维度对酒店市场做的深入细分。针对不同层次的市场，酒店可以提供更加精准和个性化的价值。

2. 触点分析，提升体验

在充满竞争的市场环境中，提供优质的客户体验是企业脱颖而出的关键。用户触点上的每一个细节都可能影响到用户的体验，只有当用户在这些触点上都得到满足，他们才可能成为企业的忠实顾客，为企业的产品买单。

7.3.8 视频
对亚朵酒店的
触点分析及策略

想象一下，你走进一家时尚精品店，店里摆放的商品琳琅满目，环境优雅舒适。你伸手去摸一件心仪的大衣，那柔软细腻的质感让你心动不已。店员微笑着走过来，热情地为你介绍这款大衣的特色和搭配方式。你试穿后，觉得非常满意，于是痛快地买单走人。

在这个简单的购物场景中，其实蕴含着多个用户触点。首先，那家时尚精品店的优雅环境和整齐陈列的商品，是你对这家店的第一印象，这是环境触点在起作用。一个舒适、有格调的环境能够吸引你走进店内，进而产生购物的欲望。

当你伸手去摸那件大衣时，你感受到的是产品的质感，这是产品触点。一个高质量的产品，能够通过其精致的做工和优良的材质，让你产生购买的欲望。

店员的微笑服务和专业介绍，则是人际触点。一个热情、专业的店员，不仅能够解答你的疑问，还能提供个性化的推荐和服务，让你感受到被尊重和重视。

整个购物流程的顺畅与否，也会影响到你的购物体验。如果结账过程烦琐、等待时间过长，即使前面三个触点都做得很好，也可能让你对整个购物体验产生不满。这就是操作触点的重要性。

3. 从"点"突破，从"链"提升

在用户体验优化中，从"点"突破与从"链"提升是两个关键策略，它们分别着眼于细节和整体，共同构成了一个完善的优化框架。

从"点"突破意味着要关注用户体验中的具体触点和痛点。这些触点是用户与产品或服务交互的关键环节，直接影响着用户对品牌的印象和满意度。通过深入了解用户的需求和期望，企业可以识别并解决其中的痛点，从而提升用户满意度。

然而，仅仅关注"点"的优化是不够的。用户的整体体验是由一系列相互关联的环节构成的，这就是用户体验链。为了提升用户的整体感受，企业需要从更高的角度审视整个业务流程，实现从"链"提升。

从"链"提升要求企业站在全局的角度，优化整个用户体验流程。这包括从用户初次接触产品到使用产品后的所有环节。从"点"突破与从"链"提升在用户体验优化中相辅相成，共同推动着用户体验的不断提升。

为了实现业务流程优化，提升用户体验，我们需要运用实用的工具和方法，灵活且创造性地解决问题。以锤子为例，它虽可钉钉子、砸核桃，但遇到具体问题时，我们不必非得找锤子，砖头也能派上用场。

7.3.9 视频
亚朵酒店的"小满意、小惊喜、小感动"

这说明在业务优化中，要善用现有资源，灵活创新。例如，我们可以借鉴蓝海战略的"剔除、减少、增加、创造"原则，全面审视并优化业务流程。

小组任务

"我来经营……"项目的关键业务

针对你们小组的"我来经营……"项目，分析并确定项目中的关键业务有哪些。在确定关键业务后，进一步剖析这些业务中的触点。需要列出这些触点，并分析它们在提升用户体验中的作用，以及如何通过优化这些触点来提升用户体验。

任务四　运用峰终定律提升用户体验

一、峰值和终值决定用户体验

思考讨论

医院中的肠镜检查令人非常不舒服，因为医生要通过肛门将小摄影机插入肠道。此时，人们就会思考如何能够减轻肠镜检查带来的痛苦。抛开技术手段不谈，您认为是长痛不如短痛，加快动作比较好，还是小心一点、慢一点比较好？

_____

_____

1. 体验评价并非系于一点

当我们尝试评价某个产品或服务时，通常会给它一个总体评分。然而，真正的体验评价远比这要复杂。钱钟书在《围城》中有这样一句话："天下只有两种人。比如一串葡萄到手，一种人挑最好的先吃，另一种人把最好的留到最后吃。"这句话从另一个角度看，也说明即便是同一串葡萄，因为食用顺序的不同，人们的体验也会有差异。

面对一串葡萄，先从最坏的一颗开始吃，直到吃到最好的一颗，或从最好的一颗开始吃，逐渐吃到最坏的一颗，带来的体验显然是不同的。这不仅仅与葡萄本身的品质和口感有关，还与人们的心理预期和体验过程有关。

同样地，在餐厅用餐时，等待的时间和上菜的速度都会影响我们的体验。即便某一道菜特别美味，但如果等位时间过长或上菜顺序混乱，我们的整体体验也会大打折扣。然而，如果餐厅能在用餐结束后赠送新鲜的水果或精致的甜点，这往往能弥补之前的不足，提升我们对餐厅的整体评价。

7.4.1 文本

生日蛋糕的用户体验链

因此，我们提出了"用户体验链"这一概念，旨在强调在分析体验过程时应采用链式思维。这意味着我们应该关注用户与产品或服务交互的每一个环节，这些环节形成了一个完整的体验链条。如此，我们才能更全面地理解用户的体验评价，并据此优化产品或服务，提升用户的满意度。

2. 打针吃糖和吃糖打针

想象一下，你有两串完全相同的葡萄，如何吃体验最好？如果我们把每一颗葡萄比作用户体验中的一个环节，那么应如何设计这些环节，使整体体验达到最佳呢？

你可能会认为，答案很简单：让每一个环节都像最美味的葡萄那样令人愉悦。但现实是，企业在追求提升用户体验的同时，还必须考虑成本和效益的平衡。毕竟，良好的体验往往伴随着更高的成本，这可能导致产品价格上升，从而影响用户的购买意愿。

儿科医生的"打完针给糖吃"策略为我们提供了启示。当孩子经历疼痛的检查或打针后，给予他们玩具和零食的快乐可以减轻他们对之前痛苦的记忆。这种现象告诉我们，关于体验的整体评价并不仅仅取决于快乐和疼痛的程度，还与快乐与疼痛出现的顺序有关。

7.4.2 视频
打针吃糖 vs 吃糖打针

实验也证实,除了快乐和疼痛的程度外,终点体验对整体评价的影响也非常大,如图 7-4-1 所示。因此,对于企业而言,要创造出色的用户体验并提升用户价值,不必在所有环节上都做到极致,关键在于合理地安排"吃糖"和"打针"的顺序。

正如"朝三暮四"的故事所揭示的那样,即使分配的事物总量相同,不同的分配方式也会给人带来不同的心理感受。通过巧妙地设计用户体验的顺序和节奏,企业可以在不增加成本的前提下,提升用户的体验评价。

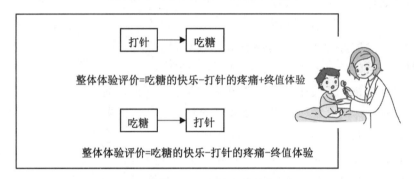

图 7-4-1 两种不同顺序带来的整体体验评价

3. 峰终定律实验及其解释

2002 年诺贝尔经济学奖得主丹尼尔·卡尼曼曾进行过一项实验。简单来说,他让一组人参与了一个包含三阶段的实验,如图 7-4-2 所示。这三个阶段分别是"短痛阶段""长痛阶段"和"再痛阶段"。

7.4.3 视频
迪士尼之旅:峰终定律下的记忆重构

在"短痛阶段",受试者被要求将手放入冷水中,持续一分钟。这种水温会让人感到不悦甚至痛苦。60 秒后,受试者被要求将手从水中拿出。

在"长痛阶段",受试者同样需要将手放入冷水中,持续一分钟。然而,在这个阶段的后 30 秒中,实验者会偷偷向容器中导入热水,使水温略微上升,从而减轻受试者的疼痛感。

实验中,有些人先体验"短痛阶段",再体验"长痛阶段";而另一些人则先体验"长痛阶段",再体验"短痛阶段"。在最后的"再痛阶段",受试者可以选择重复前面实验中的任何一个阶段。令人惊讶的是,大多数人选择了"长痛阶段",因为他们认为长痛阶段的痛苦程度较低。

丹尼尔·卡尼曼提出了峰终定律来解释这一现象:人们对一段体验的回忆,并不是由整个过程带来的平均感受所决定,而是受到体验过程中最强烈的情感(即峰值)和体验结束时的情感(即终值)的强烈影响。

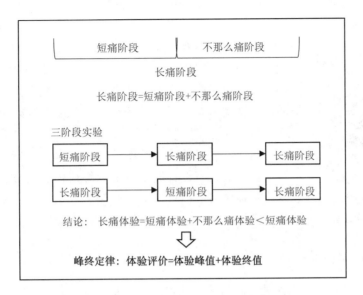

图 7-4-2　三阶段实验及其实验解释

二、峰终定律的应用

思考讨论

峰终定律揭示了人们对体验的记忆特点：人们对体验的记忆受到体验过程中最强烈的情感和体验结束时情感的强烈影响。那么，在用户体验设计中，我们应如何利用这一心理学原理来优化产品设计和服务呢？

1. 峰值体验和终值体验

在市场竞争日趋激烈的今天，为用户提供卓越的体验已成为企业赢得客户忠诚和扩大市场份额的核心要素。而峰终定律，作为一种揭示用户体验本质的心理学原理，为企业的经营创新提供了独到的洞察和策略指引。

峰终定律强调了用户体验中的两个关键节点：峰值体验和终值体验。峰值体验，即在使用产品或接受服务的整个过程中，用户感受到的最强烈、最难忘的时刻。这种体验既可能是正面的，也可能是负面的。而终值体验，关注的是用户在体验完产品或服务时的情感状态和印象。

这两种体验都会在用户记忆中留下深刻的烙印，并直接影响他们对整个体验的评价和长期记忆。正因如此，对于企业来说，在用户体验设计方面，深入理解和恰当应用峰终定律进行创新至关重要。

7.4.4 视频
揭秘魔术城堡酒店
高评价背后的原因

峰终定律在企业经营活动中的应用，主要体现在它鼓励企业识别和把握用户体验中的那些关键时刻。这些关键时刻经常是决定用户对产品或服务整体印象的关键因素。通过主动设计和优化这些关键时刻，可以提高用户的满意度和忠诚度，增强用户的黏性。

比如，一家餐厅除了提供美味餐食（峰值体验），还在顾客离开时赠送一份特制小点心（终值体验）。这一小举动就可以让顾客在结束用餐后仍感受到餐厅的温馨，留下深刻印象，从而增加了顾客再次光顾这家餐厅的可能性。

2. 用户整体体验公式

如图 7-4-3 所示，存在两种不同的体验过程——体验过程（1）和体验过程（2），其中每一种体验过程都包含一系列阶段。图中，每个点都代表着某个小阶段的用户体验评估。如果对这两种体验过程进行对比分析，你认为哪一种带给用户的整体体验更佳？

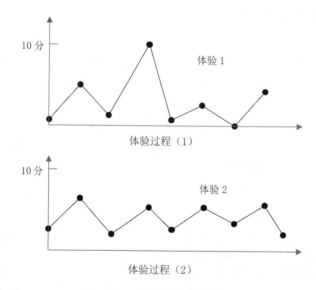

图 7-4-3 两种不同的体验过程

峰终定律为我们揭示了答案，它指出用户的整体体验评价并非所有体验评价的简单平均值，也非各环节体验评价的累加值，它主要受体验峰值和体验终值的影响。用户在使用产品的过程中，好的体验与不好的体验之间的比重，以及好的体验与不好的体验各自的持续时间，对整体体验评价的影响相对较小。

也就是说，用户体验过程中的大部分环节，无论是平淡无奇的还是稍有亮点的，都不会对用户的整体体验评价产生显著影响。这些普通的体验，既不会给用户留下深刻印象，也不会让产品与众不同。

然而，其中有三个关键时刻（MOT，moment of truth）对于塑造用户的整体体验至关重要（如图 7-4-4 所示）。因此，我们可以为用户整体体验评价提供一个简单的评估公式：

$$y = (x_1 - x_2) + x_3$$

其中，y 代表用户整体体验；x_1 代表爽点体验，即体验过程中最为卓越的感受；x_2 代表痛点体验，即体验过程中最为糟糕的感受；x_3 代表终值体验，即体验结束时的感受。

上述公式可以通俗的解读为：

用户整体体验＝（爽点体验－痛点体验）＋终值体验

7.4.5 文本
应用峰终定律
提升餐厅用餐体验

3. 爽点、痛点与终点

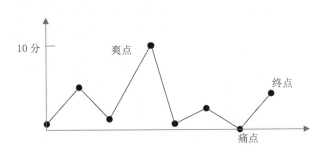

图 7-4-4 体验过程中的关键时刻

峰终定律为我们揭示了用户体验的三大关键要素，即追求极致的爽点体验、严格控制痛点体验，以及精心打造终值体验。

（1）追求极致的爽点体验

爽点，是用户在使用产品或服务过程中感受到愉悦、满足和惊喜的地方。根据峰终定律，峰值体验对用户的整体体验评价有着至关重要的影响。因此，企业应该积极创造爽点，通过深入了解用户需求和喜好，提供超出用户期望的产品或服务，打造难以忘怀的用户体验。

（2）严格控制痛点体验

痛点，可能涉及功能缺失、操作复杂、界面不友好等问题。根据峰终定律，超过用户忍受阈值的痛点可能会产生峰值体验，从而对整体体验产生非常大的负面评价。因此，企业必须严格控制痛点体验，及时发现并解决用户在使用产品或服务过程中遇到的问题。

（3）精心打造终值体验

终值体验是用户在体验完产品或服务时的感受和印象。根据峰终定律，终值体验的好坏直接影响着用户对整体体验的评价。因此，企业应该精心打造终值体验，比如可以在用户结束产品体验时提供一些额外的关怀或服务，如呈送感谢信、发放优惠券或进行个性化推荐等。

7.4.6 视频
用户体验的三大关键要素

总结一下，在整个体验过程中，企业应该做到：中间有明亮点，过程无大痛点，结尾有小甜点（如图 7-4-5 所示）。如果没有特别的爽点体验，我们就要创造惊喜；如果痛点太明显，我们需要采取应对措施；在体验结束时，应为用户创造一个甜美的回忆。

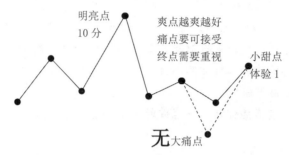

小满意：不超过用户忍受阈值，不能有体验太差的峰值。
小惊喜：意料之外的好处，给用户留下深刻印象的峰值。
小感动：形成共振，产生共鸣，使用户产生感动的峰值。

图 7-4-5　峰终定律与用户体验环节

三、案例分析与实践应用

思考讨论

你风尘仆仆地到达一家酒店，酒店价格有点小贵，这些体验当然不好。但当你出门再回来后，房间焕然一新，桌上还有为你精心准备的小零食。你离店时，服务人员致以温暖的微笑以及递上专属小礼物。你觉着这家酒店带来的整体体验如何？

1. 宜家产品与用户体验

当我们谈到"产品"，人们往往会想到具体的物品，如衣物、杯子等。宜家却有着与众不同的视角：它将购物空间也视为自身产品的一部分。正因如此，宜家不仅仅是一个家具销售场所，也是一个提供全面购物体验的平台。换种表述，这就是说：宜家产品＝购物体验＋产品本身。

如果把宜家的产品简单地搬到其他销售场所，其吸引力可能会大打折扣，因为宜家所销售的，不仅仅是家具，还有一种独特的购物体验。这种体验由宜家的空间布局、产品设计以及周到的服务等多个元素共同打造。

但在宜家购物也存在一些显著的痛点。例如，店内布局错综复杂，购物时常常需要穿过整个商场，搬运大件商品对顾客来说可能是一项艰巨的任务。此外，服务人员数量有限，结账等待时间较长，这些都给购物带来了一定的麻烦。

此外，宜家有很多独特的创新举措。比如，为了吸引年轻的父母，宜家特别设置了儿童看护区。店内的样板区则直观地展示了家具的实际搭配效果，同时提供舒适的购物环境和美食，增加了购物的乐趣。家具的扁平化包装和简洁设计使得顾客能够方便地搬运和组装，提升了顾客的成就感。

7.4.7 视频
宜家购物的不便与挑战

这种独特的商业模式不仅满足了顾客的实际需求，而且提供了一种愉快、便捷的购物体验。在下一段中，我们将结合峰终定律，对宜家进行更深入的分析。

2. 峰终定律在宜家的具体应用

对于很多消费者来说，可能会对以下事情感到疑惑：为什么宜家要在顾客准备离开时，以低廉的价格出售冰激凌呢？毕竟，逛完商场后的顾客，已经消耗了大量体力，宜家可以趁机提高价格，多赚一些利润。

答案其实很简单，那就是宜家追求的不只是单次交易的利润，更是顾客的整体购物体验。图 7-4-6 展示了在宜家购物的不同体验阶段和感受，我们可以据此进一步分析峰终定律在其中发挥的作用。

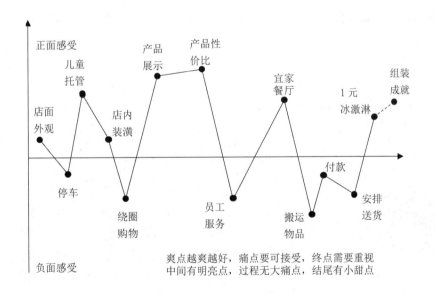

图 7-4-6 在宜家购物的体验过程

宜家的确有许多让客户诟病的小缺陷，然而，根据峰终定律，我们往往只会记住体验过程中的亮点和最终结果，中间的琐碎细节则很容易被遗忘。因此，这些不愉快的购物体验最终很可能会在我们的记忆中逐渐淡化。

7.4.8 文本
宜家策略：创造爽点、控制痛点、打造终点，全面提升用户体验

（1）追求极致的爽点体验

宜家通过设计简约实用的家具，打造宽敞舒适的购物环境，以及提供儿童托管、样板间展示和美味餐厅等创新服务，为顾客创造了一种自在、轻松且充满参与乐趣的极致爽点体验。

（2）严格控制痛点体验

为了控制痛点体验，宜家注重产品的实用性和性价比，确保满足顾客需求且价格合理，同时提供便捷的购物方式，以减少等待时间，从而提升顾客满意度。

（3）精心打造终值体验

宜家通过提供标志性的1元冰激凌、便捷的退换货和售后服务，以及易于组装的家具设计，让顾客在离开时留下美好回忆，从而增强对品牌的忠诚度和满意度。

3. 应用峰终定律策划活动

在策划活动时，我们的目标不仅仅是完成任务，更重要的是为参与者创造愉悦的体验和留下深刻的回忆。为了实现这一目标，我们可以借鉴峰终定律，将重点放在打造活动的峰值时刻和终值时刻。

打造峰值时刻是为了给参与者带来活动中最高潮的体验，而打造终值时刻则着眼于活动的完美结束。为了进一步细化这两个关键时刻的设计，可以采取以下步骤。

（1）设计峰值体验

识别关键点：深入剖析活动流程，找出那些能够给参与者带来最深刻印象和最愉悦体验的关键环节。

投入资源与创意：在这些关键点上，投入更多的资源和创意，如精心策划的表演、别出心裁的互动，或出人意料的奖励，以打造活动的亮点和高潮。

突出主题与目标：峰值体验要紧密围绕活动的主题和目标展开，从而加深参与者对活动的理解和认同。

7.4.9 文本
夏日旋律音乐节活动设计

（2）策划终值时刻

创造美好感受：在活动接近尾声时，要通过细致周到的安排，为参与者营造一种温馨、满足的氛围。

发表感谢与预告：可以通过赠送精心准备的小礼品来表达感谢，同时发表诚挚的感谢致辞。此外，还可以借此机会预告下一次活动的精彩看点，激发参与者的期待和兴趣。

提升满意度与期待感：让参与者带着满意和期待离开活动现场，为未来的活动奠定良好的基础。

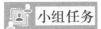 小组任务

应用项目峰终定律提升用户体验

对于"我来经营……"项目,你们将怎样利用峰终定律来提升用户的整体体验。具体来说,你们需要思考以下几个问题:

1. 哪些环节可以打造出峰值体验,从而给用户留下深刻印象?
2. 如何设计一个令人难忘的终值体验,以确保用户对整体体验保持高度满意?

任务五　让用户无法离开你

如果用户无法离开你,这无疑证明你的产品或服务已经成功地赢得了用户的信任。当用户有需求时,他们会第一时间想到你,并且会积极地向亲朋好友推荐你的产品或服务。这种用户忠诚度和口碑传播将为你的企业带来更多新用户,并进一步推动企业的发展。

一、个性化的用户体验

 思考讨论

身为一名酒店经营者,请思考:在为每一位具体的客人,比如文学名著《红楼梦》中的林黛玉提供服务时,与为其他客人提供服务有何不同?你会如何根据客人的独特性格和需求,为其打造一份专属的、个性化的住宿体验?

_____
_____
_____

1. 了解并尊重用户的个性

在竞争激烈的市场环境中,企业的成功往往取决于能否赢得用户的信任和依赖。当用户无法离开某一产品或服务时,这就是企业已经赢得用户忠诚的标志之一。要赢得用户的这种依赖,关键在于提供无与伦比的客户体验。其中,个性化体验是关键因素之一。

用户的个性，涉及兴趣、偏好、使用习惯以及价值观等各方面，这些都是构成他们独特需求的重要元素。要想为用户提供真正有价值的个性化体验，企业就必须深入了解这些元素。

通过用户调研，我们可以直接听到他们的声音，了解他们的真实需求和痛点；通过数据分析，我们可以观察到他们的行为模式，从而更好地预测他们的需求；而通过行为观察，我们可以更直观地了解用户在使用产品或服务过程中的实际体验。

7.5.1 视频
期盼型与担忧型

仅仅了解用户的个性是不够的，更重要的是要尊重它。这意味着企业在设计产品或服务时，要始终以用户的需求和期望为出发点。不是所有用户都喜欢同样的设计或功能，例如，年轻用户可能更喜欢时尚、新颖的设计，而中老年用户可能更注重产品的易用性和实用性。因此，企业应根据不同用户群体的特点，提供符合他们需求的个性化产品或服务。

当用户感受到企业对他们的深入了解和尊重时，他们自然会对这家企业产生更深的信任和依赖。同时，这也可以激发用户的兴趣，吸引他们积极参与其中，更加积极地与企业互动，从而为企业创造更多的商业机会。

2. 提供定制化的服务体验

在了解并尊重用户个性的基础上，企业就可以着手提供定制化的服务体验。这种体验的核心目标是深入满足用户的独特需求和期望，使他们感受到被深度理解和精心照顾。

为了实现这种定制化的服务体验，企业可以采取多种策略。首先，根据用户的行为数据和偏好，为他们提供个性化的功能设置。例如，在音乐流媒体应用中，可以基于用户的听歌历史和喜好自动推荐播放列表或电台；在新闻应用中，可以根据用户的阅读历史和兴趣定制个性化的新闻推送。

其次，定制化的交互设计也是提升用户体验的关键。这包括根据用户的习惯和需求调整界面布局、导航流程以及操作方式等。例如，对习惯单手操作的用户，可以将常用功能置于屏幕一侧以优化单手操作体验；对于视力不佳的用户，可以提供更大的字体和更高的对比度选项以改善可读性。

7.5.2 文本
一家电商平台的定制化服务体验

再次，通过分析用户的行为数据和兴趣偏好，企业能够为用户提供更加精准和有价值的个性化内容推荐。例如，在电商平台上，可以根据用户的购买历史和浏览行为推荐相关产品或优惠信息；在视频平台上，则可以基于用户的观影历史和喜好推荐符合其口味的影片或剧集。

最后，专属客户服务也是定制化体验的重要一环。这包括为用户提供一对一的咨询服务、配备专属的客户经理以及提供优先的服务通道等。这种专属服务能够让用户感受到被重视，从而进一步增强他们对品牌的忠诚度和满意度。

3. 持续优化的个性化体验

在当今快速变化的市场环境中,提供个性化体验已成为企业获取竞争优势的重要手段之一。在提供个性化体验的过程中,我们必须认识到一点:用户的需求和偏好是不断变化的,而市场环境和竞争态势也在持续发展。因此,设计个性化体验绝非一劳永逸,而是需要持续地进行优化和迭代。

为了能够始终为用户提供最佳体验,我们需要建立一个有效的反馈循环。首先,通过用户调研、在线反馈、社交媒体互动等多种渠道,积极收集用户的反馈和意见。这些反馈和意见可能涉及产品的功能、界面设计、性能表现等各个方面,是我们优化个性化体验的重要参考。

其次,要密切关注用户的行为数据。通过分析用户的购买行为、使用习惯等数据,我们可以洞察用户的需求变化,并相应地调整个性化策略来适应这一变化。

再次,在收集到用户反馈和行为数据后,要对这些信息进行整合和分析。通过数据挖掘、用户画像构建等技术手段,我们可以深入理解用户的需求和痛点,并发现现有个性化策略中的不足和改进空间。

7.5.3 视频
PDCA 循环:解锁持续改进的密钥

最后,基于这些分析结果,制定具体的优化措施并付诸实施。这可能包括改进算法以提高推荐准确性、优化界面设计以提升用户体验、增加新功能以满足用户新需求等。通过不断地调整和完善个性化策略,企业可以做到始终为用户提供最佳体验。

二、让用户"上瘾"的体验

思考讨论

请回想一下,是否有什么事物或活动让你沉迷其中,形成了所谓的"上瘾"体验?是什么让你如此着迷?请具体描述你沉迷其中的过程,并分析其中的关键因素。你认为这些因素是如何共同作用,使你产生强烈的依赖感和"上瘾"行为的?

1. 触发用户的内在动机

为了让用户对产品或服务产生"上瘾"的倾向,触发用户的内在动机是至关重要的第一步。用户的内在动机源于他们内心的需求、欲望和驱动力，这些因素是推动他们自愿采取行动或追求目标的关键。以下是一些触发用户内在动机的常见策略。

（1）提供有针对性的价值

用户只会对那些能够满足他们需求或解决他们问题的产品或服务产生持续的兴趣。例如，社交媒体平台通过帮助用户与朋友和家人保持联系、分享生活点滴，成功满足了用户的社交需求；而游戏平台则通过提供娱乐产品，满足了用户的游戏需求。

（2）激发好奇心和探索欲

人类天生对新奇和未知的事物充满好奇，我们可以利用这一点来设计具有吸引力和神秘感的产品或服务。通过提供引人入胜的内容、设置悬念或谜题，我们可以激发用户的好奇心，让他们想要了解更多或继续探索。

7.5.4 视频
"刀片+刀架"锁定用户

（3）塑造归属感和认同感

人们渴望被理解和接受，希望找到与自己志同道合的群体。因此，我们可以通过社区互动和个性化服务，让用户感到被重视和认同。例如，社交媒体平台和游戏平台通过提供社交功能和社区建设，让用户得以与其他用户互动并分享经验，从而增强了用户的归属感和认同感。

（4）提供成就感和进步感

用户喜欢看到自己的成长和进步，因此我们可以通过设计任务、挑战和成就系统，让用户在使用产品或接受服务的过程中不断获得成就感和进步感。例如，游戏平台通过设立等级、排行榜和奖励系统，让用户在游戏中不断挑战自己并获得成就。

2. 设置可变的奖励机制

在打造"上瘾"体验的过程中，设置可变的奖励机制是一种有效的策略。这种机制的核心，是通过不断变化的奖励来激励用户，使他们在使用产品或接受服务的过程中持续感受到新鲜感和充满期待。

设置不可预测且多样化、差异化的奖励机制，可以有效地激发用户使用产品的积极性。同时，这种机制还能鼓励用户主动尝试和探索产品的各项功能，从而显著提高产品的使用频率。为了实现这一目标，我们需要精心设计和实施可变的奖励机制。

7.5.5 文本
游戏中的可变
奖励机制

第一步，确定奖励的种类。这需要根据产品或服务的特点以及目标用户的兴趣和需求来进行选择。例如，对于游戏类产品，虚拟物品、游戏币、等级提升等可能是有效的奖励；而对于电商平台，优惠券、积分、免费试用等可能更具吸引力。

第二步，设定奖励的条件。这些条件应该既具有挑战性以激发用户的动力，又不至于困难到让用户感到沮丧。通过设定明确的条件，我们可以引导用户完成特定的行为或达到一定的标准。

第三步，确保奖励的发放是不可预测的。这可以借助随机算法、时间间隔、用户行为等多种因素来实现。这种不可预测性有助于保持用户的期待感和好奇心。同时，为了保持奖励的吸引力和新鲜感，我们必须持续更新奖励内容，根据时间的推移和用户行为的变化，不断调整奖励的种类和获取条件。

3. 引导用户形成使用习惯

在用户体验设计中，打造让用户"上瘾"的体验是一个综合性过程。通过深入了解用户的内在动机，并巧妙地设置可变的奖励机制，我们已经激发了用户的初步兴趣和持续的参与动力。要使用户建立长期、稳定的使用习惯，还需要进一步设计和实施引导策略。

使用习惯是用户在使用某一产品或服务过程中逐渐形成的自动化、无意识的行为模式。一旦这种习惯建立起来，用户便会在特定情境下自然而然地使用该产品或接受该服务，不需任何刻意提醒或额外努力。这不仅能够显著提高用户留存率，还能有效提升用户活跃度。以下是几个有效的策略。

设定明确的使用场景。如"在早餐时间查看新闻"或"在睡前进行健身打卡"，这有助于将使用行为与特定情境紧密关联起来，促使习惯的形成。

简化使用流程。使用产品或接受服务的流程应尽可能简单明了、易于上手，这可以降低用户的学习成本和使用门槛。

提供持续的价值。当用户在使用产品或接受服务的过程中不断得到正向反馈和收获成就感时，他们更有可能形成长期的使用习惯。

7.5.6 文本
社交媒体如何
培养用户的使用习惯

利用提醒和通知。在合适的时间点提醒用户使用产品或接受服务，不仅可以强化用户的使用意识，还能帮助他们在不知不觉中形成使用习惯。

建立与用户的情感联系。通过设计情感化的用户体验和互动环节，可以让用户在使用过程中产生积极的情感共鸣。

三、用户参与提升体验

思考讨论

在日常生活和工作中，我们经常会扮演旁观者和参与者的角色。这两种角色带给我们截然不同的感受和体验。请回想并对比你在某些活动或项目中作为旁观者和参与者的不同经历。在两种角色下，你的感受有何差异？

1. 用户参与产生成就感

一个优秀的产品不仅要满足用户的基本需求，更要能触动用户的情感，让他们在使用过程中感受到成就和满足。引导用户参与，进而提升他们的整体体验是一种有效方式。

用户参与产品设计，实际上是一种情感的投入。他们为产品付出了时间、精力和智慧，当看到自己的建议和想法被采纳，或者亲手制作出符合自己需求的产品时，他们内心会涌现出一种难以言表的喜悦和自豪。这种成就感让用户觉得产品不再是一个冷冰冰的物品，而是他们心血和智慧的结晶。

7.5.7 视频

让用户参与的蛋糕粉

"宜家效应"便是用户参与力量的生动体现。宜家提供的半成品家具让用户参与到组装过程中。这种亲身参与让用户对家具产生了更深的情感联系和归属感。完成组装后，用户会对自己的作品感到自豪和满足，这种正面情绪进而增强了他们对宜家的好感和忠诚度。

行为经济学家丹·艾瑞曾说道，我们对某一事物付出的努力不仅给事物本身带来了变化，也改变了自己对这一事物的评价。我们对自己的作品估价过高，这一偏见深入骨髓，误以为别人也和我们的看法相同。

2. 从使用产品到成为共建者

在传统的产品使用模式中，用户往往只是产品的消费者，他们与产品的关系止步于购买和使用。然而，随着时代的变迁和消费需求的升级，用户渴望更深层次地参与到产品的生命周期中，从单纯的使用者转变为产品的共建者。

这一转变意味着用户在产品设计、开发、测试乃至推广的每个环节都能发挥积极的作用，他们的声音、需求和反馈成为产品持续改进和创新的重要动力。这种用户参与模式不仅提升了用户的成就感，还显著增强了他们对产品的归属感和忠诚度。

为了让用户从使用者转变为共建者，企业需要在产品开发的全过程中积极引入用户参与。比如，在设计阶段，邀请用户参与原型设计，尊重他们的创意和建议；在开发阶段，采用众包等方式让用户直接参与到产品的具体实现中；在测试阶段，鼓励用户试用并提供反馈，确保产品的质量符合用户期望。

7.5.8 文本

小米的用户参与策略

此外，用户的参与并不止步于产品的发布。在产品优化和推广过程中，消费者口碑和社交媒体分享同样发挥着关键作用。通过持续收集和分析用户的使用数据和反馈，企业可以不断优化产品，满足用户不断变化的需求，从而建立起与用户之间更加紧密和持久的联系。

从使用者到共建者的转变，不仅代表了企业与用户关系的重塑，更体现了企业对美好的用户体验和满意度的持续追求。

在这一新模式下,用户不再是企业产品被动的接受者,而是成为推动产品创新和发展的重要力量。

3. 让用户忍不住参与

用户的深度参与能为其带来成就感,这种成就感还会转化为对品牌的忠诚和对产品的深度使用。为了更有效地吸引和鼓励用户参与,企业可以采取以下策略。

(1) 创造吸引人的参与体验

游戏化设计:结合有趣的挑战和吸引人的奖励机制,让用户在参与过程中体验竞争与探索的乐趣。

个性化定制:基于用户的个人喜好和需求,提供独特的参与方式,使用户感受到个性化的关怀。

引入社交元素:让用户与亲友或社区成员共同参与,从而加深其归属感。

(2) 提供有吸引力的激励

物质回馈:通过提供实物奖品、优惠券或积分等,直接满足用户的实际需求。

精神认可:利用徽章、排行榜等手段,提升用户的成就感,增强他们的认同感。

增值服务:为用户提供优先配送、专属客服等增值服务,创造尊贵的使用体验。

(3) 降低用户参与门槛

简化界面与流程:设计直观易用的用户界面,并简化参与步骤,降低用户的学习成本。

提供明确指导:在每一步骤中为用户提供明确的操作指引,帮助他们顺利完成任务。

降低参与风险:通过设置试用期、退款保障等,减少用户参与的风险,赢得用户的信任。

通过实施这些策略,企业可以有效地提升用户的参与度,使他们从单纯的产品使用者转变为品牌的支持者和推广者,进而增强用户的忠诚度,为品牌的长远发展奠定坚实基础。

7.5.9 文本
某健康App的步数挑战赛方案

小组任务

提升"我来经营……"项目的用户黏性

针对你们小组的"我来经营……"项目,创造一种让用户无法离开的产品体验。我们需要思考和讨论以下几个问题:

1. 如何根据用户的偏好、行为和需求,为他们提供个性化的产品?
2. 什么设计元素或功能可以使你的项目或产品让用户"上瘾"?
3. 如何鼓励用户更积极地参与到项目的各个环节中来?

情境八

用户故事地图

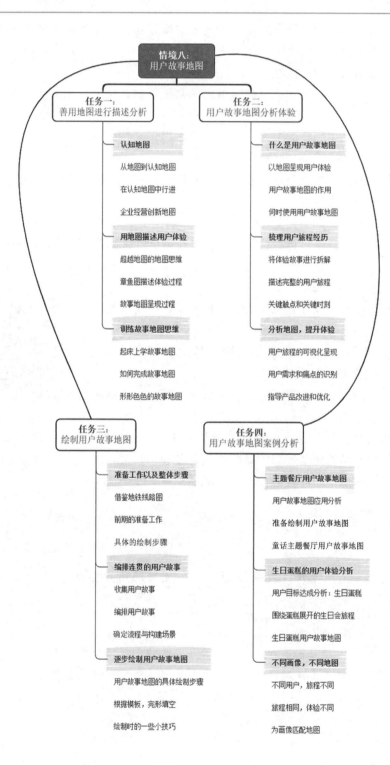

任务一　善用地图进行描述分析

> 科学是外部世界的一幅地图。像所有地图一样，它也忽略了细节。在交通图上，小镇、树木、房屋、岩石等被删掉，为公路、海岸线、国界以及其他对于地图使用者更有价值的信息留出位置。
>
> ——《推理的迷宫》

一、认知地图

思考讨论

你认为什么是地图？地铁线路图是地图吗？思维导图是地图吗？当你蒙上眼睛，在家中能否前往任意一处？当有人询问你学校食堂的位置，你是否能为他指引方向？为什么你可以做到？地图有什么用？

_____

_____

1. 从地图到认知地图

战争需要地图，游戏需要地图，甚至人类的认知方式也依赖于认知地图。为什么地图如此重要呢？从演化的角度来看，想象一下，我们的祖先在过着狩猎采集生活的漫长岁月中，产生了"世界那么大，我想去看看"的想法，于是他们四处探索，游走四方。

许多游戏玩家都有这样的体验，当进入一个陌生区域时，首要的任务就是"探地图"。同样地，当我们的远古祖先来到一个陌生地方之后，首先要做的事情也是探地图。为了生存，把握两个关键因素至关重要：一是躲避风险，两眼一抹黑肯定不行；二是寻找食物，但到处乱找肯定也不好。简单点说就是：自己找到食物，但不能成为食物。图 8-1-1 显示的是实例分析中相关的文字和地图描述。

8.1.1　视频
从详细指引到地图导航：寻找某餐厅的不同方式

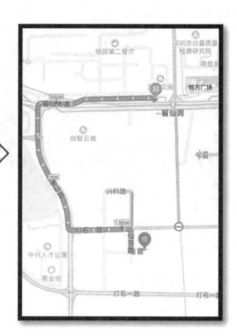

图 8-1-1　文字与地图描述

在探地图的同时，大脑中如果能呈现一张地图，将非常有利于躲避风险、寻找食物。大脑中的这张地图，我们可以称其为"认知地图"。

这里探讨的地图，并不局限于那些表示地理空间信息的地图。广义地看，地图可以是一种表示和传达任何类型信息的可视化工具。例如，思维导图或者流程图也是地图，它们虽然在形式上与传统地图有所不同，但在本质上，它们都承载着知识并且是人们认知的媒介。

正是由于有这些多样化的地图形式，我们可以在大脑中构建出更加复杂且丰富的认知地图。这些认知地图不仅可以帮助我们理解空间关系、方向和目标位置，还可以帮助我们掌握各种概念、流程和策略。

2. 在认知地图中行进

想象一下，当你蒙上眼睛在家中行走时，你是否能凭借内心的认知地图前往任意一处？当有人询问你熟知的位置时，你是否能凭借脑海中的地图为他指引方向？大多数人没有问题，因为他们的认知地图已经通过无数次的经验和记忆得到构建和完善。

认知地图并不局限于空间导航，还可以应用于更广泛的领域。比如，当你想要完成一个任务或解决一个问题时，你也可以在认知地图中规划你的行动路线。

先从购买酱油开始，当你接到这个任务时，你的认知地图会立即启动。你会在脑海中勾勒出前往超市的路线、需要穿过的街道、在哪里转弯以及是否能顺利到达目的地。这一切都在你的认知地图中得到规划和预演。

更进一步地，我们可以将地图中的"地"这一概念进行拓展。它不仅可以描述空间场所，还可以指代其他事物，例如"事情""任务"和"问题"等。这样一来，认知地图就成了一个多维度的工具，帮助我们在不同领域中进行决策和行动。

例如，面对一个复杂的项目时，你可以在你的认知地图中规划处理该项目的方式。你会考虑项目的各个方面，如预算、时间表、人员和物资等，并制定相应的计划和策略。同样地，当你面对一个有能力完成的任务或解决的问题时，你也可以在你的认知地图中找到行动路线或解决方案。

8.1.2 视频

人脑学习与认知

3. 企业经营创新地图

学习就是建立自己的认知地图，学习企业经营创新也是如此。在这个过程中，"故事"和"地图"两大工具发挥了极为重要的作用。借助企业经营创新地图，我们能够系统地掌握经营创新的精髓和方法，从而更好地将其应用于实践。

如图 8-1-2 所示，企业经营创新地图的核心思想是：故事为引导，地图为工具。通过讲述一系列连贯的故事和绘制相应的地图，我们将逐步掌握企业经营创新的精髓和方法。

图 8-1-3 为我们提供了清晰的学习路线。我们的探索从选定项目主题开始，通过头脑风暴激发创新点子，再用思维导图整合成结构化的蓝图。接下来，我们利用用户画像和用户故事深入洞察市场和用户需求。基于这些洞察，我们借助价值主张画布明确产品和服务的核心价值，并据此进行设计开发。此外，用户故事地图帮助我们关注用户在使用产品和接受服务过程中的体验，从而发现优化机会。最后，商业模式画布清晰展现我们的商业模式，促进内外部的沟通与理解。

8.1.3 视频

企业经营创新地图，引领"我来经营……"项目

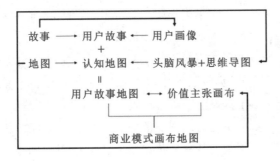

图 8-1-2 企业经营创新中的故事与地图

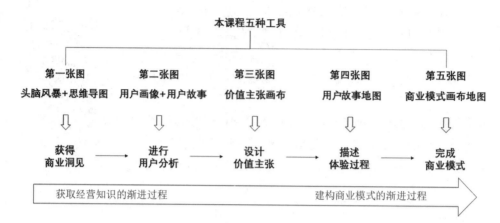

图 8-1-3　企业经营创新工具地图

二、用地图描述用户体验

> 思考讨论

假设你有一个朋友计划前往迪士尼乐园,但他对乐园不太熟悉。你会如何详细地为他规划一天的游玩行程?请考虑各个游玩项目的具体位置、它们的受欢迎程度、可能需要排队等候的时间,以及游客在游玩过程中体力和兴趣的可能变化。

1. 超越地图的地图思维

地图,原本只是地理信息的简单展现,但如今其功能和内涵已经远超出这一基本定义。它不再局限于标示山川城市,而是融入了更多的抽象表达。例如,我们用流程图来展现复杂的工作步骤,用思维导图揭示知识与概念之间的联系。这种变化标志着地图已经从单一的地理描绘工具转变为一种通用的、能够将思维可视化的工具。

8.1.4　视频
故事地图:小明的"幸运"一天

随着地图功能的这种扩展,我们的思考方式也随之发生了深刻的变化。传统上,我们使用地图来导航和探索实体世界。但现在,我们更多地利用它来整理和表达复杂的思想、数据和关系。这显示了地图思维正在从具体向抽象转变,开辟了更为广阔的应用领域。

故事地图是地图思维的一种应用。地图思维强调以图形化的方式解析和呈现复杂信息，而故事地图正是利用这种思维模式，将情节和事件发展等要素以图形化的方式展现出来。通过故事地图，我们可以更清晰地看到事物的脉络以及情节的发展，进而更好地理解事物。

同时，故事地图的应用不限于文学创作或影视制作，它还可以用于产品设计、用户体验、市场营销等多个领域。在这些领域中，故事地图可以帮助团队成员更好地理解和梳理产品的故事线、用户的需求和行为路径等，使得提升产品的吸引力和用户体验有了方向。

图 8-1-4 以故事地图的形式展现了实例分析中小明的"幸运"一天。

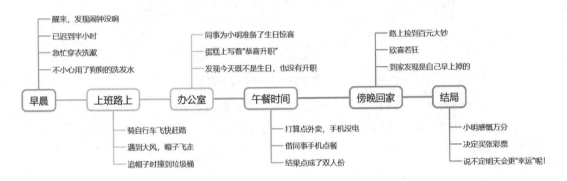

图 8-1-4　故事地图：小明的"幸运"一天

2. 章鱼图描述体验过程

体验是一种过程，过程开始于输入，结束于输出，而且这一过程往往是持续不断的，一个环节的输出可能成为下一个环节的输入。为了有效地管理这一过程并提供卓越的用户体验，企业需要清晰地识别并控制这些相互关联的环节。

章鱼图能够直观地呈现企业与用户间的互动流程。如图 8-1-5 所示，在这个图形中，企业的核心被比作章鱼的主体，而企业与用户之间的各种接触点则通过章鱼的触手来表示。每个触手代表一个特定的交互环节，箭头的方向指示了信息或服务的流动方向。

实例分析

8.1.5　视频
某汽车销售服务中心的章鱼图

3. 故事地图呈现过程

故事地图是一种可视化工具，它以图形化的方式展示故事的不同元素，如情节、角色和场景，从而实现故事结构的可视化。这一工具从中心主题或目标出发，通过支线和分支详细描绘各个元素，最终构建出一个完整的故事框架。借助故事地图，人们能更清晰地把握故事的发展脉络，有助于更好地理解和组织相关内容。

实例分析

8.1.6　视频
买手机的故事地图

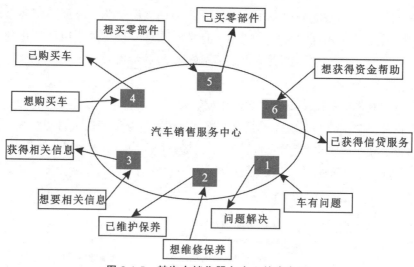

图 8-1-5 某汽车销售服务中心的章鱼图

企业经营创新的过程可以看作讲述四个用户故事的过程：首先是捕捉用户烦恼的故事，其次是挖掘用户追求更好生活的故事，接着是展示如何解决这些烦恼的故事，最终是制造让用户享受更好生活的故事。这四个故事层层递进，共同构建了企业经营创新的完整叙事。

为了提供卓越的产品和服务，并在市场竞争中占据优势，企业必须深入了解用户在使用产品和体验服务时的真实感受。在这方面，故事地图发挥着至关重要的作用，它架起了企业与用户之间的沟通桥梁。

如图 8-1-6 所示，通过故事地图，企业可以系统地梳理和可视化用户在使用产品或服务过程中的完整体验。这种全面的呈现方式使得企业能够准确捕捉用户的情感变化、需

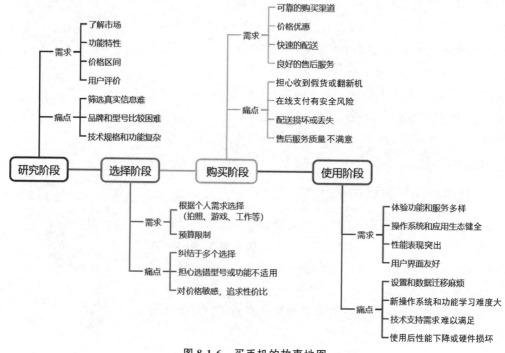

图 8-1-6 买手机的故事地图

求痛点以及行为模式。进一步地，故事地图还能揭示用户的内心想法和潜在需求，为企业提供极为宝贵的用户洞察。这些洞察不仅有助于企业更全面地理解用户，而且能为产品的优化和服务的改进提供精准的指导。

三、训练故事地图思维

  思考讨论

请回想你早晨从起床到上学的整个过程，并尝试将这个过程中的每个关键步骤和经历绘制成一张故事地图。故事地图的起点是你醒来的那一刻，终点是到达学校的时刻。在这个过程中，你经历了哪些环节？每个环节中你的情感有什么变化？有哪些外部因素影响了你的情绪和体验？

1. 起床上学故事地图

故事地图能够帮助我们更深入地理解用户的需求、痛点以及他们与产品或服务的互动过程。通过绘制用户的故事地图，我们可以从用户的视角出发，捕捉到他们在使用产品或接受服务过程中的关键时刻、情感变化和期望，从而更好地满足他们的需求。

为了加强对故事地图的运用，现在就让我们一起来练习绘制一幅"从起床到上学"的故事地图。在这个故事中，我们将跟随一个学生，从他清晨醒来的那一刻，直到他踏入学校的校门，细致描绘他的每一个行动、每一次情感转变以及对未来的期待。

故事地图的起点是闹钟响起，学生从睡梦中惊醒。接下来是匆匆起床、洗漱，这个过程中可能会遇到一些小挑战，比如找不到洗漱用品。然后是选择衣服、吃早餐，这里也许会有不知穿什么服装的纠结或者对早餐的期待。紧接着是出门前的准备，如检查书包等。这时可能会有对遗忘物品的担忧。最后是步行或乘车前往学校，其间可能伴随着对新的一天的憧憬或者对即将进行的课堂活动感到紧张。

通过绘制这样一幅故事地图（如图 8-1-7 所示），我们能够更好地理解学生在从起床到上学的整个过程中的需求和情感变化。这种能力能为相关产品或服务的设计提供有价值的洞察。这样的思维方式，无论是对于产品设计、服务提升还是用户体验优化，都有着重要的指导意义。

8.1.7 视频
从起床到上学的故事地图

早晨日常流程				
	起床阶段	早餐阶段	准备出门阶段	上学途中阶段
节点	闹钟响起　关闭闹钟　穿衣　准备起床	准备早餐　食用早餐　清理餐桌	检查书包作业等　穿外套换鞋　锁门离家	选择交通工具　注意安全，遵守规则　抵达学校
挑战	克服赖床心理	时间紧迫，需要快速完成早餐	遗忘物品或推迟出门时间	交通拥堵或天气不佳
机会	培养良好的作息习惯	选择健康、营养的早餐	养成良好的整理和计划习惯	锻炼身体，欣赏沿途风景

图 8-1-7　从起床到上学的故事地图

2. 如何完成故事地图

当我们尝试通过故事地图来理解和描述一个过程时，我们实际上是在捕捉和整理一系列的事件、行动和决策。为了完成故事地图，我们可以按照以下步骤进行。

① 明确起点和终点：确定故事的起点和终点，界定故事的时间或情境范围。

② 捕捉事件和行动：列出从起点到终点之间发生的所有关键事件和行动。

③ 识别任务：从事件中提炼出核心任务，即推动故事发展的关键行动。

8.1.8　文本
从起床到上学故事地图的完成步骤

④ 整理故事线：按照逻辑或时间顺序，对任务和事件进行排序，形成连贯的故事线。

⑤ 细化任务：将每个主要任务分解为更具体的子任务或步骤。

⑥ 考虑任务差异：注意到不同情境下的任务可能存在的差异和变化。

⑦ 讲述故事：依据整理好的故事线，向他人讲述整个故事。

⑧ 分析和改进：在讲述过程中发现并分析可能的问题，对故事地图进行优化和改进。

3. 形形色色的故事地图

故事地图是一种强大的视觉化工具，已经被广泛应用于各种领域和场景。不同于传统的线性流程图，故事地图能够进行个性化地定制，以适应复杂的需求。从简单的线性叙述到错综复杂的网状故事线，都能在其中得到很好的展现。图 8-1-8 就展示了一幅患者就诊故事地图。

在教育领域，故事地图常被用作教学辅助工具，帮助学生更好地理解历史事件、文学作品或科学原理。通过绘制时间线故事地图，学生可以清晰地看到历史事件的发展脉络；而文学故事地图能帮助学生把握人物关系、情节转折和主题思想。

在商业领域，故事地图则被用来描绘消费者旅程、产品生命周期或市场推广策略。通过深入了解客户的需求和痛点，企业可以绘制出精细的消费者故事地图，从而优化客

阶段	挂号	等待	就诊	诊断	治疗	支付	离开
场景	医院或诊所挂号处	候诊区（座椅、显示屏等）	诊室内（医生与患者面对面）	诊室内	诊室或治疗室	收费处	医院或诊所出口
行动与互动	到达医院并提供证件、信息；选择科室与医生；完成挂号手续	等待叫号；观察其他患者、阅读或休息	描述症状、病史与感受；接受医生的初步检查；可能被要求做进一步检查	向医生询问结果，包括病情、病因等；向医生说出自己的疑问和担忧，征询健康建议	听医生说明治疗方案；接受药物治疗、物理治疗等；询问治疗期间的注意事项	提供医保卡或其他支付方式；完成费用结算；获取发票和费用明细等凭证	收集处方药物、检查报告等；准备离开；遵循医嘱，观察病情变化；必要时复诊
心情与考虑	可能感到焦虑，希望顺利挂号；对即将开始的就诊过程有所期待	等待可能加剧焦虑；希望等待时间不要过长	希望得到准确诊断和有效治疗；可能对检查或化验感到紧张	可能对诊断结果感到担忧、安心或困惑；希望了解治疗方案和预后方案	希望治疗迅速见效，减轻病痛；对治疗过程可能感到紧张或担忧	希望支付过程透明、快捷；关注费用是否合理	离开时可能感到轻松或仍然担忧；对治疗结果和后续康复有所期待

图 8-1-8 患者就诊故事地图

户服务体验。同时，产品故事地图则能帮助企业更好地理解产品的生命周期，细致规划产品从开始研发到进入市场的每一个环节。

在娱乐产业，故事地图更是编剧和导演的得力助手。通过绘制角色关系图、情节发展图等，创作团队可以更加清晰地把握故事的走向和角色的心路历程，从而创作出更加引人入胜的作品。

形形色色的故事地图已经成为现代社会中不可或缺的一部分。它们以直观、生动的方式展现了各种事件、角色和情节之间的紧密关联，为人们的决策提供了有力的支持。

8.1.9 文本
患者就诊故事地图与应用

小组任务

以故事地图展现用户体验

请结合你们小组的"我来经营……"项目，用地图来直观展现用户体验的完整流程。在地图上详细描绘以下几点：

1. 用户旅程：从用户初次接触项目开始，直至完成核心目标的整个流程。

2. 关键互动：标记出用户在旅程中的所有重要交互环节，如注册、浏览、购买等。

3. 情感变化：在每个交互点旁注明用户可能的情感反应，如满意、困惑等。

任务二　用户故事地图分析体验

一、什么是用户故事地图

思考讨论

想象一下你打算经营一家独特的童话主题餐厅。为了让顾客体验到童话的奇妙世界，你需要设计餐厅的各个环节：从进门到点餐，再到用餐和离开。为了让顾客获得令人难忘的体验，你该如何规划和梳理顾客在餐厅的每一步旅程？

_____

_____

1. 以地图呈现用户体验

地图作为我们认识世界和理解世界的基础，不仅在日常生活中起着重要的作用，也在商业认知中扮演着关键的角色。企业竞争比拼的是谁能给用户带来更好的体验，因此，用户在使用产品和接受服务过程中的体验和感受就显得至关重要。

人是一种故事动物，通过故事来理解事物是我们的天性。以用户为主角讲述的故事，我们称为用户故事。地图是人们认识世界的工具，我们的大脑通过认知地图来理解和认知世界。因此，将故事与地图相结合，为我们提供了一种理解和解释世界的全新方式。

从字面看用户故事地图，可以将其拆解为"用户""故事"和"地图"三个关键词。因为

$$认知地图 = 认知 \times 地图，用户故事 = 用户 \times 故事；$$

又因为

$$用户故事地图 = 认知地图 + 用户故事；$$

所以

$$用户故事地图 = 用户 \times 故事 + 认知 \times 地图。$$

用户故事地图将用户故事和认知地图进行了整合，即通过地图来认知用户需求，通过地图来理解用户体验，通过地图来讲述用户故事。

从用户的视角出发，以讲述故事的方式描述用户与产品之间的互动，再将上述内容具现化、图形化就成为一张用户故事地图。用户故事地图又叫用户体验故事地图，从这里可以看出"体验"非常重要。因此，用户故事地图不是干巴巴的叙事，而是会着重描述用户的体验和感受。

8.2.1 视频

地图、故事、用户

2. 用户故事地图的作用

通过用户故事地图，企业能够更深入洞察用户的需求与行为模式，发现产品的优化空间，为产品迭代提供明确指导，并最终提升用户的整体体验。下面，我们将通过一个实例来详细解析用户故事地图的应用方式和作用，如图 8-2-1 所示。

用户角色：忙碌的都市白领。
背景：石女士，30 多岁，平时工作繁忙，经常加班，但仍然注重健康和锻炼身体。她希望在家中利用碎片时间进行有效的锻炼。

	了解应用	注册	制订锻炼计划	开始锻炼	获取营养建议	分享成果
行为或想法	看到朋友分享	快速注册	希望个性化推荐健身计划	按照计划锻炼	希望获取饮食建议	希望激励他人
目标	介绍清晰	注册界面简洁	计划详细且智能	提供高质量视频教程	提供个性化营养建议	易于分享
痛点			动作不正确	动作不熟悉		
机会点			推荐详细教程	进行动作指导	优化饮食计划	集成社交媒体

图 8-2-1 某移动健身应用的用户故事地图

通过上面展示的用户故事地图，我们可以清晰地看到其作用。

提供全局视角：用户故事地图清晰地展示了用户从了解应用到成为忠实用户的整个过程，帮助我们全面理解用户的需求和行为。

揭示痛点和机会：通过地图，我们发现用户在"制订锻炼计划"和"开始锻炼"这两个环节存在疑虑和困难。这为我们提供了改进产品的机会，例如增加更详细的教程和推荐个性化计划。

促进跨部门协作：地图已成为开发团队、设计团队和市场团队共同的沟通工具。大家可以围绕地图进行讨论，确保产品设计、功能开发和市场推广都紧密围绕用户需求进行。

8.2.2 文本
用户故事地图——
移动健身应用

指导产品迭代：随着产品的上线和用户反馈的汇集，我们可以不断更新用户故事地图，将新的用户故事和需求纳入其中。这确保了产品迭代始终以满足用户需求为核心。

提升用户体验：通过优化用户在"制订锻炼计划"和"开始锻炼"这两个环节的体验，我们提高了用户的满意度和留存率。用户故事地图帮助我们更加精准地解决用户面临的问题，提升了用户的整体体验。

3. 何时使用用户故事地图

用户故事地图提供了一个全面而清晰的视角，使企业能够详尽地描述用户体验的整体过程。它不仅能反映出用户在特定环境下的选择、感受和行动，还能揭示用户体验过程中的每一个细节。这为企业深入洞察用户的真实体验提供了有力的工具。

同时，用户故事地图还是我们展望未来、精心打造用户体验的得力助手。通过它，我们能够预见并感受用户在未来可能遇到的各种情境，从而在产品设计和服务提供中作出更加明智的决策。这种前瞻性的视角，使我们始终保持快速反应和强大创新，以满足用户不断变化的需求。

8.2.3 视频
某安全软件：通过
用户故事地图，
提升用户体验

以一家初创企业为例，假设他们正在研发一款智能手表。通过用户故事地图，他们可以深入了解用户对这款产品的各种期望。根据这些信息，他们可以绘制出一幅用户故事地图，将用户的期望和使用过程可视化。这样一来，企业不仅能洞察到用户在各个环节的具体需求，如健康监测、消息提醒等，还能根据这些需求精确地设计产品的各项功能和细节。

在产品持续优化过程中，用户故事地图的价值同样重要。它能够真实地反映用户使用产品的全过程，揭示其中潜在的问题和新兴的机遇。这些宝贵的反馈，为企业提供了调整和优化商业模式及运营策略的重要依据，从而帮助企业提升用户体验，巩固市场竞争优势。

二、梳理用户旅程经历

思考讨论

想象一下，你是一位产品经理，现在需要负责设计一个火箭票购买网站的用户体验流程。为了更深入地理解用户在使用平台时可能遇到的问题和痛点，你会如何梳理用户从进入平台到完成购物的整个旅程？

1. 将体验故事进行拆解

从宏观视角来看，一部电影实际上是由多个交织的情节和场景小故事编织而成，它们共同推动着整体剧情的发展。与此类似，用户故事同样可以被拆解为一系列紧密相连的小故事。这些小故事并非孤立存在，而是相互影响、环环相扣的，它们共同勾勒出了用户体验的完整画面。

举例来说，第一个小故事可能叙述了用户是如何发现产品并对其产生兴趣、进而产生购买或者使用意愿的；紧接着，第二个小故事便可能展开描述用户在实际使用产品时遇到的某个具体问题，以及他们是如何找到相应的解决办法的。而这个小故事的解决方式，又可能成为引发第三个小故事的契机，如此类推，形成一连串紧密相连的故事链。每一个小故事都为下一个故事提供了背景和动力，共同构成了用户体验的完整叙事。

8.2.4 文本
火箭票购买网站的
用户故事拆解

以未来星际旅游兴起为背景，设想一下用户购买火箭票的场景。从用户产生购买火箭票的想法，到寻找购买平台，浏览相关信息，注册账户，选择适合的火箭票产品，作出购买决策，完成支付，并最终获得火箭票准备星际旅行，这一系列的小故事完整地呈现了用户购买火箭票的全过程。其中每一个步骤都蕴含着用户的需求与期待，同时揭示了提升用户体验的关键环节。

2. 描述完整的用户旅程

人生就像一场旅程，我们的生活经历就是由一段段或短或长的旅程拼接而成，它们短到几秒钟，长达数十年。每一段旅程都可以讲述一个故事，这些故事中不仅有事件的发展，还有丰富的情感体验，例如高兴和沮丧、想法和感受，以及内心的对话。

当我们将这种旅程视角应用于分析用户体验时，用户就成了这一故事的主角。他们的经历、行动和期望等都成为我们关注的焦点。通过描述和理解用户的旅程，我们可以更深入地了解他们的需求，发现他们在使用产品或接受服务过程中的痛点和爽点。同时，描述完整的用户旅程为我们识别用户体验的关键触点和关键时刻奠定了基础。

8.2.5 视频
火箭票购买网站
完整的用户旅程

以前面提及的火箭票购买网站为例，一个完整的用户旅程始于用户需求的觉醒，并一直延伸到旅行结束后的反馈环节。在这个过程中，用户可能会通过广告、亲友推荐等多种渠道产生购买火箭票的意愿。随后，他们会在网站上搜索、比较并选择心仪的火箭票产品。接着，用户需要经历注册、登录、选择座位、支付等一系列环节，最终成功获取火箭票，并开始为星际旅行做准备。当旅行结束后，用户还会对整个购买流程和旅行体验进行评价与反馈，如图8-2-2所示。

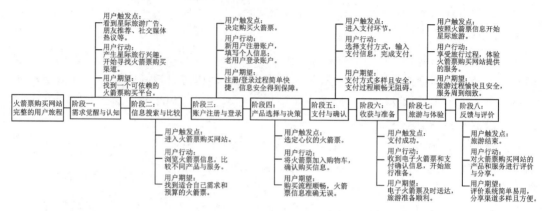

图 8-2-2　火箭票购买网站用户旅程

这段旅程体现了用户对平台可信赖性、购买流程顺畅性、支付安全性的期望，同时包含着他们对周到服务和愉悦经历的追求。

3. 关键触点和关键时刻

在对用户旅程进行完整描述后，需要识别出用户体验的关键触点和关键时刻。关键触点是指用户在使用产品或服务过程中与品牌或产品产生互动的重要节点，而关键时刻是指那些能够深刻影响用户对产品或服务的整体印象的特定时刻。

通过识别这些关键触点和关键时刻，我们可以更好地理解用户的需求和期望，并找出优化用户体验的潜在机会。例如，在关键触点上提供更简洁明了的界面设计、更高效的交互流程或更友好的客户服务；在关键时刻上创造更多的惊喜和愉悦感，以提升用户对产品或服务的整体满意度和忠诚度。

我们仍然以火箭票购买网站为例，其关键触点包括网站首页、火箭票搜索筛选、注册登录页面等。这些地方直接影响着用户与网站的交互和信息的获取。关键时刻则发生在用户的需求确认、购买决策、支付确认、旅行准备以及旅行后评价等节点。这些时刻对于用户满意度和忠诚度有着决定性的影响。

8.2.6　文本
火箭票购买网站的
关键触点和关键时刻

为了提升用户体验，网站应重点关注这些触点和时刻。通过优化搜索筛选功能、简化注册登录流程、完善支付系统等手段，确保用户在关键时刻得到顺畅、满意的体验。同时，旅行后的评价系统也应简易便捷，鼓励用户分享，以提升网站口碑和复购率。通过这些针对性做法，火箭票购买网站能够更全面地满足用户需求，增强用户忠诚度。

三、分析地图，提升体验

思考讨论

史蒂芬·平克有一句名言：写作之难，在于将网状的思想，通过树状的句法，用线性的文字展开。既然写作这么难，那我们为什么不直接将网状的思想可视化呈现？图 8-2-3 是一张旅程图，请描述一下你从这张图中看到了什么。

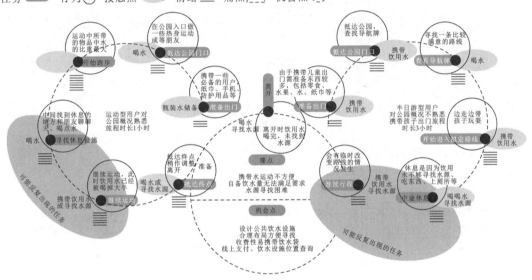

图 8-2-3　某公园用户旅程图

1. 用户旅程的可视化呈现

用户旅程是用户在使用某个产品或接受某种服务的整个过程中，所经历的一系列步骤和互动。这个旅程涵盖用户从初次接触产品或服务，到最终完成目标或任务的全过程。通过深入了解用户在每个步骤中的需求、痛点和期望，企业可以更加精准地定位问题、优化产品设计、提升用户体验，从而增强用户的忠诚度和满意度。

人类大脑更善于处理视觉信息，而不是纯文字或数据。因此，通过可视化的方式呈现用户旅程，可以使信息更容易被理

8.2.7　文本
火箭票购买网站的
用户故事地图

解。用户故事地图为我们提供了一个清晰的用户旅程可视化工具。从用户首次接触产品或服务开始,到他们完成目标或任务,每一个步骤都被详细记录并呈现在地图上。这使得团队成员能够直观地了解用户在整个过程中是如何行动的,以及他们在哪些环节可能遇到困难或挑战。

在上述实例分析中呈现的火箭票购买网站用户故事地图(如图8-2-4所示)中,我们可以清晰地看到用户李星际从发现网站到完成购买再到反馈评价的整个过程,以及每个阶段的关键触点和用户行为等。这些信息助于团队成员更好地理解用户需求、识别潜在痛点,并为后续的产品改进和优化提供指导。

阶段	需求觉醒	搜索比较	注册登录	购买决策	支付确认	旅行准备	旅行体验	反馈评价
触点	看到星际旅行广告和社交媒体上的热议	进入火箭票购买网站	决定购买火箭票	选定火箭票	进入支付环节	支付成功	开始星际旅行	旅行结束
行动	产生星际旅行兴趣,寻找购买渠道	浏览并比较火箭票信息	注册/登录账户	加入购物车,确认购买信息	选择支付方式,完成支付	收到电子火箭票,开始旅行准备	享受旅行过程,体验服务	评价与分享产品和服务
期望	找到可信赖的购买平台	找到适合自身需求和预算的火箭票产品	注册/登录简单、快捷、安全	购买流程顺畅,信息准确	支付方式多样且安全,支付顺畅	电子火箭票及时送达,旅行准备顺利	旅行愉快且安全,服务周到	评价系统简单易用,分享渠道多样
情绪	兴奋、好奇	认真、期待	谨慎、信任	满足、决断	紧张、放心	期待、兴奋	快乐、惊喜	满意、感恩
想法	星际旅行听起来很酷,我也想试试!	我要仔细比较这些火箭票的价格和服务	希望注册流程简单,信息得到保护	找到了我想要的火箭票,期待星际旅行!	希望支付过程顺利,不要出问题	要踏上星际旅行的征程了,好期待!	这次星际旅行太棒了,感谢提供的服务!	我要分享这次经历,给网站一个好评!

图8-2-4 火箭票购买网站的用户故事地图

2. 用户需求和痛点的识别

在用户故事地图中,每个用户故事都代表着一个特定的用户需求或痛点。这些故事通常是从用户的角度出发来描述的,可以帮助我们更好地理解用户在特定情境下的需求和挑战。

8.2.8 文本
火箭票购买网站的
用户需求和痛点识别

用户需求指的是用户在特定场景下希望产品或服务能够满足的明确或隐含的需要。这些需求可能是功能性的(如"我能够发送一条消息"),也可能是体验性的(如"界面应该直观易用")。

例如,在星际旅行火箭票购买场景中,有可能出现以下用户需求:"作为用户,我想要在一个平台上查看所有可用的星际旅行路线及其价格,以便我比较并选择最适合我的路线。"

痛点是用户在尝试完成某项任务或达到某个目标时遇到的困难、不便或不满。这些痛点通常与用户体验的负面方面相关，如操作复杂、信息难以找到或流程烦琐等。痛点经常可以被转化为改进或优化产品和服务的机会，并通过用户故事来表达。

例如，在星际旅行火箭票购买过程中，可能存在的一个痛点是："作为用户，我在比较不同供应商的火箭票时感到困惑，因为每个供应商的网站都有不同的界面和术语，这使得比较变得非常困难。"

3. 指导产品改进和优化

在企业追求经营创新的过程中，精准捕捉用户需求、准确识别痛点，并据此进行有效的产品改进和优化，无疑是一项关键任务。用户故事地图作为一种深入洞察用户需求的工具，为企业提供了宝贵的指导。

用户故事地图通过一种直观、结构化的方式，详细展现了用户与产品或服务互动的完整旅程。这一工具的核心价值在于其从用户的角度出发，揭示了用户在使用产品或接受服务时的每一个步骤、所遇问题以及他们的真实期望。这种深入骨髓的用户洞察，使企业能够跳出自身的视角，更全面地理解用户的真实需求和感受。

更为重要的是，用户故事地图凸显了用户需求和痛点在产品开发与优化中的核心地位。每一个标记在用户故事地图上的"故事"，都代表着一个具体的用户需求或一个待解决的痛点。企业可以通过深入分析这些"故事"，精准地识别出用户最为关心的功能，以及那些对用户体验产生负面影响的关键问题。

8.2.9 文本
火箭票购买网站的产品改进和优化指导

以火箭票购买网站为例，通过精心构建和分析用户故事地图，我们得出了以下针对产品的核心改进建议：优化选择与展示界面、简化购买流程、增强支付安全、提供产品详细信息、加强客户服务以及优化退改签与售后流程。

小组任务

梳理用户旅程

针对你们小组的"我来经营……"项目，详细梳理用户在使用产品或接受服务时所经历的完整旅程。具体要求如下：

1. 从用户初次接触产品或服务开始，详细描绘他们使用产品或接受服务的整个流程，直至实现最终目标或完成某项特定任务。

2. 识别并记录用户将经历的所有步骤。同时，分析用户在这些步骤中是如何与我们的产品或服务进行互动的。

3. 在每个阶段，挖掘并记录用户的可能需求和期望。

任务三　绘制用户故事地图

> 写一篇好散文要经过三个台阶：一个是音乐的，这时它被构思；一个是建筑的，这时它被搭建起来；最后一个是纺织的，这时它被织成。
>
> ——本雅明

绘制故事地图也是如此：一个是音乐的，构思主线；一个是建筑的，搭建骨架；最后一个是纺织的，织成画卷。

一、准备工作以及整体步骤

 思考讨论

亨利·贝克1931年设计的伦敦地铁线路图为每条地铁线赋予了不同的颜色，使用刻度线和黄形记号等符号对普通车站和换乘站作了区分，并且对市中心等地铁线路密集、站点众多少核心区域进行了适当放大和详细展示。请说说地铁线路图的特点。

_____
_____
_____

1. 借鉴地铁线路图

用户故事地图是一种可视化工具，旨在帮助企业更深入地理解用户在使用产品时的体验与感受，从而更精准地把握用户需求。与地铁线路图相似，用户故事地图也强调简洁性、抽象化、可视化以及以用户为中心的设计原则。

（1）简洁性

用户故事地图应该去除冗余信息，只展示对用户完成任务至关重要的步骤和节点。就像地铁线路图不会显示每个建筑或街道的细节一样，用户故事地图也应该专注于呈现用户旅程中的核心活动和决策点。

（2）抽象化

与地铁线路图类似，用户故事地图的绘制不必完全遵循实际流程的顺序或结构。相反，它应该以一种抽象化的方式展示用户旅程，强调关键节点和决策点。这种抽象化有助于企业从更高层次理解用户需求，并识别出潜在的改进空间和市场机会。

(3) 可视化

用户故事地图应该充分利用图形、符号和颜色来增强可读性。就像地铁线路图使用不同颜色和符号来区分线路和站点一样，用户故事地图也应该使用清晰的视觉元素来展示不同类型的用户故事、功能或流程。

(4) 以用户为中心

用户故事地图需要始终以用户为中心，它应该反映用户的需求、痛点和期望，而不是仅仅关注产品的功能或特性。通过了解用户并站在他们的角度思考问题，企业可以创建出更加贴近用户需求的用户故事地图，从而指导产品的设计和开发过程。

8.3.1 文本
地铁线路图的启示

2. 前期的准备工作

在着手绘制用户故事地图之前，有几个关键的准备工作是必不可少的。这些准备工作能够帮助我们更好地理解用户的需求和行为，为后续的地图绘制提供有力的支持。

首先，需要进行深入的用户研究。这包括与用户进行面对面的交流、进行问卷调查、观察用户的使用过程等。通过与用户的直接接触，可以获取到他们对产品的真实反馈、面临的问题和存在的需求，从而更好地理解用户的内心世界。

除了开展用户研究外，还需要收集相关的数据和信息来支持用户故事地图的绘制。这包括用户行为数据、产品使用信息、用户反馈情况等。通过对这些数据和信息的分析，可以了解用户在产品使用过程中的行为路径、痛点和需求，为后续的地图绘制提供有力的依据。

在收集到大量的用户研究信息后，需要对这些信息进行筛选和简化。这意味着需要识别出对于理解用户体验至关重要的元素，并剔除那些不相关的信息。通过取舍和简化，可以将用户的真实体验转化为简洁明了的故事地图，突出重点，避免信息过载。

8.3.2 视频
足立健店铺用户
故事地图

除了信息的筛选与简化外，还需要思考信息的布局与组织。在用户故事地图中，各元素的位置和关系对于理解和分析用户体验至关重要，需要确保各元素在地图上的位置能够清晰地展现它们之间的关系。

3. 具体的绘制步骤

绘制用户故事地图的具体步骤如图 8-3-1 所示：描绘用户画像、讲述用户故事、明确价值主张、确定产品服务、拆解体验流程、绘制故事地图。

描绘用户画像和讲述用户故事可以帮助企业更清晰地认识目标用户，深入了解用户的需求、痛点和行为特征。明确价值主张和确定产品服务，则是为了确保团队能够准确理解产品的核心价值和市场定位。

图 8-3-1　绘制用户故事地图的具体步骤

确定了产品或服务范围后,我们需要详细拆解用户在使用产品或接受服务时的每一个步骤和环节,这就是拆解体验过程。通过拆解体验过程,我们可以发现用户在使用过程中可能遇到的问题和障碍,从而进行优化和改进。

8.3.3　视频
足立健店铺根据
用户故事地图做出的
改进策略

当我们完成了前述任务后,接下来便可以根据具体的产品或服务特点,以及团队的需求和习惯来选择合适的模板,进行内容的填充和细化。选用恰当的模板能够引导我们系统地构建用户故事地图。

当我们对用户故事地图有了足够的理解后,甚至可以摆脱模板的限制。团队成员可以共同讨论并记录下用户故事的关键要素,然后将它们贴在墙上或白板上,方便随时查看和参考。这种灵活的方式有助于激发团队的创造力,从而构建出更加贴近用户需求的用户故事地图。

二、编排连贯的用户故事

思考讨论

你是一名探险家,在密林中发现一座神秘神庙,墙上图案似乎在讲述一个迷人故事。你已成功"收集"了大量的图案,接下来该如何"解读"和"编排"这些信息,形成一个引人入胜的故事?

1. 收集用户故事

收集用户故事是构建用户故事地图的基石,它要求企业与用户进行深入的互动,以全面理解用户的需求、所面临的挑战以及对产品的期望。为实现这一目标,企业可以采用深入访谈、问卷调查、用户行为观察等多种方法,这些手段有助于企业捕捉到用户最真实的声音和反馈,确保产品设计能够紧密贴合用户的实际需求。

以开发一款能够很好满足用户需求的移动健身应用为例,企业在项目启动之初就积极开展用户故事的收集工作。在明确了上班族与健身爱好者这两大目标用户群体后,企业通过访谈和问卷调查,对他们在锻炼过程中的难点与期望进行了深入了解。

经过深入的用户研究，该企业发现，上班族普遍期望能在紧凑的工作间隙中，利用短时间进行有效锻炼；而健身爱好者则更注重锻炼的多样性和个性化，他们渴望获得丰富且有针对性的锻炼计划。此外，还有用户提出，希望这款移动健身应用具备社区互动功能，以便他们与其他健身爱好者交流心得、分享经验。

这些用户故事揭示了不同用户群体的核心需求，如时间效率、锻炼多样性、个性化计划和社区支持。这些洞察将指导企业的产品设计，确保开发出真正符合用户期望的移动健身应用。通过这一系列的用户故事收集与分析，企业为这款移动健身应用的后续开发和优化奠定了坚实基础。

8.3.4 文本
移动健身应用的
用户故事收集

2. 编排用户故事

编排用户故事是根据用户与产品的实际互动顺序将零散的用户反馈组织在一起的过程。通过编排，看似无关的用户故事可以连成一系列连贯的画面。其核心在于构建一个流畅的故事线，以更好地把握用户的真实体验。

第一步，整理用户故事。将收集到的用户故事进行归类和整理，确保每个故事都是清晰、具体的，并去除重复或模糊的故事。

第二步，识别用户故事。从整理好的用户故事中识别出关键的故事情节和用户需求，明确产品的核心功能和用户期望。

第三步，编排用户故事。将识别出的关键用户故事进行有序的编排，构建出一个完整、连贯的用户体验旅程。

以上述的移动健身应用为例，我们可以这样编排用户故事。

8.3.5 文本
移动健身应用的
用户故事编排

初始阶段：用户下载并打开移动健身应用，希望能够找到一个适合自己的锻炼计划。在这个阶段，用户可能会遇到选择困难和时间安排的问题。

核心阶段：用户开始按照应用提供的锻炼计划进行锻炼。在这个阶段，上班族用户可能会发现时间紧张，希望能够有高效的锻炼方式；而健身爱好者则希望应用提供多样化的锻炼计划和专业的指导。

进阶阶段：随着时间的推移，用户的锻炼水平逐渐提高，他们希望能够获得更多个性化的锻炼建议和挑战。同时，用户也希望能够在应用中找到一个社区，与其他锻炼者互动和分享经验，以减轻在家中锻炼的孤独感。

3. 确定旅程与构建场景

在完成用户故事地图的过程中，确定旅程与构建场景是指将编排好的用户故事转化为具体的、可视化的产品使用流程和关键场景。

确定旅程着眼于用户在使用产品或接受服务时所经历的一系列步骤和环节。这些步骤按照逻辑和时间的顺序排列，共同组成一个完整、连贯的使用流程。构建场景则着重于描绘用户在特定情境下与产品交互的具体画面。这些场景融合了用户的目标、行为、所处环境以及情绪等多个要素。

第一步，确定核心旅程。

核心旅程是用户在使用产品或服务时的主要路径，它涵盖用户从接触产品到实现目标的一系列关键步骤。例如，对于移动健身应用来说，核心旅程可以概括为以下几个步骤：用户下载应用——选择锻炼计划——开始锻炼——持续跟踪进展——调整计划。

第二步，构建关键场景。

关键场景是对核心流程中各个步骤的具体描绘，它们与核心流程的各个阶段相对应，为我们提供了关于具体的用户行为、环境背景和用户情绪的生动画卷。例如，对于上面的移动健身应用，第一个关键场景就是下载应用，其要素如下。

用户行为：在应用商店搜索并下载健身应用，期待能找到一款适合自己的锻炼工具。

环境：用户可能在家中、办公室或公共场所使用手机进行操作。

情绪：对新应用充满好奇和期待。

8.3.6 文本
移动健身应用的流程
确定与场景构建

三、逐步绘制用户故事地图

思考讨论

烹饪初学者可以按照菜谱完成一道菜，这种"套路"使新手也能轻松制作出美味菜肴。当我们学习一个新的技能或面对一个新的领域时，为什么"套路"能帮助我们更快地入门并取得初步成果？你能不能举一个学习或生活中的例子？

1. 用户故事地图的具体绘制步骤

在完成了绘制用户故事地图的准备工作并掌握了整体绘制流程后，接下来就可以着手绘制用户故事地图了。其具体绘制步骤如下。

第一步：划分体验阶段。将用户的体验流程进行阶段划分，确定核心旅程。

第二步：明确任务目标。根据每个阶段的特点，确定用户在该阶段需要完成的任务或达到的目标。

第三步：描述用户行为。详细描述用户在每个阶段的具体行为和执行细节，这有助于更深入地理解用户的需求。

第四步：确定接触点。识别用户与产品或服务进行交互的关键点，这些接触点是提升用户体验的关键。

第五步：理解用户想法。探究用户在特定场景下、执行特定行为时可能产生的思考和想法。

第六步：绘制情绪曲线。分析用户在使用产品或服务过程中的情绪变化，绘制出用户的情绪曲线，以洞察用户的情感反应。

第七步：识别用户痛点。通过深入分析用户的行为、想法和情绪，整理出每个阶段的用户痛点，并探究其产生的原因。

第八步：挖掘机会点。针对识别出的用户痛点，寻找解决方案和创新设计，以提升用户体验并创造商业价值。这些解决方案和创新设计即是所谓的机会点。

通过以上步骤，就可以构建一个完整的用户故事地图，借助这一地图，企业可以更全面地理解用户需求，优化产品或服务的设计，提升用户体验。

8.3.7 视频
"好多房"订房平台故事地图构建解析

2. 根据模板，完形填空

首先，你需要选择一个合适的模板。模板通常会包含用户行动、用户想法、用户情绪以及可能遇到的痛点等部分。这些部分都留有相应的空白以供填写。在选择好模板后，接下来就是针对每个空白部分填写相应的内容。

例如，可以参考图 8-3-2 所展示的用户故事地图模板。这个模板包含用户旅程阶段、任务目标、用户行为、接触点、用户想法、用户情绪、用户痛点和机会点等不同的板块。有了这个模板之后，你就可以开始"完形填空"了。

8.3.8 视频
完成"好多房"用户故事地图

旅程阶段					
任务目标					
用户行为					
接触点					
用户想法					
用户情绪					
用户痛点					
机会点					

图 8-3-2 用户故事地图模板

我们继续以实例分析中的"好多房"平台为例,采用"根据模板,完形填空"的方式绘制用户故事地图,完成后的用户故事地图如图 8-3-3 所示。

阶段划分	了解平台	找房	预订房间	办理入住	居住	退房离开
任务目标	确定需求,比较同类产品,了解口碑	搜索符合条件的房源,查看房间详情和评价	选择合适的房间,完成预订流程	到达酒店,快速办理入住手续	享受舒适的住宿体验,解决可能遇到的问题	办理退房手续,结束住宿
用户行为	访问网站/App,浏览房源,阅读评价	使用搜索功能,筛选房源,查看详情和图片	选择房型和日期,填写信息,支付费用	前往前台,出示信息,完成身份验证	入住房间,使用设施,联系客服	整理行李,前往前台办理退房
接触点	好多房网站/App,用户评价	房源详情页面	预订确认页面	酒店前台	房间设施,客服人员	酒店前台
用户想法	找一个可靠、方便的订房平台	快速找到符合需求的房源	预订流程简单顺畅,支付方式多样	入住手续快速高效,减少等待时间	住宿环境舒适,及时解决问题	退房手续简单快捷
用户情绪	兴奋	满意	期待	愉悦	安心	满意
用户痛点	信息过多,难以判断可靠性	搜索结果不符合需求,筛选不精准	预订流程烦琐,支付方式受限	前台排队等待时间长,身份验证烦琐	房间设施不完善,问题无法及时解决	退房手续烦琐,等待时间长
机会点	优化信息展示,增强信任度	改进搜索算法和筛选条件	简化预订流程,增加支付方式	引入自助入住设备	完善设施和维护服务	优化退房流程

图 8-3-3　用户故事地图模板示例

3. 绘制时的一些小技巧

在叙述一个人的经历与绘制用户故事地图之间,实际上有许多共通之处,如故事结构、细节展现、主题突出以及情境营造等。借助这些共通点,我们可以更精准地将用户的真实体验转化为直观的视觉表达,助力企业更深刻地洞悉用户的需求与期望。

8.3.9　文本
便利贴应用:菜单分析

当着手绘制用户故事地图时,准备充足的便利贴是个实用的方法。你可以有针对性地写下用户的行为、思考和情感,随后进行整理和分类。

例如,使用第一人称进行简洁描述,将体验细分为行为、疑问、感受和想法等各个层面。这种做法不仅增强了代入感,使得操作更加简便,还有助于大脑对各类碎片化信息进行有序的组织与调整。同时，这种描述方式也便于后续的阐述、沟通与交流。

以下是在便利贴上展开描述的具体示例：

行为：以"我＋动词"的形式描述。例如："我搜索了商品。"

想法：用"我认为＋具体想法"来表达。例如："我认为能够比较价格会更有优势。"

感受：通过"我觉得＋具体感受"来传达。例如："我觉得插播广告很烦人。"

小组任务

绘制用户故事地图

针对你们小组的"我来经营……"项目，在梳理用户旅程的基础上，完成用户故事地图绘制。具体要求如下：

1. 须清晰描绘用户从最初接触我们的产品或服务，到最终达成其目标或完成某项任务的完整路径。

2. 包含用户在使用产品或接受服务过程中的思想、行为、情绪变化，并明确标注出用户可能会遇到的困难和痛点。

3. 以可视化的方式呈现，确保信息直观、易懂，便于团队成员理解和分析用户需求，以优化我们的产品或服务。

任务四 用户故事地图案例分析

一、主题餐厅用户故事地图

思考讨论

如果你打算经营一家童话主题餐厅，请思考：如何营造梦幻般的童话氛围？如何将童话故事元素巧妙地融入菜品中？为了使整个体验更加贴合童话主题，员工可以如何做？还可以设计哪些与童话相关的活动？

1. 用户故事地图应用分析

我们将打造一家别具一格的童话主题餐厅，旨在为您和家人提供一个沉浸于童话世界的用餐体验。当您步入餐厅，映入眼帘的将是梦幻般的城堡、迷雾缭绕的森林以及栩栩如生、可爱至极的童话角色，仿佛将您引领进一个真实的童话王国。

我们的厨师团队精心研制了一系列与童话故事紧密相关的美味佳肴。这些菜品不仅味道鲜美，而且在视觉上也绚烂多彩。从色彩搭配到造型设计，每一处细节都力求完美，让您在品味美食的同时，也能欣赏到艺术的魅力。

此外，我们特别为孩子们打造了一个充满乐趣的活动区域。在这里，孩子们可以尽情玩耍、探索，感受童话世界的无限魅力。我们还定期举办各种主题活动，如故事会、角色扮演等，让孩子们在轻松愉快的氛围中度过美好的时光。

8.4.1 视频
童话主题餐厅
用户故事地图应用

上文是关于一家童话主题餐厅的构思。为了更精准地满足顾客需求，餐厅可以运用用户故事地图进行用户体验分析，全面展示顾客从进店到离店的整个体验过程，帮助餐厅深入了解顾客的需求和期望，以及可能遇到的问题。

通过用户故事地图，餐厅可以细致地描绘出顾客在每个环节的感受和体验，包括他们对环境的感知、对菜品的评价、对服务的满意度等。这不仅有助于餐厅发现服务中的不足和潜在问题，还能为餐厅提供改进的方向和依据。

2. 准备绘制用户故事地图

在绘制童话主题餐厅的用户故事地图前，我们还需做好充分的准备工作。具体的准备步骤如下。

明确构建目标：我们的主要关注点在于深入理解家庭客户在餐厅的用餐经历，从而揭示出现有服务设计中的不足，以及可以进一步优化的服务环节。

收集顾客反馈：我们通过多种途径，积极采集家庭客户对餐厅环境、菜品以及服务质量的意见和建议。在这个过程中，我们特别关注父母和孩子这两个不同用户群体的声音。

8.4.2 视频
童话主题餐厅用户
故事地图构建准备工作

研究顾客需求：为了更全面地掌握顾客体验，我们需要深入研究家庭顾客的各种需求、期望和偏好。

描绘完整流程：基于所收集的信息，我们将详细绘制顾客从进店至离店的整个流程，主要包括七大环节——迎宾入座、点餐咨询、等待上餐、用餐体验、需求响应、结账反馈和离店送别。

思考各环节要点：例如，在迎宾入座环节，一个热情周到的迎接动作就能够给顾客留下良好的第一印象；在点餐咨询环节，服务员需要具备丰富的产品知识和恰当的沟通技巧；在用餐体验环节，菜品的口味、摆盘、上菜速度等都会直接影响顾客的满意度。

3. 童话主题餐厅用户故事地图

在完成用户故事地图的应用分析和绘制准备之后，就可以着手完成用户故事地图。以下是绘制童话主题餐厅用户故事地图的整个过程。

第一步，搭建地图框架。

横轴代表用户从进入餐厅到离开餐厅的整个时间线，包括进门、点餐、等待、用餐、互动体验、结账和离店等关键节点。纵轴反映用户在不同阶段可能产生的需求、行为和情绪等。

实例分析

8.4.3 文本

根据故事地图，提升童话主题餐厅的具体策略

第二步，填充用户故事。

地图框架搭建完成后，就可以在空白处填上相关内容了，图 8-4-1 是完成后的用户故事地图。

关键节点	进门	点餐	等待	用餐	互动体验	结账	离店
需求	环境整洁、服务热情、童话主题鲜明	菜单清晰、菜品诱人、推荐有效	时间合理、有餐前小吃、有娱乐活动	食物美味、餐具具有童话色彩、环境舒适	活动有趣、可以进行角色扮演、与童话角色互动	结账快速、账单准确、支付方式多样	离店顺畅、送别温馨、有小礼品或优惠券
行为	推门，环顾，寻找服务人员	坐下，浏览，询问	等待，查看手机，参与活动	品尝，交谈，享受氛围	参与活动，与孩子互动	示意结账，核对，支付	离座，走向出口，道别
触点	门把手、入口装饰、服务员	菜单、餐桌装饰、服务员	等待区、娱乐设施、服务员	菜品、餐具、灯光、音乐	活动道具、服装、互动区域	收银台、支付设备、服务员	出口装饰、送别语、小礼品
情绪	期待、好奇	兴奋、期待	好奇、轻微焦虑	满足、愉悦	兴奋、投入	满意或不耐烦	满意、期待再访
痛点	环境脏乱、服务冷漠、主题不突出	菜单混乱、图片不清晰、建议无效	等待时间长、无娱乐活动、无人关怀	不合口味、食物不卫生、环境嘈杂	活动无趣、参与感不强、设施不完善	速度慢、账单错误、支付受限	流程烦琐、无人送别、无再访诱因

图 8-4-1 童话主题餐厅用户故事地图

第三步，根据地图提出建议。

基于对用户故事地图的研究和分析，就可以对童话主题餐厅提出建议了。例如，以童话元素装饰强化主题；建议服务人员引导顾客融入童话情境；不定期更新童话主题相关菜品；定期举办童话主题活动等。

二、生日蛋糕的用户体验分析

思考讨论

生日蛋糕和普通蛋糕在客户价值上存在何种差异?生日蛋糕是为了让人们品尝到美味的蛋糕吗?如果不是,那么生日蛋糕的真正用意是什么,它旨在满足用户的哪些需求和目标?

1. 用户目标达成分析:生日蛋糕

用户目标达成分析是一种以用户为中心的设计思维方法,它关注用户希望通过使用产品或接受服务来完成的具体任务或达到的目标。对于生日蛋糕而言,这一分析将探索用户在庆祝生日时希望通过蛋糕实现的核心任务和期望效果,具体来看包括以下几点。

愉快的庆祝体验:蛋糕能够为生日庆祝带来欢乐、温馨的氛围,让每个人都感到快乐和满足。

美味的享受:蛋糕的味道、口感和食材质量都达到人们期待的标准,为人们带来美味的享受。

情感的传递:通过蛋糕传达的祝福和情感能够被人们准确接收并感受到。

个性的展现:通过蛋糕的定制设计展现出独特性和个人特色,让蛋糕成为一份具有特殊意义的礼物。

8.4.4 文本
生日蛋糕店的用户旅程和触点分析

可以看出,生日蛋糕在用户的生日庆祝活动中承载着多重角色和价值。因此,在设计和提供相关服务时,我们应"跳出蛋糕看生日蛋糕"。这意味着,当我们考虑生日蛋糕的设计、销售和服务时,我们不应该仅仅将其视为一种甜点,而应该深入地理解它在用户生活中的角色和价值。

为了实现庆祝生日的"道具"功能,我们需要超越单一的产品视角,从更宏观、更全面的角度来审视生日蛋糕,并深入探索用户在购买和使用蛋糕的整个过程中的体验。具体方法包括研究用户在蛋糕店的用户旅程,以及分析用户与蛋糕店的各个接触点。

2. 围绕蛋糕展开的生日会旅程

基于对生日蛋糕的用户目标达成分析，我们可以得出这样的结论，即要"跳出蛋糕看生日蛋糕"。在深入分析用户旅程，并详细剖析用户与蛋糕店之间的各个接触点后，我们不难发现：选择生日蛋糕并不仅仅是选择一个甜品，而是构成了一个涵盖多阶段和复杂情形的完整旅程。

为了绘制生日蛋糕店的用户故事地图，我们首先需要描绘生日蛋糕店的用户旅程。整个旅程涵盖多个关键阶段：需求认知阶段——信息搜寻阶段——决策与定制阶段——购买与支付阶段——期待与准备阶段——收货与体验阶段——反馈与分享阶段。

就像我们放大地图以看到更多细节一样，为了深入把握并提升用户体验，我们也需要放大某些关键环节。例如，我们可以聚焦于"期待与准备阶段"以及"收货与体验阶段"，这两个阶段是围绕蛋糕展开的生日会旅程。他们与生日蛋糕的用户体验紧密相连，不仅承载着用户的高度期待，更是品牌影响力和用户忠诚度形成的关键时刻。

8.4.5 文本
生日旅程：蛋糕引领的创新体验

这两个阶段可以进一步细化为：送达蛋糕——打开蛋糕——展示蛋糕——拍照——点蜡烛——许愿——分蛋糕——品尝蛋糕——互动游戏——表演。这些环节共同构成了围绕蛋糕展开的生日旅程中的难忘时光。

围绕这一生日会旅程，提供送货表演、个性化蛋糕、光影拍照、特色蜡烛、美味搭配及互动游戏等创新环节，可以打造一场充满惊喜与趣味的生日会，极大提升用户体验。

3. 生日蛋糕用户故事地图

在完成生日会旅程设计，并构思一系列创新做法后，我们接下来需要对照每个阶段的用户目标和行为，保证我们的做法与用户需求相匹配，并满足用户在不同环节中的期望。这包括思考用户在每个阶段可能产生的想法、情绪、痛点，以及他们的实际行为是否与我们预期相符。

接下来，我们可以开始构建用户故事地图，主要分为两个步骤。

第一步，搭建地图框架。

在横轴上，我们主要分析了围绕蛋糕展开的生日会旅程包含的关键环节：送达蛋糕——打开蛋糕——展示与拍照——点蜡烛与许愿——分蛋糕与品尝——游戏与表演

纵轴则用来展示用户在每个阶段的目标、行为、想法、情绪等。这有助于我们深入理解用户在不同阶段的体验和感受。

第二步，填充用户故事。

在地图框架中填充用户故事后的地图如图 8-4-2 所示。

借助用户故事地图，蛋糕店能够制定针对性的经营策略，

8.4.6 文本
生日蛋糕店的用户旅程优化策略

进而优化用户体验。从配送的准时性、蛋糕的外观设计、口感的丰富性，到互动环节的增设，每一步都追求创新，旨在提升用户满意度，进而巩固用户的品牌忠诚度。

阶段	送达蛋糕	打开蛋糕	展示与拍照	点蜡烛与许愿	分蛋糕与品尝	游戏与表演
用户目标	按时、安全送达；态度友好	外观精美、完好	独特精美；留下回忆	表达愿望；仪式感强	品尝美味；分享快乐	有趣；人人参与
用户行为	等待；签收并检查	小心打开蛋糕盒；观察	放置显眼位置；拍照	点蜡烛；许愿；吹蜡烛	切蛋糕；分发；品尝	组织游戏；邀请表演
用户想法	希望蛋糕完好；担心送货问题	希望符合预期	希望蛋糕精美；拍出美感	希望愿望实现；享受仪式感	希望蛋糕好吃；大家喜欢	希望游戏和表演有趣
用户情绪	期待、焦虑	好奇、兴奋、担忧	自豪、快乐	期待、幸福	满足、快乐	兴奋、快乐
用户痛点	送货延迟；蛋糕损坏	与预期不符；移位或损坏	拍照技术不佳；光线影响效果	忘带火；吹出口水	切得难看；口味不符预期	无人参与；内容不合适
优化策略						

图 8-4-2　生日蛋糕用户故事地图

三、不同画像，不同地图

思考讨论

在一个大型购物中心，不同类型的顾客（如年轻时尚达人、家庭主妇、老年人等）可能有不同的购物需求和路线。请为每种类型的顾客设计一份独特的购物地图，以优化他们的购物体验。

1. 不同用户，旅程不同

不同用户在使用相同产品或接受相同服务时，因其背景、需求、经验和偏好等的差异，会有不同的旅程。因此，企业在设计产品和服务时需要充分考虑各类用户的需求，以提供更个性化、更贴心的服务，从而增强用户黏性，提升用户满意度。

对于在线购物平台，新老用户有不同需求和体验。新用户关注注册简便性、商品种类和优惠力度，老用户则重视积分、会员特权和购物效率。新用户从注册开始，经历浏览、比较到购买的过程；而老用户流程更简洁，注重增值功能和购物体验。

对于在线新闻阅读平台，免费和付费用户也有显著差别。免费用户有内容浏览限制，有时不得不看一些广告，须花时间和精力搜寻合适的内容。付费用户则享受无限制阅读、无广告体验及额外特权，使用体验更顺畅、高效。

8.4.7 文本

不同用户，旅程不同

对于抖音平台，娱乐型和创作型用户的需求也大相径庭。娱乐型用户关注视频质量、推荐准确性和操作流畅性，创作型用户则重视创作工具易用性、数据分析功能和粉丝互动。他们的使用旅程从打开应用到浏览或创作，再到分享或优化内容，体现了不同类型的用户体验。

同样地，对于餐饮企业，堂食顾客和外带顾客有着不同的需求和体验；在旅游行业中，跟团游和自由行的顾客体验也大不相同；对于汽车销售企业来说，首次购车用户和换购用户的需求也有所区别。企业应深入了解这些差异，以提供更加精准的产品和服务。

2. 旅程相同，体验不同

在使用相同产品或接受相同服务的过程中，即使旅程环节一模一样，不同的用户因其个人背景、情感状态、使用习惯和期望值的差异，也会有截然不同的体验。

在电影院里，两位观众可能都观看了同一部电影，但他们的观影体验也会有所不同。一位电影爱好者可能会更加关注电影的剧情、演技和视觉效果，对电影的每个细节都津津乐道。而另一位寻求放松的观众则可能更加看重影院的音响效果、座椅舒适度和观影环境的安静程度，以期在观影过程中得到放松和享受。

出行服务平台上，两位用户可能都选择了从A地到B地的打车服务，他们的基本旅程都是下单、等待、乘车和支付。然而，其中一位商务人士可能更看重效率与舒适度。而另一位旅游者可能对沿途的风景更感兴趣，她希望司机能充当临时的导游，介绍当地的风土人情。

再看一个在线教育的例子，两位学生都报名了同一门在线课程并完成了全部的学习内容。但一个学习习惯好、自律性强的学生和一个相对散漫的学生，对于这门课程的评价可能会有很大的差异。前者可能觉得课程内容充实、教学方式新颖，而后者可能觉得课程太难、进度太快。

8.4.8 文本

书店用户故事地图：对比文学爱好者与学生的购书体验

这些例子表明，在使用相同产品或接受相同服务的过程中，即使旅程环节完全相同，不同的用户也会因其个人特点和需求的差异而获得不同的体验。

3. 为画像匹配地图

企业常常面临这样一个挑战：如何更好地理解和满足不同类型用户的需求？由于用户群体的多样性和复杂性，直接为每一位用户单独创建用户故事地图既不现实也不高效。一个有效的办法是通过建立用户画像来代表不同的用户群体，并为每个用户画像创建相应的用户故事地图。

以一家餐厅为例，它主要服务四类用户：情侣、家庭用户、商务人士和外带食客。

情侣用户画像描绘的是那些追求浪漫和私密氛围的顾客。在情侣的用户故事地图中，餐厅会设置一些特别的浪漫节点，如庆祝重要日子的专属布置、情侣套餐以及提供拍照的浪漫角落等，以满足情侣用户对于浪漫体验的追求。

8.4.9 文本
餐厅用户故事地图：洞察四类顾客群体的需求与体验

家庭用户画像代表的是携带孩子的家庭顾客。在家庭用户故事地图中，餐厅会重点关注家庭互动的环节，如亲子活动、儿童游乐设施以及适合全家人的菜单选择，以确保家庭成员都能在餐厅中找到乐趣。

商务人士用户画像刻画的是那些需要在餐厅进行商务洽谈或会议的顾客。在商务人士的用户故事地图中，餐厅会注重提供便捷的商务配套服务，如打印服务，以满足商务人士对于高效决策和商务洽谈的需求。

外带食客用户画像则是指那些时间紧迫或喜欢在家用餐的顾客。在外带食客的用户故事地图中，餐厅会优化点餐和取餐的流程，确保顾客能够快速获得所需的食物。

小组任务

"我来经营……"项目提升体验策略

针对你们小组的"我来经营……"项目，在完成用户故事地图的基础上，对这份用户故事地图进行详尽的分析，并针对其中的问题和潜在改进点，提出有效的解决方案和改进建议。同时，深入探讨如何通过不断的优化和创新，来提升用户在使用产品或接受服务的整个过程中的体验。

Project

05

项目五
"我来经营……"商业模式设计

情境九　全面理解商业模式
情境十　商业模式画布

企业经营创新地图				
项目一	项目二	项目三	项目四	**项目五**
启程： 项目主题选择	探索： 市场用户分析	创新： 价值主张设计	实践： 用户体验过程分析	**整合： 商业模式设计**

主题

"我来经营……"商业模式设计

目标

了解商业模式诞生的时代背景，从盈利模式、核心能力等维度深入把握商业模式的实质。学会运用商业模式画布工具，对一家企业进行透彻分析，并在此基础上，完成自己项目的商业模式设计与构建。

内容

在前面的四个项目中，我们依次选定了项目主题，完成了用户分析，提出了产品价值主张，并进行了用户体验分析。有了这些坚实的基础，我们现在可以着手构建整体商业模式了。这一步骤将综合前面的分析成果，为自己的项目制定全面的商业策略。

（1）**经营创新与商业模式**。剖析经营创新逻辑，探讨时代变革中的商业模式发展以及以客户价值为出发点的理念。

（2）**优秀商业模式的特点**。赚别人赚不到的钱，算别人不会算的账，做别人看不懂的事，做别人做不了的事。

（3）**用画布呈现商业模式**。了解商业模式画布的特性和组成部分，通过九个核心模块来全面展示一个商业模式的内涵。

（4）**种摇钱树，建护城河**。将画布右端的"摇钱树"和左端的"护城河"有效整合，以实现企业的长期稳定发展。

（5）**商业模式设计与创新**。运用商业模式画布来设计和规划商业模式，进行商业模式的迭代和优化。

情境九

全面理解商业模式

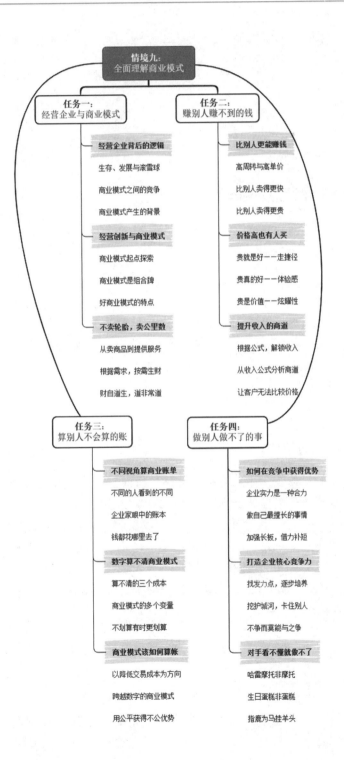

任务一　经营企业与商业模式

> 事实上，商业模式都是一些故事——说明企业如何运作的故事。如同一个好故事，一个好的商业模式包含准确刻画的角色、可信的动机以及洞悉价值的故事情节。
>
> ——《商业模式缘何重要》

一、经营企业背后的逻辑

思考讨论

想象一下，如果每个企业都是一个有生命的个体，它们会怎样成长和生存。如果说商业模式就是决定公司特点的基因，影响着公司如何赚钱、怎样和别人合作，以及怎样适应市场的变化，那么请讨论一下，这些"基因"如何决定企业的特性。

_____

_____

1. 生存、发展与滚雪球

企业如同一个鲜活的生命体，遵循着自身独特的生存法则和发展规律。这些法则和规律由市场环境、竞争态势以及企业的资源能力共同铸就。

9.1.1　视频
巴菲特的雪球——
企业增长就像"滚雪球"

新东方创始人俞敏洪曾说，初创企业的成功基石在于两点：一是商业模式支持企业生存，二是商业模式具有足够大的市场前景。这很容易让人联想到刘慈欣在《三体》中构建的宇宙社会学理念，其中两个公理引人深思。

第一条，生存是文明的第一需要。

第二条，文明不断增长和扩张，但宇宙中的物质总量保持不变。

将这一逻辑转移到企业经营上，可以得出：生存不仅是所有经营活动的前提，更是未来发展的根基，发展是一个持续增长和扩大的过程；在有限的市场中，企业的增长往往伴随着对市场份额的激烈竞争。

利润作为企业的生命线，来源于企业的价值创造与交换。它不仅是企业生存和发展的基础，也是企业衡量经营成果的指标。然而，企业并非以盈利为终极目标。管理学家德鲁克就曾指出："鞋子才是真实的，利润只是结果。"这揭示了企业的真正意义——满足人们的实际需求。

利润本质上是企业创造价值并得到市场认可的结果。"滚雪球"效应在此过程中发挥了关键作用，推动企业不断增强影响力。通过持续的价值创造和利润积累，企业能够形成良性循环，实现稳健而持续的发展。

2. 商业模式之间的竞争

在传统的商业战场上，企业间的较量往往聚焦于产品本身。通过提升产品质量、增加产品功能、压缩生产成本等策略，企业试图在激烈的市场竞争中脱颖而出。然而，德鲁克的洞见指出了一条新的竞争路径：当今企业之间的竞争，不是产品之间的竞争，而是商业模式之间的竞争。

这一观点在多个行业中得到了印证。360杀毒与瑞星杀毒的较量，并非单纯在杀毒软件这一产品层面的竞争，而是双方商业模式之间的博弈。同样，小米电视与创维电视的竞争，也超越了电视产品本身，延伸到了各自商业模式的全方位对抗。瑞幸咖啡与星巴克的竞争更是如此，它们之间的较量早已不局限于咖啡这一产品或咖啡厅服务，而是各自商业模式之间的深度较量。

商业模式竞争之所以成为新的焦点，是因为它触及企业盈利和持续发展的核心。一个成功的商业模式能够重新定义目标客户、重构价值主张、改变收入来源和成本结构，从而为企业创造独特的竞争优势。这种竞争不再是单一产品的比拼，而是整个价值链和生态系统的全面较量。

9.1.2 视频
商业模式之间的竞争

为了适应这一趋势，企业需要转变思维，从更广阔的视角审视市场和消费者需求。这要求企业不仅关注产品的物理属性和功能特点，而且要深入探索如何通过创新的商业模式来创造和获取价值。

3. 商业模式产生的背景

商业模式的产生与发展是历史演变、社会环境变化以及市场竞争态势变迁共同作用的结果。从历史的角度看，商业模式经历了从简单的买卖到复杂的市场竞争的转变。工业革命的到来改变了生产方式，加剧了市场竞争，推动企业寻求更高效、更复杂的商业模式。同时，科技革命，特别是互联网和移动通信技术的进步，为商业模式的创新提供了无限可能。

社会环境的变化同样对商业模式产生了深远影响。消费者需求的多样化促使企业不得不调整和创新商业模式以适应市场的不断变化。环保和可持续发展的全球共识则推动了绿色、可持续的商业模式的崛起。此外，政府政策和法规的变动，如行业监管和税收政策，也深刻影响了企业的商业模式选择。

9.1.3　文本

思想实验：商业丛林中的进化之战

在位者与搅局者的竞争也是商业模式发展中的一个重要方面。在位者作为行业的领导者，拥有强大的品牌和资源优势，构筑了较高的市场进入壁垒。然而，搅局者通过引入创新的产品、服务或商业模式，试图打破现有市场格局，挑战在位者的地位。这种竞争不仅激发了市场活力，也推动了整个行业的持续进步。

综上所述，商业模式的产生背景是多元化的。在这种背景下，在位者与搅局者的竞争进一步推动了商业模式的创新与发展。

二、经营创新与商业模式

思考讨论

一般人看东西，喜欢关注事物之间的不同点；高手则善于发现两个不同事物之间的相同点。当企业提供相同或相似的产品时，它们的商业模式可能截然不同。那么问题来了，如果两家企业提供完全不同的产品，你认为它们的商业模式有可能相似吗？举例说明。

_____

_____

1. 商业模式起点探索

9.1.4　视频

迈克菲（McAfee）与赛门铁克（Symantec）

两家看似提供相同产品的企业，其商业模式可能存在显著差异。以杀毒软件为例，迈克菲（McAfee）和赛门铁克（Symantec）是两家知名的杀毒软件公司。表面上看，他们的产品好像没什么不同，但它们采用了截然不同的商业模式。

在商业模式的构建过程中，选择市场导向还是能力导向作为起点是一个关键的战略决策。迈克菲的市场导向和赛门铁克的能力导向为我们提供了两个生动的案例，用以分析这两种导向的优缺点及其适用情境，如表9-1-1所示。

表 9-1-1 两家杀毒软件的对比

对比	市场导向（迈克菲）	能力导向（赛门铁克）
关注点	顾客需求、市场趋势	技术专长、核心竞争力
优点	1. 快速响应市场变化 2. 紧密关注顾客需求 3. 创新机会多样	1. 建立长期竞争优势 2. 资源集中、使用高效 3. 技术领先、创新性强
缺点	1. 易受市场短期波动影响 2. 资源可能分散 3. 竞争激烈，利润压缩	1. 可能忽视市场实际需求 2. 技术创新风险高 3. 战略灵活性受限
适用情境	1. 变化迅速、需求多样的市场 2. 竞争激烈的行业 3. 需要快速建立品牌知名度的初创企业	1. 拥有独特技术或资源的企业 2. 相对稳定的市场环境 3. 高度专业化的行业或领域

在刚开始构建商业模式时，选择市场导向还是能力导向取决于企业的具体情况和市场环境。在实际操作中，许多成功的企业往往能够在这两种策略之间找到平衡，既关注市场需求，又注重核心能力的提升。

2. 商业模式是组合牌

在赛马活动中，"赌骑师，不赌马"是常识，因为骑师技艺可以决定胜负。但在商业世界中，有人提出不同观点：好的商业模式比管理团队更关键。想象一下，如果最优秀的骑师骑着一头驴，与骑着纯种马的普通骑师进行比赛，结果会如何？同样地，在商业世界中，一个优秀的商业模式能够为企业带来巨大的竞争优势，即使管理团队并非顶尖，也能在市场中脱颖而出。

商业模式就像是一副精心组合的牌，其中每一张牌都代表着企业的一个重要元素。这些元素包括产品、服务、市场定位、营销策略、技术创新等。它们在独立存在时可能并不起眼，但当它们被巧妙地组合在一起时，便能发挥出巨大的能量。

这副牌中的每一张都承载着企业的核心竞争力和市场机会。正如在扑克游戏中，单独的一张牌可能价值有限，但当它们以特定的组合出现时，便能瞬间改变游戏的局势。商业模式也是如此，它将各个要素有机地结合在一起，形成企业独特的竞争优势。

企业在构建商业模式时，需要像扑克牌高手一样深思熟虑。他们必须了解每张牌的价值和潜力，并找到最佳的组合方式。同时，就像扑克牌高手能够根据不同的牌面和对手的变化来制定最佳战术一样，企业在面对市场变化时也需要及时调整商业模式以保持竞争力。

9.1.5 文本
商业模式画布：
九张牌的组合

3. 好商业模式的特点

构建商业模式是企业经营创新的核心。它像一把钥匙，打开了企业通往成功的大门。一个优秀的商业模式能够让企业"赚别人赚不到的钱，算别人不会算的账，做别人看不懂的事，做别人做不了的事"。

9.1.6 文本
赚人所未赚，算人所难算，为人所不解，成人所不能

好商业模式的特点主要体现在以下几个方面：首先，它具有创新性，能够打破传统，提供与众不同的产品或服务；其次，它具备可持续性，能够确保企业长期稳定发展；再次，它以客户为中心，深入了解并满足客户的期望和需求；最后，它难以被复制和模仿，融合了企业的核心竞争力和独特资源。

这些特点共同构成了好商业模式的独特魅力，使得企业能够在公平的竞争中获得"不公平"的竞争优势。正如"夫唯不争，故天下莫能与之争"的道家哲学思想一样，一个优秀的商业模式能让一家企业在不直接与竞争对手发生冲突的情况下保持领先地位，并实现持续盈利。这种"不争而胜"的智慧，正是好商业模式的精髓所在。

然而，当某种商业模式在初创阶段就广受认可时，往往会引来众多竞争者，许多企业可能因此被淘汰。一些具有创新精神的企业倾向于选择独特且不易被理解的商业模式，以期在市场中立足。因此，对于初创企业或寻求突破的企业来说，探索并实践具有自身特色的商业模式，是其在激烈竞争中脱颖而出的关键。

三、不卖轮胎，卖公里数

思考讨论

轮胎企业是否可以"卖公里数"，即按照轮胎行驶里程来收费，而不是直接销售轮胎产品？同样地，发动机企业是否可以"卖使用时间"，即按照发动机的运行时间来收费，而非一次性销售发动机？请讨论这种商业模式的可行性，并分析这种转变可能对企业和消费者带来的影响。

_____

_____

1. 从卖商品到提供服务

在传统的商业模式中，企业关注的主要是生产和销售有形的商品，例如制造一辆汽车、生产一台电视或制作一件衣服。然而，随着消费者需求的日益多样化和市场竞争的加剧,企业逐渐认识到提供优质服务的重要性,服务成了与产品同等重要甚至更为关键的竞争要素。

商业模式的这一演化,即从单纯地贩卖商品到提供全方位的服务转变,深刻地体现了"产品即服务,服务即产品"的核心理念。在这一转变过程中,产品和服务不再泾渭分明,而是相互融合、互为补充,共同致力于解决用户生活和工作中的问题并满足其日益多样化的需求。

这种趋势强调以用户为中心的商业价值创造。企业不应仅仅关注产品的物理属性和功能,而是应更加关注产品能够提供的整体体验和解决方案。

产品即服务的观念指出,即使是实体商品,其真正的价值也体现在它能够提供的服务或体验上。例如,购买一辆汽车不仅仅是购买一个交通工具,更是购买一种出行服务,包括驾驶的舒适感、安全性、维修保养服务等。

服务即产品的观念则指出,优质的服务本身就是一种可以独立销售的产品。例如,在航空业中,乘客购买机票时,除了获得从一地到另一地的运输服务外,还期望获得舒适的乘坐体验、美味的餐食、丰富的娱乐节目等附加服务。

9.1.7 文本

枕头企业商业模式——
产品即服务,
服务即产品

2. 根据需求,按需生财

在商业模式的不断进化中,企业逐渐从单纯的商品销售转向更为复杂且多样的服务提供上。这一转变不仅改变了产品的外在形态,而且深刻地影响了企业的商业模式和经营方式。

根据用户目标达成理论,用户购买产品的核心目的并非拥有产品,而是通过产品来完成某项任务或实现特定目标。以轮胎为例,用户购买轮胎的真正目的并非拥有轮胎本身,而是为了实现从一个地方到另一个地方的移动。因此,他们真正关心的是轮胎所能提供的行驶里程、安全性和舒适性,而非轮胎这一实体产品。

基于此,企业可以转变思路,不再仅仅销售轮胎这一产品,而是成为客户的"轮胎管家",提供以行驶公里数为基础的服务。这意味着企业可以根据客户的需求和行驶习惯,提供定制化的轮胎使用方案,包括轮胎的类型、更换周期、保养计划等。客户只需支付一定的服务费用,就可以享受全方位的轮胎服务,不需再为轮胎的选购、更换等问题操心。

9.1.8 视频

从卖轮胎到卖"公里数"

通过这种商业模式创新,企业不仅能够更好地满足客户需求,提升客户体验,还能够将传统的一次性产品销售收入转化为持续性的服务收入。这不仅有助于增强客户黏性和忠诚度,还能为企业带来更稳定、可持续的盈利来源。同时,这种以客户需求为导向的服务模式,也将成为企业在激烈市场竞争中脱颖而出的关键。

3. 财自道生，道非常道

"财自道生"，告诉我们财富并不是凭空而来的，其产生遵循着某种内在的规律和路径。这里的"道"可以理解为商业的智慧、策略和方法，也可以被视为一种顺应市场趋势、满足消费者需求的洞察力。

"道非常道"则是对这一理念的进一步升华。它提醒我们，商业世界中的"道"并非一成不变。随着市场环境的变化、消费者需求的演变，以及科学技术的发展，昨天的成功之道可能在今天已经过时。因此，企业必须保持高度的敏锐性和灵活性，不断调整和优化自己的商业模式，以适应不断变化的市场。

9.1.9 视频
通用电气：从销售产品到销售时间

以哈雷摩托为例，它不只是一辆摩托车，更是一种独特的文化和生活方式的象征。哈雷的成功，不仅在于其产品的品质和功能，更在于其成功塑造了一种叛逆、自由的品牌形象，吸引了一大批忠实的粉丝。这就是哈雷的"道"——将产品与文化、情感紧密结合，创造出独特的品牌价值。

再如生日蛋糕。设想一个极端的场景，一个人独自在陌生的城市过生日，他很可能仍会选择购买生日蛋糕，并遵循点蜡烛、许愿、吹蜡烛的过程。因此，生日蛋糕是生日"道具"。这就是蛋糕店的"道"——将产品与情感、体验相结合，创造出独特的消费体验。

在市场竞争中，只有那些敢于打破常规、不断探索新商业模式，寻找和创造自己的"道"的企业，才能从市场中脱颖而出。

小组任务

探索可能的商业模式

针对你们小组的"我来经营……"项目，思考并探讨如何构建有效的商业模式，以及可能实现怎样的商业模式创新。具体可以考虑以下几个方面。

1. 订阅服务模式：是否可以将产品或服务转化为订阅服务，从而为客户提供长期的价值并带来稳定的收入？

2. 共享经济模式：是否可以利用共享经济的理念，通过资源的合理利用和优化配置来降低成本、提高效率？

3. 平台化运营模式：能否构建一个平台，将多方资源整合在一起，通过提供一站式的解决方案来满足客户的需求？

4. 新兴技术：如何利用人工智能、大数据、物联网等新兴技术来优化或重塑我们的商业模式？

任务二　赚别人赚不到的钱

一、比别人更能赚钱

思考讨论

要想比别人更能赚钱，方法无非就是比别人卖得多，卖得快，卖得贵。思考并讨论在商业运营中，如何通过提高销售数量、加快销售速度和设定更高的价格来实现更高的盈利。

1. 高周转与高单价

在商业世界中，或许每个企业都梦想着赚得盆满钵满，但真正能做到的却寥寥无几。企业要想获得利润，就需要找到适合自己的盈利方式，最为常见的就是高周转模式和高单价模式。

（1）高周转模式：快进快出，薄利多销

高周转模式的核心理念就是"快进快出"。在这种模式下，企业追求的是快速地完成销售，然后迅速投入下一轮销售中。对于快餐店，如果顾客点餐、用餐、结账的速度都很快，这样快餐店就能在有限的时间里接待更多的顾客，从而实现盈利。

要想实现高周转，企业需要做到三点：优化流程、快速响应和降低成本。优化流程能让企业更高效地运作；快速响应能让企业紧跟市场变化；而降低成本能扩大企业的利润空间。

（2）高单价模式：质优价高，利润丰厚

与高周转模式不同，高单价模式追求的是单个产品的高利润。在这种模式下，企业往往会提供高品质、高附加值的产品或服务，以此来吸引顾客并实现盈利。这就像奢侈品一样，虽然销量不高，单件利润却非常可观。

要实现高单价，企业需要注意品质保证、品牌塑造和增值服务这三点。品质保证是基础，只有产品或服务足够好，顾客才愿意为之买单；品牌塑造则能提升产品的附加值；而增值服务能让顾客感受到更多的价值，从而愿意支付更高的价格。

9.2.1　视频
雕爷牛腩的"道"

2. 比别人卖得更快

在当今的商业环境中,"快"已成为许多企业的制胜法宝。为了"快",即实现高周转,不同企业采取了各具特色的策略。肯德基依靠其快速、便捷的服务和标准化产品赢得了市场;京东凭借高效的物流系统和供应链管理加快了产品流转速度;小米则通过线上直销和社交媒体营销等创新方式实现了快速销售。

现在的竞争格局已演变为"快鱼吃慢鱼",速度成为决定胜负的关键。以戴尔公司为例,其凭借直销模式,去除中间环节、按需定制和简化流程,实现了高周转。在其他电脑厂商陷入低利润困境时,其仍然取得了丰厚收益。这种优势一直持续到智能手机的兴起。

9.2.2 视频
太二酸菜鱼的高周转秘诀

在服装行业,Zara 被誉为"服装界的戴尔",其成功的秘诀在于快速响应市场变化、建立敏捷供应链和实行垂直整合等策略,从而实现了高效的产品周转。这使 Zara 从传统服装行业中脱颖而出。

对于餐厅而言,实现高周转就意味着提高翻台率。在餐厅生意火爆的情况下,如何确保顾客能够进店后立即点餐、点餐后迅速上菜、上菜后马上开吃、吃完后迅速离开,就成为提高翻台率的关键。这不仅需要餐厅对顾客行为进行深入研究,还需要在菜品制作、服务流程等方面进行优化,甚至有些餐厅还会采取一些初看之下令人费解的策略。

3. 比别人卖得更贵

在当前商业环境中,企业想要获取更高的利润,通常会考虑两种主要模式:高周转模式或高单价模式。前者侧重于通过增加销量来提升收益,即"薄利多销";而后者注重提高产品的售价,即"质高价优"。现在,我们通过具体的例子来对比这两种策略的实际效果。

9.2.3 文本
苹果公司:在市场饱和环境下通过提高价格实现销售收入增长

利润的基本计算公式是:利润=收入-成本。为了简化分析,我们假设某单位产品的价格为 10 元,成本为 8 元。在销售 10 单位产品的情况下,利润为 20 元。若想增加销售额,企业有两种选择:一是增加销售数量,二是提高产品价格。

(1)方法一:增加销售数量

如果保持产品价格不变,我们将销售数量增加 20%,即从原来的 10 单位增加到 12 单位。此时,销售额会增长到 120 元(12×10=120),而成本也会相应增加到 96 元(12×8=96)。因此,新的利润为 24 元(120-96=24),相比原来的 20 元利润,增长了 20%。

（2）方法二：提高产品价格

如果我们保持销售数量不变，而将单位产品的价格提高 20%，即从 10 元提高到 12 元。在这种情况下，销售额将增长到 120 元（10×12＝120），但成本保持不变，仍为 80 元（10×8＝80）。因此，新的利润将大幅跃升至 40 元（120－80＝40），相比原来的 20 元利润，实现了惊人的 100% 增长。

通过上述比较可以看出，在提高利润方面，"卖贵点"即提高价格通常比"卖多点"即增加销售数量更为有效。

二、价格高也有人买

思考讨论

你面前摆放着两件不同品牌的衣服，其中一件价格为 888 元，而另一件仅需 88 元。倘若你对这两个品牌一无所知，那么你认为哪件衣服更显高档呢？再者，假设你面前有两杯完全相同的红酒，但标注的价格却不同，而你又不知情，那么在品尝时，你会觉得哪一杯红酒口感更佳呢？

_____

_____

_____

1. 贵就是好——走捷径

在"思考讨论"栏目中，我们设想了这样一个场景：你面前有两件来自不同品牌的衣服，其中一件标价为 888 元，而另一件仅需 88 元。倘若你对这两个品牌一无所知，那么你认为哪件衣服更显高档呢？

在消费者心中，往往存在着一种普遍的预设：价格较高的商品通常意味着品质更优良。这种观念深深植根于人们的心中，使得价格成为一种我们用来迅速判断商品质量的"捷径"。在日常的购物过程中，消费者需要处理的商品信息和选择繁多，而可用于决策的时间却相对有限。

为了提高决策效率，消费者常会依赖一些方法，其中"价格启发式"便是常用的一种。这种方法指的是，消费者会倾向于利用价格信息来推断商品的质量、档次和价值。面对众多选择时，价格往往成为一个重要的筛选标准。价格较高的商品，往往被视为高品质的象征。这是因为消费者普遍认为，商品若敢于标高价，必然在某些方面具有显著的优势或特点。

"一分钱一分货"的观念，正是这种消费者心理的直观反映。这种心理现象与《影响力》一书中提及的"触发点"概念

9.2.4 视频
原价没人买，涨价被人抢

高度相关。所谓的触发点，是指能够刺激消费者产生购买行为的特定因素。在价格与质量的正相关关系被广泛接受的情况下，高价就成为一个强有力的触发点。它不仅能吸引消费者的注意，还能进一步激发他们的购买意愿。

2. 贵真的好——体验感

价格，这个看似简单的商品标签，实际上对我们的感知和体验有着深远的影响。这种影响远比"一分钱一分货"的理念复杂和微妙。有时候，即使商品本身没有任何差异，价格的不同却能导致我们在感知上产生截然不同的感受，贵的东西更能让我们细细品味与体验。

当我们面对价格昂贵的商品时，大脑往往会自动将其与高品质、尊贵或独特等属性相联系。相反，如果我们看到一件价格极低的商品，我们可能会对其品质产生怀疑，甚至在使用时有所顾虑。

人们往往对高价购买的物品更加珍惜。如果我们购买了一件价格昂贵的衣服或一双高档的鞋子，我们很可能会对它们倍加呵护，比如更加注意清洗、保养和存放等。这不仅可以延长这些物品的使用寿命，还能使其保持良好的状态，进一步加深此物品质量好的印象。

9.2.5 文本
价格标签如何影响我们的感知

同样，当人们选择付费参加课程时，为了不白花钱，也往往会更加认真地进行学习。这种积极的态度最终会转化为实际的学习成果，使消费者感到物有所值。相反，对于那些免费的课程，人们可能因为缺乏金钱的投入而持有一种较为随意的态度，最终可能收获寥寥，甚至对课程本身产生怀疑。

由此可见，价格在潜移默化地影响着我们的感知和体验。商家可以通过合理地设置价格，让消费者产生更好的体验。

3. 贵是价值——炫耀性

在消费社会中，人们购买的往往不仅是商品本身的使用价值，而是经常将其作为一种突出自我、彰显身份和品位的符号。正如法国社会学家让·波德里亚在《消费社会》一书中所说的，物品被赋予了超越其实际功能的象征意义，成为人们追求理想团体认同或提升社会地位的工具。

美国经济学家凡勃伦在《有闲阶级论》中提出的"炫耀性消费"概念，为我们理解这种消费行为提供了新的视角。在凡勃伦看来，消费者购买高价商品，并非仅仅追求物质享受，更多是寻求心理上的满足和优越感。这种现象被称为"凡勃伦效应"，它揭示了商品价格与消费者心理之间的微妙关系：价格越高，越能吸引消费者的目光。

炫耀性消费的本质在于，人们通过购买昂贵商品来展现自己的财富、品位和成功。这些商品成为展示个人经济实力、高

9.2.6 视频
奢侈品的价值主张与炫耀性消费的问题

端生活方式和独特品位的媒介，帮助个体在社会交往中脱颖而出。高价常常意味着稀缺和独特，拥有这类商品则象征着与众不同的社会地位和身份资本。

以奢侈品牌为例，消费者在选择这些品牌时，可能并不完全关注商品的实际使用效果，而更多地看重它们所传递的关于自身经济实力、社会地位和个人品位的信号。这种消费行为，正是炫耀性消费的具体体现，它通过物质的展示，来满足人们的心理需求和社会期望。

三、提升收入的商道

思考讨论

通常，我们可能只会将公式看成是干巴巴的字母和符号的组合，然而，这些看似冰冷的公式实际上蕴含着丰富的智慧和美感。你是否曾有过对某个公式产生深刻理解的体验？请分享你的具体经历。

_____

_____

1. 根据公式，解锁收入

在芭芭拉·奥克利的著作《学习之道》中，她以"借方程的诗歌打开心灵之眼"为标题，为我们揭示了一个常被忽视的事实：那些初看之下冰冷的公式，其实蕴含着丰富的智慧和美感。

对于很多人来说，方程和公式或许只是字母与符号的组合，其深层含义难以触及。但是，如果我们能转变视角，将它视作诗歌般精练的表达，那么其背后的道理与逻辑将会清晰地展现在我们面前。

在商业领域，有一个广为人知的公式：收入＝流量×转化率×客单价。这个公式最初出现在电子商务中，用于描述如何通过网站的访问量（流量）、访问者转化为实际购买者的概率（转化率）以及每个购买者花费的金额（客单价）来计算总收入。将这些因素相乘，就可以估算出通过网站或在线商店获得的收入。

例如，如果有一个网站，其日访问量为1000人，其中2％的访问者成了购买者（即20人），且每人的平均消费为100元，那么我们可以对收入计算如下：收入 ＝ 1000×2％×100 ＝2000（元）。

9.2.7　文本
借方程的诗歌打开心灵之眼：收入＝流量×转化率×客单价

然而，若是我们仅仅把这个公式当作一个简单的计算工具，那便大错特错了。正如芭芭拉·奥克利"借方程的诗歌打开心灵之眼"，当我们真正深入理解并欣赏这个公式时，它便能在我们眼前化作一首描绘商业繁荣与成功的动人诗篇。

2. 从收入公式分析商道

戴维·珀金斯教授在《为未知而教，为未来而学》中指出，教育的真正目标在于培养全局性理解，而非仅仅追求即时的知识掌握。这种全局性理解不仅能够让我们在特定领域内游刃有余，比如将欧姆定律灵活应用于电流问题，更能使我们将这种理解拓展至其他看似不相关的领域，如将欧姆定律灵活应用于"气流"，甚至是社会现象中的谣言流。

9.2.8 文本
星巴克的策略

在商业领域里，"收入＝流量×转化率×客单价"也不局限于电子商务的狭小范畴。无论是实体零售业、服务业，还是新兴的数字经济领域，这个公式都为我们提供了一种简洁而有效的分析框架，帮助我们洞察商业成功的关键因素，并指导我们制定更加明智的商业策略。

流量：接触产品的潜在客户数量，包括线上访问量和线下客流量。

转化率：潜在客户中实际购买或采取特定行动的比例。

客单价：每个顾客单次贡献的收入（平均值）。

这个公式提供了一种衡量商业表现的方法，并揭示了影响收入的三个关键因素。从收入来看经营，即要定一个价格（客单价），找到客户（流量），说服他们购买（转化率）。这三个变量之间是相辅相成、相互影响的。例如，提高转化率可能会提升顾客满意度和口碑，进而吸引更多流量；而增加流量可能会带来更多的销售机会，从而提高客单价。

3. 让客户无法比较价格

在商业竞争中，价格往往是消费者选择商品或服务的核心因素。然而，具有远见的企业知道如何通过改变消费者对价格的感知来避免单纯的价格竞争，进而提升其整体盈利能力和品牌影响力。

洗衣店的一贯做法是按件收费，租碟店的一贯做法是按片收租金。然而，荣昌e袋洗以袋作为定价单位，打破过去按件收费的惯例；奈飞最初进入市场是以月作为定价单位，打破了过去按片收租金的方式。这不仅是收入方式的改变，它唤醒了用户本已存在的潜在需求。

我们可以继续从茶叶和坚果市场中寻找答案。尽管这两个市场中的产品通常都是以重量为单位来销售，但立顿茶选择以茶包为销售单位，而百草味推出了混合装坚果产品。

这样的策略不仅增强了产品的使用便捷性，丰富了消费者的使用体验，更重要的是，它使消费者难以直接对比不同品牌或产品之间的价格，从而为企业提供了提高售价、增加盈利的空间。

此外，我们还可以从一个更极端的例子——喜剧表演中汲取灵感。喜剧的核心目标是引发观众的笑声，但观众在观看表演之前通常无法确定表演者是否足够幽默。那么，为什么我们不能尝试一种新的收费模式，比如按照观众发出的笑声次数来计费呢？每次笑声都意味着一次成功的表演，也理应成为表演者获得报酬的依据。

9.2.9 文本
枕头创新：让客户无法比较价格

小组任务

赚别人赚不到的钱

针对你们小组的"我来经营……"项目，挖掘并构思独特的商业模式或创新点。重点关注以下方面。

1. 如何比别人卖得更快，卖得更多，卖得更贵？
2. 应用"收入＝流量×转化率×客单价"，思考自己的做法。

任务三　算别人不会算的账

一、不同视角算商业账单

思考讨论

不同的人看到相同的事物，会有不同的看法和理解，商业领域亦是如此。那么，在多样化认知的背景下，我们该如何利用成本衡量和评估商业模式的有效性？如果要你从成本的角度深入解析一个商业模式，你的切入点会是什么？

1. 不同的人看到的不同

在纷繁复杂的商业世界中，人们观察事物的视角因个体背景、经验和认知框架的不同而千差万别。企业家、投资者和消费者，在看待同一商业现象时，往往会根据自身的"账本"和算法得出不同的结论。

曾经有一种流行的说法：如果地上有 100 美元，比尔·盖茨不会弯腰去捡，因为他认为能用这段时间创造的价值远超 100 美元。然而，比尔·盖茨本人在一次论坛上表示，他会捡起这 100 美元。若钱是他人的遗失物，他会物归原主，以解失主之焦虑；若是自己的钱，则会捐赠给自己的基金会，因为在他的基金会运营中，即便是这样一笔"小钱"也能发挥重要作用。

9.3.1 视频
神州的成本你不懂

我们的认知模式深刻地影响着我们理解世界的方式。以卡内基为例，他曾是世界上最富有的人之一，一生慷慨捐赠了 3500 座图书馆。有一次，一位英国访客在美国看到卡内基图书馆遍布各地，感到大为震惊。他感叹道："在这个国度里，竟然有人因为建设图书馆而成为首富，这实在是太令人惊叹了！"

巴菲特曾经说道："我是个好投资家，因为我是一个企业家。我是个好企业家，因为我是投资家。"在商业决策中，我们需要借鉴巴菲特的智慧，意识到不同人的认知差异，并学会从不同角度审视问题。这不仅有助于我们做出更全面的决策，还能促使我们更好地理解和接纳不同的观点和做法。

2. 企业家眼中的账本

在普通人的观念里，账本通常只是用于记录企业经济活动的工具，但在企业家眼中，它却拥有更为深刻的商业内涵。账本不仅反映了企业的经济状况，而且是企业家洞察市场趋势、捕捉商机以及制定战略策略的关键依据。

当企业家在审阅账目时，他们往往更加注重整体效益，而非仅仅关注单一项目的盈亏情况。他们会站在全局的高度，综合考量各个项目或产品与公司整体战略目标的协同作用。即便某个项目在短期内出现亏损，但只要它有助于公司的长远发展或提升品牌影响力，企业家仍会毫不犹豫地投入资源。

9.3.2 视频
成本计算与商业模式创新

以腾讯和阿里在打车软件市场的竞争为例，当滴滴和快的等打车软件逐渐崭露头角时，如何吸引用户便成为这一市场的核心问题。腾讯和阿里通过发红包的方式进行推广，一度将补贴提高到单次 11 元。

在很多人眼中，这就是"烧钱"。然而，腾讯却算了一笔账：利用打车软件推广微信支付，以较低的成本获取大量用户，从而在支付市场中占据一席之地。这种看似亏本的买卖，实际上更划算。

在审视账本时，企业家通常会超越表面的数字，深入挖掘其背后的商业逻辑和战略价值。他们深知，传统的成本核算方式已无法应对日益激烈的市场竞争。因此，他们会以独特的眼光在账本中寻找创新的切入点，以此引领企业迈向更大的成功。

3. 钱都花哪里去了

在商业世界中，每一笔交易背后都隐藏着复杂的成本结构。很多时候，消费者看到的只是产品的售价，却很少注意到这个售价背后的种种成本。为了更深入地理解这些成本，我们需要从产业价值链的角度来进行分析。

以一本书为例，消费者看到的可能只是书店标价20元的一本书，但这本书从创作到最终到达消费者手中，经历了多个环节，每个环节都产生了相应的成本。首先，要考虑作者的创作成本；其次，出版社在编辑、校对、排版和设计等环节也会产生成本；再次，印刷厂在印刷与装订时也需要做出投入；最终，书籍须通过经销商和零售商等渠道销售给消费者，这些环节亦会产生相应的运营和销售成本。图9-3-1展示了实例分析中一本书的成本与利润流向。

通过从产业价值链的角度来分析成本，我们可以更清晰地认识到每一笔交易背后所涵盖的种种成本。这不仅有助于我们更准确地评估一个产品或服务的真实成本，还可以帮助我们找到降低成本、提高效率的途径。例如，通过优化生产流程、降低原材料成本、减少中间环节等方式来降低成本，或者通过提高产品质量、增加附加值等方式来提高售价和扩大利润空间。

9.3.3 视频
一本书的成本与利润流向

总之，从产业价值链的角度来分析成本是商业世界中不可或缺的一部分。只有深入了解产品或服务的成本结构，我们才能作出更明智的商业决策并实现更大的商业价值。

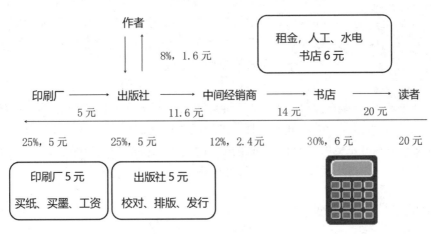

图9-3-1 钱都去哪了

二、数字算不清商业模式

思考讨论

在企业经营创新过程中，机会成本、交易成本和试错成本是三个经常被忽视但又至关重要的成本因素，你理解这三种成本吗？另外，在某些情况下，为何看似"不划算"的做法反而可能带来更大的长远收益？生活中是不是也有类似的情况，请举例说明。

1. 算不清的三个成本

在商业模式的设计和运营过程中，企业常常面临着三种难以精确计算的成本：机会成本、交易成本和试错成本。这些成本在决策中占据重要地位，但由于其特殊性，往往难以被准确量化。

（1）"取舍费"——资源配置中的机会成本

机会成本是企业在作出某一决策时所放弃的其他可能选择中最好的那个选择所带来的收益。在资源有限的情况下，选择一个方案就意味着放弃其他潜在的机会。例如，当企业决定投资一个新项目时，它必须考虑到如果资金被用于其他投资可能获得的收益。这些被放弃的收益就构成了这一项目的机会成本。

9.3.4 视频
交易成本与合作

（2）"手续费"——运营效率中的交易成本

交易成本是指在市场中进行交易所涉及的所有成本。这些成本不仅包括直接支付的费用，如手续费和税费，还包括间接成本，如搜索信息、谈判、签订合同、执行合同以及监督交易过程等所花费的时间和努力。在评估商业模式时，关键是看哪一种能更有效地降低交易成本。

（3）"弯路费"——创新驱动中的试错成本

试错成本是企业在尝试新的商业模式的过程中所产生的成本。由于商业模式的成功往往需要在实践中不断试错和调整，因此试错成本是不可避免的。然而，试错成本的大小和范围却难以预先确定，因为它们取决于多种因素，如市场的反应、技术的可行性、团队的执行能力等。

2. 商业模式的多个变量

在商业模式的设计与运营过程中，人们常常面临一个难题：为何明明是在精打细算，但最终发现账单越算越乱？其根本原因在于，商业模式本身包含多个紧密相关的变量，这些变量之间的复杂关系使得简单的数学模型难以对其进行准确衡量。

（1）多个变量的交织影响

在商业模式中，收入、成本、利润、市场份额、客户满意度等都是重要的变量。这些变量并非孤立存在，而是相互影响、相互制约的。例如，为了提升市场份额，企业可能需要增加营销投入，这会导致短期成本上升；同时，市场份额的提升可能会带来长期收益的增加。

（2）动态变化的商业环境

商业环境是不断变化的，市场需求、竞争格局、政策法规等因素都在时刻影响着企业。这些因素的变化会导致商业模式中的变量发生相应的调整，从而使原本的账单变得更加混乱。例如，一项新的政策法规可能会导致企业的某项成本突然增加，或者为企业带来新的市场机会，这些都可能使原有的规划变得更为复杂。

9.3.5 视频
小米让人迷惑的"烤红薯"生意

（3）难以量化的因素

在商业模式中，还存在一些难以量化的因素，如品牌影响力、客户满意度、员工士气等。这些因素虽然难以用具体的数字来衡量，但对企业的商业模式有着重要的影响。例如，品牌影响力的提升可能会促使客户主动推荐产品，从而降低企业的客户获取成本。

3. 不划算有时更划算

在商业世界中，常出现一种看似矛盾却深有智慧的现象：某些初看"不划算"的决策或投资，在实际运营过程中却产生了出人意料的回报。这往往是与独特的商业模式和深远的战略布局紧密相连的。

首先，不划算的决策可能是基于长远利益的考量而作出的。在商业活动中，短期的亏损或投入可能换来的是长期的市场份额、品牌声誉或技术优势。这种"舍小利，谋大局"的思维方式，正是企业家们"算别人不会算的账"的智慧表现。

其次，不划算的表象下可能隐藏着其他的深层价值。比如，某些企业可能选择在一些看似不盈利的领域进行投资，但这样做是为了构建更完整的生态链、吸引更多的人才或者获取稀缺的资源。这些隐性价值，难以用数字来衡量，却是企业长期发展的关键因素。

9.3.6 文本
海底捞的"不划算"商业模式

再次，不划算的决策也可能是为了应对不确定性而作出的。在商业环境中，充满了各种未知和变数。有时，企业可能需要通过一些看似不划算的决策来试探市场、了解竞争对手或者规避潜在的风险。这种"花钱买教训"的做法，虽然短期内可能带来损失，但有助于企业在未来作出更明智的决策。

因此，在商业棋局中，我们应该学会用更宽广的视野和更长远的眼光来看待"划算"与"不划算"。有时候，勇敢地迈出那一步，即使它看起来"不划算"，也可能成为我们通向成功的关键。

三、商业模式该如何算账

思考讨论

有人曾说道，任何产品如果有 1000 万用户做底子，这手牌就是胡打胡有理。设想一下，当企业的某一个产品积累了 1000 万或更多用户后，这样的用户规模将如何影响企业的运营策略、市场推广、产品开发以及整体业务发展？

1. 以降低交易成本为方向

在商业模式创新中，人们容易忽视一个地方，那就是专注于降低交易成本。这不是简单地削减开支，而是通过对商业模式的深度理解和重构，实现效率的提升和价值的创造。

交易成本，简单来说就是完成一笔交易所需要付出的所有成本，包括信息搜寻、协商决策、合约执行等各个环节付出的成本。在传统商业模式中，这些成本往往因为信息不对称、流程烦琐等因素而居高不下。

以降低交易成本为方向的商业模式创新，就是要打破这种传统商业模式的束缚。例如，拼多多通过社交电商和团购的模式，将消费者聚集在一起以获取更低的价格。这种模式降低了单个消费者的购买成本，同时通过社交分享和邀请机制，降低了平台的获客成本。对于供应商来说，虽然单品利润可能较低，但销量的大幅增加可以弥补这一点，并有助于建立品牌知名度。

9.3.7 文本
共享汽车：商业模式创新中的交易成本降低

在比较不同商业模式的优劣时，我们可以从降低交易成本的角度出发，评估哪一种商业模式在降低成本方面更具优势。例如，订阅式商业模式通过长期合约和定期服务的方式，减少了用户重复购买的麻烦和不确定性，从而降低了交易成本。而平台型商业模式则通过聚合供需双方，提供了一个集中交易的场所，大大降低了信息搜寻和匹配的成本，使得交易更加高效和便捷。

2. 跨越数字的商业模式

庞大的用户基础可以为产品赋予应对市场风云变幻的底气。然而，对于初创企业来说，要建立庞大的用户基础是一项艰巨的挑战。

为了迅速在市场中站稳脚跟，企业常常需要大规模投资以吸引用户、推广产品和塑造品牌形象。但这种策略往往会使企业在短期内陷入财务亏损的窘境。同时，增长路径的不确定可能意味着亏损状况会持续一段时期。但只要成功熬过这些艰难时刻，企业便有望迎来爆发式增长，从而收回先前的投资。

有些企业的商业模式依赖于网络效应或规模经济，平台型企业就是其中的代表者。在初创阶段，这类企业需要大量资金投入以吸引用户和建设基础设施。然而，随着用户基数的扩大，新增用户的成本会逐渐降低，从而最终实现盈利目标。值得注意的是，在某些情况下，企业在短期内可能难以找到明确的盈利点。

以马化腾创立的腾讯为例，他在创业初期面临着巨大的经济压力和不确定性。尽管推出了深受用户喜爱的 QQ 产品，但长时间内未能找到稳定的盈利模式，导致公司运营资金一度紧张，甚至曾考虑低价出售 QQ。当时有投资人询问马化腾腾讯的盈利模式，他坦言尚不清楚，但坚信拥有用户就总能找到赚钱的方法。

9.3.8 文本
以一款产品为跳板，
开启新篇章

3. 用公平获得不公平优势

在高度竞争的商业环境中，每个企业都在寻求获得并保持竞争优势的方法。而"用公平获得不公平优势"这一策略，看似有些自相矛盾，实际上却蕴含着深刻的商业智慧。

"公平"指的是遵循市场规则、法律法规和商业道德，而"不公平优势"是指在竞争中相对于对手所拥有的优势地位或资源。那么，如何在遵循公平原则的同时，获得看似不公平的优势呢？

关键在于创新和效率。一个企业通过持续的技术创新、管理创新或商业模式创新，可以在不违反任何规则的前提下，实现成本降低、质量提升或服务优化。这种创新带来的效率提升和顾客价值的增加，就是企业所获得的"不公平优势"。

例如，某家企业通过研发新技术，大幅提高了产品的生产效率和质量，同时降低了生产成本。这家企业就可以在不提高售价的情况下，获得更高的利润，或者在保持相同利润的情况下，以更低的价格销售产品。这种通过创新获得的优势，在竞争对手看来可能是"不公平"的，因为它打破了原有的竞争平衡。

9.3.9 文本
迪士尼的商业模式

此外,"用公平获得不公平优势"还强调合规性和可持续性。企业不能通过不正当手段来获得短期利益,而应该通过合法合规的方式,建立长期稳定的竞争优势。这样的优势不仅有利于企业的长期发展,也有助于维护整个市场的公平竞争环境。

小组任务

不划算有时更划算

对于你们小组的"我来经营……"项目,请从不同视角深入探讨商业账单。
1. 研究如何以降低交易成本为目标,优化你们的商业模式。
2. 分析并揭示"不划算有时更划算"的商业智慧,即某些初看成本较高的决策,实际上可能带来更大的商业利益。

任务四　做别人做不了的事

成功的商业模式往往具有创新性、可持续性等特点,并且难以复制,能够让企业在激烈的市场竞争中脱颖而出。难以复制意味着别人想做却做不了,即使做了也做不好。因此,商业模式的不可复制性也就意味着"做别人做不了的事"。

一、如何在竞争中获得优势

思考讨论

你认为一个人的实力包括哪些要素?对于一家企业来说,其实力又该如何衡量?在管理学中有两种截然不同的理论:木桶效应与长板效应。哪一种效应和实力的联系更为紧密?如果我们想要提升个人或企业的实力,应该着重于弥补短板,还是进一步加强长板?

1. 企业实力是一种合力

企业实力,就像个人实力一样,不是由单一因素决定的,而是多种"力"的集合与协同。在打造企业核心竞争力的过程中,我们认识到,企业实力并非在某一方面单打独斗产生的结果,而是众多元素相互交融、共同作用的结果。

这种综合实力,涵盖技术创新能力、市场洞察力、管理效率以及品牌影响力等诸多方面。这些元素不是孤立存在的,而是相互联系、互为支撑,共同构筑了企业发展的基石。

技术创新是推动企业进步的引擎。通过不断提升技术水平,企业能够研发出更优质的产品,实现生产效率的跃升,从而在激烈的市场竞争中脱颖而出。同时,敏锐的市场洞察力能够帮助企业捕捉更多商机,拓宽销售渠道,增加营收和利润,为进一步技术研发和管理优化提供强有力的资金支持。

管理效率的提升同样不可忽视。高效的管理能够优化企业内部的运作流程,提高资源的配置和利用效率,为企业的稳健发展保驾护航。而品牌影响力则能够让企业在消费者心中留下深刻的印象,赢得更强的品牌忠诚和更大的市场份额,进而提升企业的整体盈利能力。

因此,在塑造企业核心竞争力的过程中,我们必须注重各个元素之间的协同与配合,力求实现整体效益的最大化。只有当这些元素紧密衔接、形成一股强大的合力时,企业的实力才能得到充分展现。

9.4.1 视频
思想实验:大火之后,可口可乐与英特尔的重生之路

2. 做自己最擅长的事情

李小龙曾经说:"我不怕学一万种腿法的人,我怕的是一种腿法练一万次的人。"这句话深刻地揭示出成功的秘诀:要想在某个领域取得成功,必须专注于自己最擅长的事情,并不断磨砺。

在竞争激烈的商业环境中,企业要想取得成功,必须具备独特的核心竞争力,而这种核心竞争力往往源于企业最擅长的事情。因此,企业的首要任务是清晰认识自身的核心能力与优势,并坚定不移地投入这些优势领域。这是因为在资源有限的前提下,唯有将精力与资源集中于自身的强项,才能实现效率的最大化,提升产品或服务的品质,进而赢得客户的信赖。

做自己最擅长的事情,意味着企业需要清晰地认识自身定位。通过对市场环境、客户需求以及自身能力的深入分析,企业可以确定自己在市场中的位置,明确自己的目标和方向。这种定位不仅有助于企业聚焦核心业务,避免盲目扩张和资源浪费,还能使企业在特定领域形成品牌效应和口碑传播。

同时,做自己最擅长的事情也需要企业不断地进行创新和优化。市场环境和客户需求是不断变化的,企业要想保持领先地位,就必须持续地进行产品升级、流程优化和管理创新。只有通过不断的学习和改进,企业才能在自身擅长的领域保持竞争力,甚至形成技术壁垒和市场垄断。

9.4.2 视频
宝玛模式——做自己最擅长的事

3. 加强长板，借力补短

做自己最擅长的事情，这是基于长板效应作出的策略。企业的"长板"指的是其最擅长的业务领域或具有的核心能力。当企业聚焦于这些优势领域时，它就能够不断强化"长板"，使其优势更为凸显，难以被竞争对手模仿或超越。

把不擅长的事情交给别人，则是基于木桶原理作出的考量。木桶原理告诉我们，一个木桶的容量取决于其最短的那块木板。同样地，一个企业的综合实力也会受限于其最薄弱的环节。为了提升自身整体实力，企业可以选择具有互补优势的合作伙伴，让对方处理自己具有短板的事情。

9.4.3 视频
饿了么的合作伙伴

将不擅长的事情交给适合的合作伙伴，这并不意味着放弃或逃避。相反，这是一种高效的资源分配方式，有助于企业专注于自身擅长的领域。通过外包、合作或建立战略伙伴关系等方式，企业可以将非核心的业务交给专业的团队来处理。这样既能确保这些业务得到专业的处理，又能提升整体业务的效率和质量。

举例来说，众多科技公司选择专注于研发和创新工作，而将生产、物流和销售等辅助性环节外包给专业的合作伙伴。这种分工使得它们能够聚焦于提升自身的核心竞争力，同时确保其他环节的高效运行。许多初创企业就通过与行业领先者建立合作关系，利用对方的资源和经验来弥补自身的短板，以此加快自身的成长步伐。

二、打造企业核心竞争力

思考讨论

你经过深入思考后灵感爆发，想到一个好点子——"不可思议乐园"主题公园。这个公园与传统的主题公园不同，能够持续吸引游客，让他们愿意一再回访。你会如何构建和培养这个"不可思议乐园"的核心竞争力？

1. 找发力点，逐步培养

核心能力是企业在市场竞争中的独特优势，它难以被模仿或替代，并能为企业带来持续的竞争优势。为了找到并培养这种核心能力，企业首先应进行优劣势分析，接着探究核心能力的形成原因，最后结合市场需求确定最具潜力的发力方向。

然而，实力的提升并非可以一蹴而就，而是需要长期的积累。真正的实力来源于持续的学习和实践，就像一个人不能仅仅通过阅读书籍就期望能力突飞猛进一样，企业也需要在日常运营中不断磨砺自身。

竞争结果有成败之别，然而世界上没有保证成功的"灵丹妙药"，我们甚至无法找出所谓的最好的方式进行模仿和学习。实力不仅是动态的，而且是相对的，因为对手实力也在不断变化。

这与武学中的道理颇为相似：当有人建议你学习各种精妙招式时，总会有人以"一力降十会"来反驳，强调力量的重要性；然而，当你专注于力量的训练时，高手又会用"一巧破千斤"来提醒你，技巧和智慧同样不可或缺；而当你领悟到"巧"的价值时，可能又会面临"天下武功，唯快不破"的挑战，速度成了决胜的关键。

因此，在企业的成长过程中，实力的培养需要在技术、市场、管理和品牌等多个层面进行。

9.4.4 文本
雅马哈的"藤蔓式创新"

2. 挖护城河，卡住别人

挖护城河的目标是构建并维持企业的竞争优势，同时迅速抢占市场关键位置，以确保企业在激烈的市场环境中保持领先地位并实现稳定的发展。

（1）挖护城河，让对手无法进入

在商业战场上，为了确保稳固的市场地位和持续的盈利能力，构建一道难以逾越的护城河是至关重要的。沃伦·巴菲特指出，伟大的公司必须有一条坚固且持久的护城河来保护其高投资回报，这是因为竞争对手总会试图进攻那些看似高回报的商业领域。

对于初创企业，尤其是那些偶然发现独特商业模式或创新技术的企业来说，构建护城河的重要性更为突出。这类初创企业如同在未知丛林中意外发现宝藏的探险者，需要保护自己免受潜在竞争者和捕食者的威胁。

（2）卡住位置，让对手无法去做

利用"货架有限理论"，企业可以构建自己的竞争优势，使竞争对手难以找到突破口。在实体市场和虚拟市场中，资源和空间都是有限的。因此，谁能先占据有利位置，谁就能在竞争中占据先机。

卡住位置的策略就是基于这一点。在超市中，货架空间有限，只能摆放有限数量的商品，如果能抢占到货架上的显眼位置，就能在市场中占据有利位置。在互联网上，人们的注意力和时间是稀缺资源，能够迅速抓住用户的眼球，就能赢在起跑线上。

9.4.5 视频
卡住别人，让别人无路可走

3. 不争而莫能与之争

在商业世界里,每一个成功的企业都像一座坚固的城堡,巴菲特所描述的护城河正是保护这座城堡不受侵犯的关键。"夫唯不争,故天下莫能与之争",这不仅仅是一种哲学思想,更是企业在市场竞争中的一种境界。

当企业建起了城堡,挖好了护城河,卡住了位置,也就形成了一种强大的竞争力。这种竞争力不是通过短期的市场炒作或恶意竞争可以获得的,而是基于企业长期的战略规划、品牌建设、技术创新和优质服务等积累而成的。这种积累形成了一种难以被模仿和超越的优势,使得竞争对手望而却步。

9.4.6 文本
思想实验:小孩子与金元宝——企业的竞争力构建

巴菲特对护城河有一个形象化的描述:"奇妙的、由很深、很危险的护城河环绕的城堡。城堡的主人是一个诚实而高雅的人。城堡最主要的力量源泉是主人天才的大脑;护城河永久地充当着那些试图袭击城堡的敌人的障碍……"

想象一下,如果你是城堡的主人,别人因为嫉妒而想要抢夺你的财富。他们来到城堡外,面前是一条宽阔的护城河。要想抢夺你的财富,他们就必须先付出巨大的代价穿过这条河。这些代价包括时间、金钱、人力等成本。只有在付出足够多的成本后,他们才能与你进行正面的竞争。而这时,你已经站在了更高的起点上,拥有更多的资源和更大的优势来应对挑战。

因此,"夫唯不争,故天下莫能与之争"——这就是护城河。

三、对手看不懂就做不了

思考讨论

很多人都有一个奇怪的逻辑:在自己的专业领域里,如果我看不懂你,那么你就是错的。因此,参与竞争的企业倾向于不做看不懂的事情,因为它们认为这是"错"的。你如何看待这种逻辑?在你看来,这种"看不懂即错"的思维模式有哪些问题?

_____
_____
_____

1. 哈雷摩托非摩托

商业模式的核心在于为客户创造价值,而提供独特的价值可以让竞争对手对你的商业价值感到难以捉摸。以哈雷摩托为例,如果把寄托在上面的情感剔除掉,那么哈雷摩托就只是噪声大、费油多、速度不够快、小故障多、造型老旧的摩托车。然而,当有人试图批评哈雷摩托的这些"瑕疵"时,哈雷迷们往往会以一种傲慢的态度回应:"抱歉,这不是摩托,这是哈雷。"

因此,哈雷摩托的商业模式远非售卖传统的摩托车那么简单。它通过其特有的商业模式,使哈雷摩托在市场上独树一帜,成了一个难以被模仿和替代的品牌。

文化符号与身份认同:哈雷摩托不仅是摩托车,更是一种文化符号和身份认同。对于很多哈雷车主来说,拥有一辆哈雷摩托是他们的个性、自由和反叛精神的体现。

社区建设与生活方式:哈雷摩托通过哈雷车主会等组织,成功地创建了一个全球性的社区,使得用户围绕哈雷摩托形成了一种独特的生活方式。

高端定位与限量生产:哈雷摩托的价格远高于同类产品,但其对生产规模的控制和对工程品质的追求,增强了其稀缺性和吸引力。

定制服务与个性化体验:哈雷摩托提供高度个性化的定制服务,让每位车主都能根据自己的喜好和需求打造出独一无二的摩托。

9.4.7 视频

特斯拉:超越电动车的"富人"玩具与梦想载体

传承与创新的平衡:这种平衡使得哈雷摩托既能够吸引新一代消费者,又不失去老一代车主的支持。

2. 生日蛋糕非蛋糕

在传统视角下,生日蛋糕通常被视为庆祝个人生日的简单甜点。然而,在创新的商业模式下,"生日蛋糕非蛋糕"的理念彻底打破了这一传统看法。这一理念的转变不仅是对产品本身的重新定义,而且是对整个服务流程和消费者体验的全面革新。

"生日蛋糕非蛋糕"的理念,指出企业不应将蛋糕视为单一商品,而应将其融入生日庆祝活动的整体设计中。这种策略使企业能够突破传统生日蛋糕市场的限制,将生日蛋糕与其他各类服务巧妙地结合起来,为消费者提供更加周到、便捷的生日庆祝解决方案。

更重要的是,"生日蛋糕非蛋糕"的理念传达了一种商业哲学:所有产品都值得我们重新设计和深入思考。在瞬息万变的市场环境中,企业必须不断创新,勇于突破固有的认知和思维模式,重新诠释产品的本质、功能和价值。这不仅有助于企业在激烈的市场竞争中脱颖而出,而且能精准地满足消费者不断增长和日趋多样化的需求。

9.4.8 视频

西西弗书店是书店吗?

类似的理念也可以应用于其他产品,比如"智能手机非手机"。这意味着我们不应仅仅将智能手机视为一个用于通话的工具,而应认识到它是一个多功能、易携带的智能中心。除了具有基本的通信功能外,智能手机还能提供导航、支付、娱乐、摄影以及健康管理等多种功能,这些功能使智能手机在我们日常生活中占据了举足轻重的地位。

3. 指鹿为马挂羊头

随着市场和需求的不断变化,商业模式在不断演变,价值主张也随之不断调整。尽管产品有其生命周期,但企业却有能力实现重生。以网吧为例,它最初的价值是为客户提供上网设备。然而,随着移动互联网的普及,人们可以在任何地方、任何时间上网,网吧的这一价值主张便失去了市场。

于是,我们看到网吧在向不同方向演化:表面上看是一个网吧,其实是一处交友中心;表面上看是一个网吧,其实是一种竞技场所;表面上看是一个网吧,其实是一所游戏体验馆。

就像上述网吧的转型所展示的那样,企业可以通过提供新的价值来探索新的发展方向。例如,一家传统的书店可能转型为文化交流中心,一家传统的餐厅可能演变为社交聚会场所。这类转型使企业得以与市场保持同步,满足不断变化的需求,为企业注入新的生命力。

有人曾说:"万物其实是没有简单边界的,所以我不认为要给自己设限。只要核心是清晰的——我们到底服务什么人,给他们提供什么服务,我们就会不断尝试各种业务。"企业在面对市场的挑战和变化时,不应被固有的标签或边界所限制。明确服务对象和提供的核心价值后,企业就可以跨越传统边界,开拓那些看似不相关但实则紧密相连的新领域。

9.4.9 视频
再生银行与垃圾分类

小组任务

理解业务转型与演化方向

对于你们小组的"我来经营……"项目,请思考并讨论以下问题。

1. 在市场和消费者需求发生变化后,你们项目的价值主张是否需要调整?如果需要,应如何调整以适应新的市场环境?

2. 你们的项目是否有可能像本节讲述的网吧一样,通过转型来探索新的发展方向?请列举至少三个可能的演化方向,并说明每个方向的潜在价值和市场需求。

情境十

商业模式画布

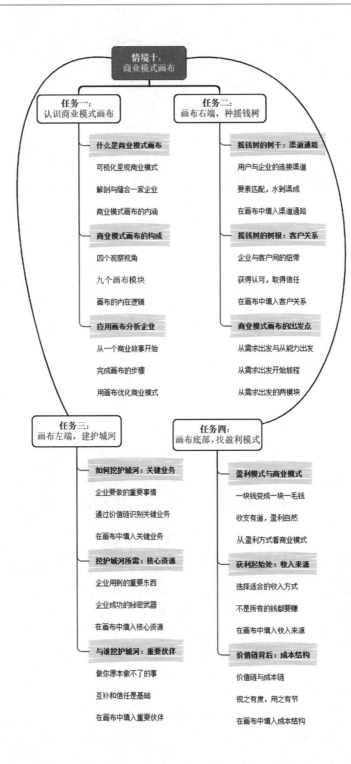

任务一　认识商业模式画布

> 我思考问题时,不是用语言进行思考,而是用活动的跳跃的形象进行思考。当这种思考完成以后,我要花很大力气把它们转换成语言。
> ——爱因斯坦

一、什么是商业模式画布

思考讨论

你站在投资者面前,怀揣着一个前所未有的创意——实时动物语言翻译耳机,它能帮助我们实现跨物种沟通。这款产品无疑具有颠覆性的魅力,但如何确保投资者全面理解并看到你的整个商业模式的潜力和利润增长点呢?

_____

_____

1. 可视化呈现商业模式

商业模式描绘了企业在创造价值、传递价值及获取价值时所采取的路径和策略。它如同一场精心编排的舞蹈,每个动作都与企业独特的节奏紧密相连,呈现出千变万化的姿态。当投资者向创业者询问"你们的商业模式是怎样的"时,他们渴望了解的是初创企业独特的舞姿和策略。

然而,要回答这个问题并不容易。商业模式是由众多相互交织的元素和细节构成的复杂系统,每一个元素都需要经过深思熟虑和反复权衡。因此,想要用简单的几句话来描述一家企业的商业模式,确实是一项挑战。

在商业模式画布这一工具出现之前,关于商业模式的讨论往往众说纷纭、难以统一。然而,商业模式画布通过直观的可视化方式,清晰、有条理地呈现出商业模式的各个核心要素,使得企业能够深入地理解自身的商业模式,洞察其中的问题和机遇,并有针对性地制定策略。

10.1.1　视频
柯达:摄影民主化的商业模式创新

商业模式画布的创意源自亚历山大·奥斯特瓦德和伊夫·皮尼厄所著的《商业模式新生代》一书。该书将复杂抽象的商业模式概念巧妙地转化为一幅直观生动的"画卷",如图 10-1-1 所示。在这幅"画卷"中,商业模式的各个组成部分被有机地整合在一起,它们之间的内在联系和互动关系得以清晰地揭示出来。

重要伙伴	关键活动	价值主张	客户关系	细分客户
	关键资源		渠道通路	
成本结构				收入来源

图 10-1-1　商业模式画布

这一创新性的展示方式不仅使得商业模式变得生动具体、触手可及,还为企业家和管理者们提供了一种全新的思考和表达工具。

2. 解剖与缝合一家企业

如何分析一家企业的商业模式?关键在于两个步骤:解剖和缝合。

第一步:解剖,拆解和深入分析商业模式。

为了全面理解一个企业的商业模式,我们可以借鉴工程学的方法,对企业的商业模式进行细致的拆解;或者采用生物学的观察方式,深入剖析企业的各个构成元素。这个过程是"看山不是山"的过程,我们需要把目光聚焦在构成整体的每一个细节上。

在此过程中,商业模式画布是一个有力的辅助工具,可以帮助我们更好地呈现并分析这些要素。首先,我们要明确企业的目标客户和价值主张。随后,我们可以深入探究企业是如何通过其独特的业务流程、资源配置和盈利模式来创造价值、传递价值,并最终获取价值的。

第二步:缝合,整合商业模式的不同要素。

完成对商业模式的解剖后,我们就进入缝合阶段。此阶段的目标是将先前拆解的商业模式元素进行重新组合,形成一个完整、统一的商业模式。这有助于我们更全面地理解和把握所研究的企业,颇有些"看山还是山"的禅意。

10.1.2　文本
解剖和缝合一家企业

在缝合过程中,我们再次运用商业模式画布,巧妙地将拆解的各个要素融合在一起。通过这一步,我们能够构建出一个完整且全面的商业模式。其中关键的是,我们必须确保这个重新构建的商业模式能够像生物体一样,实现各要素之间的协调配合。

3. 商业模式画布的内涵

围棋有什么特点？其看似简单，实则内涵丰富。与此相似，商业模式画布就像是这样一个棋盘。它有九个区域，每个区域都代表一个核心的商业概念，如价值主张、细分客户、成本结构和核心资源等。值得一提的是，这些要素并非新提出的概念，而是在商业领域内早已被广泛认知与采用的概念。

商业模式画布的价值在于，它能够将那些人们早已耳熟能详的商业元素巧妙地融合成一个完整、系统的框架。借助这一框架，我们能够洞察各元素间的相互联系，以及它们是如何共同作用于整个企业经营活动过程的。正如围棋高手在棋盘上施展精妙棋招，我们也能通过调整画布上的各个模块，来优化和完善自身的商业模式。

10.1.3　视频
商业模式画布比较：
不同出版图书模式

此外，商业模式画布还是一种极为实用的分析和对比工具。借助商业模式画布，我们可以详尽地描绘出不同的商业模式，并清晰地展现各自的特点、优劣以及适用环境。这就像是在围棋中揣摩和比较不同的棋局策略，从而帮助我们找到最适合自己的取胜路径。

更进一步来说，商业模式画布为企业描绘了一幅可视化的"战略地图"。依据这份地图，企业能够更精准地配置资源，更高效地推进战略实施，从而为整个组织注入更强的活力和动力。这种战略性的布局和规划与围棋中的布局策略不谋而合，都体现了深思熟虑和长远眼光的重要性。

二、商业模式画布的构成

思考讨论

想象一下，你拥有一张画布，上面以图形化的方式详细展示了你的客户定位、产品价值和盈利模式等各个环节。现在，请思考如何利用这张"商业模式画布"，将你的实时动物语言翻译耳机项目打造成一个引人入胜的商业故事，从而赢得投资者的青睐和信任。

1. 四个观察视角

面对复杂的事物或庞大的体系，我们往往难以一览其全貌。这就像是盲人摸象的寓言故事：每个盲人只能通过触摸大象的不同部位来获得对该部位的认知。然而，当这些盲人将各自不同的感知整合在一起时，他们便能够拼凑出大象的初步形象。

当我们面对复杂的商业环境或庞大的项目时，也需要从多个角度去分析和理解。每个角度都可能揭示出事物的一个侧面，但只有将这些不同侧面的认知整合起来，我们才能获得对事物的全面、准确的理解。

同样地，当我们要描述并分析一家企业的商业模式时，也可以借鉴这种方法。我们可以从四个视角去观察和分析一家企业，以帮助我们全面地理解商业模式的各个重要方面。

① 产品服务视角（提供什么？）。其核心问题是：我们提供什么样的产品或服务来满足市场需求？这些产品或服务有何独特之处？

② 客户视角（为谁提供？）。其核心问题是：我们的产品或服务主要面向哪些客户群体？这些客户有哪些具体需求和期望？

③ 基础设施视角（如何提供？）。其核心问题是：我们需要哪些关键要素来确保产品或服务的高效供给？如何能够比竞争对手做得更好？

④ 财务视角（能否赚钱？）。其核心问题是：我们的商业模式是否能够盈利或者是否具有盈利潜力？如何优化以提高盈利能力？

10.1.4 文本

四个视角观察电动汽车制造商

2. 九个画布模块

商业模式画布是由九个关键模块构成的综合性工具。这九个模块相互关联、相互依存，共同描绘出一个企业或项目的商业模式全景图。其中每个模块都代表着商业模式的一个核心要素。

① 细分客户（customer segment）：描述企业服务的目标客户群体。

② 价值主张（value proposition）：阐述企业为客户创造的价值，即产品或服务如何解决客户的问题或满足其需求。

③ 渠道通路（channel）：描述企业如何与客户建立联系并传递价值主张。

④ 客户关系（customer relationship）：阐明企业与客户之间建立的关系类型。

⑤ 收入来源（revenue stream）：指出企业从每个细分客户中获得的现金收益。

⑥ 关键活动（key activity）：描述企业必须执行的关键业务活动，以确保价值主张的传递。

⑦ 关键资源（key resource）：列出企业执行关键活动所需的资产。

⑧ 关键合作伙伴（key partnership）：识别企业为减少风险和不确定性而与外部合作伙伴建立的关系。

⑨ 成本结构（cost structure）：概述企业运营商业模式所发生的全部成本。

10.1.5 视频

一张纸展示商业模式：四个视角，九个模块

通过深入分析这九个模块以及它们之间的相互关系，企业可以获得对商业模式的全面认识，并可以针对性地调整这些模块,进而优化商业模式。例如,通过优化价值主张,企业可以提供更有吸引力的产品或服务;通过调整渠道通路,企业可以更有效地传递价值。

3. 画布的内在逻辑

商业模式画布的九个模块并非随意排列,而是遵循着一定的逻辑关系和内在联系。它们共同勾画出商业模式的整体框架,清晰地揭示了企业如何创造价值、传递价值和获取价值的核心逻辑。

解读商业模式时,我们可以从市场客户切入,也就是首先需要确定目标客户(细分客户),然后明确如何满足客户需求(价值主张),并建立联系传递价值(渠道通路与客户关系)。随后,确定收入来源,投入资源和实施活动以实现收益。同时,与合作伙伴合作以获取资源、优化成本或扩大市场。最后,明确企业在整个过程中的成本结构。

10.1.6 视频
绿色星球:商业模式画布解析

可以看出,商业模式画布的九个模块是有逻辑关联的,它们共同描绘出企业商业模式的完整画卷。尽管画布本身是静态的,但商业模式却是充满活力和变化的。在实际应用中,企业可以根据具体情况选择从任何一个模块开始解读和构建其商业模式。

商业模式画布的内在逻辑可以概括为如下一个连贯的循环过程:企业利用关键资源和合作伙伴通过关键活动创造价值主张,并通过渠道通路将这些价值主张有效地传递给目标客户;在这个过程中,企业与客户建立起稳固的客户关系并从中衍生出收入来源;最终,企业通过评估成本结构来验证其商业模式的可行性和盈利能力。

三、应用画布分析企业

思考讨论

假设你是一位投资者,正面对一家新兴的电动汽车制造企业的融资申请。这家企业凭借其独特的技术和市场定位,正在快速崛起。现在,你需要全面深入地了解这家企业的商业模式,以评估其未来的发展前景。你该如何系统地分析这家企业的各个方面,并得出准确的结论呢?

1. 从一个商业故事开始

一位年轻人在毕业后，凭借敏锐的商业嗅觉，发现了一个独特的商机——为在网吧通宵的顾客提供快餐服务。他在学生时代就是网吧的常客，深夜里那种饥肠辘辘的体验让他意识到，针对这部分特定人群提供配送快且廉价的食物，将填补一个市场空白。因此，他精心选择了学校周边的一些网吧，为那些通宵上网的顾客解决饥饿问题，以此作为他的价值主张。

为了实施这一主张，他选择将简单易做、成本较低的蛋炒饭作为主打产品。他推出的蛋炒饭美味可口，更重要的是，他能在极短的时间内将这些蛋炒饭送到顾客手中。这对于那些在网吧熬夜的顾客而言，无疑是一项十分贴心的服务。他深刻理解到配送速度对于这类顾客的重要性，因此将蛋炒饭从制作到送达的全程时间严格控制在十分钟以内。

在业务运营方面，他巧妙地利用了自己的社交网络，成功租到合适的烹饪场所，并与网吧经营者建立了融洽的合作关系，确保自己能够在深夜自由出入网吧。此外，他在成本控制上也做得非常出色，有效地降低了原材料的成本。

随着业务的逐步扩展，他敏锐地捕捉到顾客对矿泉水的强烈需求，于是迅速增加售卖矿泉水品类，从而进一步拓宽了收入来源。同时，他的商业嗅觉还告诉他，这个业务领域还有更多的可能性等待他去探索，例如游戏市场等，这将为他的业务带来更多的增长机会。

10.1.7　视频

背景介绍：半夜网吧送快餐

2. 完成画布的步骤

结合上一节的实例可知，完成商业模式画布的步骤如下。

（1）识别并细分客户群体

确定并描述目标客户群体（如在学校附近的网吧通宵上网的学生）。

深入了解他们的需求和痛点。

（2）提出独特的价值主张

明确产品或服务如何满足需求（半夜快速送达美味的蛋炒饭）。

强调与竞争对手相比的独特性和优势。

（3）设计有效的渠道通路

确定如何触达目标客户群体（如通过传单和电话订购）。

考虑使用何种渠道传递价值。

（4）建立稳固的客户关系

明确与目标客户的关系类型（如优质服务、快速响应）。

考虑建立长期稳定的客户关系。

（5）规划清晰的收入来源

确定从哪些活动中获得收入（如销售蛋炒饭和矿泉水）。

10.1.8 视频
完成商业模式画布的方法
步骤：半夜网吧送快餐

设定合理的定价策略。

（6）明确核心资源和能力

识别所需的关键资源和能力（如炒饭技巧等）。

确保这些资源和能力得到有效利用。

（7）定义关键业务活动

确定重要的业务活动（如接收订单、制作蛋炒饭、送餐）。

优化活动以提高运营效率和用户满意度。

（8）规划合作伙伴网络

选择合适的合作伙伴（如与学校食堂合作）。

确保资源互补和互利共赢。

（9）设计合理的成本结构

评估商业模式的各项成本（如原材料成本、人力成本等）。

通过成本控制实现盈利目标。

根据以上步骤完成的半夜往网吧送快餐的商业模式画布如图 10-1-2 所示。

重要伙伴	关键活动	价值主张	客户关系	细分客户
学校食堂、当地社区	接收订单、制作蛋炒饭、送餐	廉价的蛋炒饭和配送快的送餐服务	优质的客户服务，快速响应	在学校附近网吧通宵上网的人
	关键资源		渠道通路	
	炒饭技巧、低成本获取原材料的渠道		校园海报、传单、电话订购	
成本结构			收入来源	
原材料、设备、人力成本等			销售蛋炒饭和矿泉水的利润	

图 10-1-2 半夜往网吧送快餐的商业模式画布

3. 用画布优化商业模式

商业模式画布是一种结构化的工具，它能清晰地展示出企业当前的商业模式，并辅助设计新的商业模式。此外，它还能帮助企业优化其商业模式，以便更好地适应不断变化的市场环境和客户需求。下面，我们将介绍如何使用商业模式画布优化商业模式。

第一步，明确现有商业模式。全面了解企业目前的商业模式的各个构成要素，厘清它们之间的相互关系。

第二步，分析市场和客户需求。识别市场趋势和客户的真实需求，找到目前的商业模式存在的问题和可能存在的优化点。

第三步，设定优化目标。根据市场分析需求和资源能力，明确优化目标，如提升客户满意度或增加收入来源。

第四步，进行可视化分析。在商业模式画布上展示现有模式，并标记需要优化的部分，以便更直观地发现问题。

第五步，设计优化方案。针对需要优化的模块，设计具体的优化措施，如深化细分客户或强化价值主张。

第六步，实施、评估、监控与调整。根据优化方案调整商业模式，评估优化效果，及时调整方案以适应市场变化。

使用商业模式画布不仅能帮助企业清晰地了解自身商业模式的现状，还能有效地指导企业进行针对性的改进，从而提升企业的竞争力和盈利能力。通过不断地优化和调整，企业能更好地适应市场变化，满足客户需求，实现持续稳健的发展。

10.1.9 文本
应用商业模式画布完成追求女孩规划

小组任务

商业模式初步规划

针对你们小组的"我来经营……"项目，利用商业模式画布完成初步的商业模式规划。在完成画布后，对构建的商业模式进行简洁的分析描述。在此基础上，分析项目的市场机会、潜在挑战以及你们的竞争优势。

任务二　画布右端，种摇钱树

商业模式画布的右端，包括细分客户、渠道通路及客户关系等环节。这些元素旨在通过高效吸引和服务目标客户，培育出源源不断为企业创造价值的"摇钱树"。

一、摇钱树的树干：渠道通路

思考讨论

利润对于一家企业至关重要，如同空气和养料对于生物一样。每一家成功的企业，背后都应该有一颗"摇钱树"。那么，在你看来，这颗"摇钱树"具体指的是什么呢？它由哪些核心部分构成？

1. 用户与企业的连接渠道

"我住长江头,君住长江尾",企业与客户的关系与此有几分类似。他们位于商业世界的两端,需要通过一条"长江",也就是渠道通路来建立联系。商业模式涵盖创造价值、传递价值与获取价值三大核心环节,而渠道通路正是企业向客户有效传递价值的关键所在。

以一家时尚服装品牌为例,其可能采用以下渠道与客户建立联系。

实体店:位于繁华商圈或购物中心的店铺,提供试穿体验、个性化购物建议和即时的售后服务。

官方网站和移动应用:作为品牌的数字门面,展示最新产品、提供在线购物服务、提供定制服务和会员专享优惠。

社交媒体:通过微博、抖音、小红书等平台发布时尚资讯、新品预告、穿搭灵感和用户评价,与粉丝进行实时互动。

电子邮件营销:针对订阅用户发送促销信息、搭配建议和会员权益更新通知。

10.2.1 视频
头脑风暴:洗发水的销售渠道

这些渠道通路的共同目标是将企业的价值主张传递给目标客户,并促使他们产生购买行为。为了实现这一目标,企业需要了解每种渠道的特点和优势,以及它们在客户购买决策过程中所起的作用。

例如,实体店因其能够提供产品试穿和即时的售后服务而独具优势;社交媒体已成为品牌与消费者实时互动和塑造品牌形象的重要平台。通过整合这些渠道资源,企业可以为消费者营造出一种流畅的购物体验,增强消费者的满意度和忠诚度。

2. 要素匹配,水到渠成

正如人们的五官需要搭配和谐才能彰显魅力,以及扑克牌的组合需要恰到好处才能形成威力,商业模式的成功往往也依赖于其各要素的相互匹配。商业模式画布涵盖多个关键要素,只有当这些要素相互协同时,才能有效地助力企业获得竞争优势。

10.2.2 视频
自助餐楼下的蛋糕店

在商业竞争中,选择合适的渠道通路并非简单的任务,它需要对市场有深入的理解和精心的战略规划。为了作出明确的选择,企业需要紧紧把握两个关键点:一是深度洞察目标客户,二是明确自身的价值主张。

"用户画像+用户故事"是我们深入理解目标客户的得力助手。用户画像帮助我们勾勒出目标客户的全貌,而用户故事将这些客户置于具体的生活场景中,使我们对他们的需求和期望有更深入的理解。

价值主张画布则是我们研究和明确企业价值主张的重要工具。它指导我们深入分析用户的需求、痛点和期望，从而提出能够精准满足用户需求的价值主张，并设计出相应的产品或服务。

在"用户画像＋用户故事"与价值主张画布的辅助下，我们就可以完成两项核心任务：洞察目标客户和明确价值主张。基于此，选择恰当的渠道通路将变得"水到渠成"。这样的决策不仅能让企业的价值主张精准触达目标客户，而且能有效满足客户的实际需求，实现商业模式中各关键要素的相互匹配。

3. 在画布中填入渠道通路

渠道通路将企业的产品或服务与目标客户连接了起来，确保了企业价值的顺畅传递。以下是在商业模式画布中填入渠道通路的步骤。

第一步：明确目标客户。

企业首先需要清晰地界定其目标客户群体。这包括深入了解目标客户的年龄、性别、地域、消费习惯、兴趣爱好等关键特征。通过对目标客户的全面分析，企业可以准确地把握其需求和偏好，为后续的渠道选择提供有力支持。

第二步：确定价值主张。

企业需要深入理解自己的产品或服务在市场中的独特之处，以及它们如何满足客户的特定需求或帮助客户解决其痛点。一个清晰、独特的价值主张将帮助企业更好地进行自我定位，并在后续选择渠道时保持一致性。

10.2.3　文本
某时尚品牌的商业模式画布之渠道通路

第三步：分析渠道类型与特点。

在明确了目标客户和价值主张后，企业需要深入了解各种渠道的类型和特点，包括线上渠道（如官方网站、电商平台、社交媒体等）和线下渠道（如实体店、展会、活动等）。企业需要根据自身的业务特点和目标客户群体来选择合适的渠道。

第四步：选择并填入渠道通路。

基于以上分析，企业可以开始选择并填入渠道通路。在选择过程中，企业需要综合考虑多个因素，包括渠道的成本效益、覆盖范围、目标客户群体的使用习惯等。同时，企业还需要关注渠道之间的协同作用，让各个渠道能够相互支持。

二、摇钱树的树根：客户关系

思考讨论

当你听到"你和某某是什么关系"时，你可能会从多个角度思考"关系"的含义。

那么，在商业环境中，当我们谈及"客户关系"时，你如何理解这个词？在日常生活中，我们遇到困难时倾向于向熟悉的人寻求帮助，那么在商业交易中，为什么建立和维持良好的客户关系也至关重要？

_____

_____

1. 企业与客户间的纽带

客户关系是指企业与其客户之间所建立的多元化联系。这种联系远超单纯的交易行为，涉及情感纽带、信任建立和客户忠诚等多个层面。在当今的商业环境中，稳固的客户关系如同为树木提供养分的树根，为企业带来了可持续的利润。

客户关系的本质是一种价值交换关系。企业创造并向客户提供价值，而客户则通过支付金钱或投入时间来获取这些价值。在这一交互过程中，企业与客户形成了一种相互依存的关系，这种关系的特性会根据交易方式的不同而有所变化。

在商业世界中，企业与客户的交易方式呈现出多样化的特点。例如，企业可以将同一款产品销售给十位不同的顾客，这体现了其市场覆盖范围的广泛性和客户群体的多样化。如果企业是将十种不同的产品卖给同一位顾客，则显示出企业对客户需求的理解十分深入，并有能力提供全方位的服务。这些不同的交易方式，从不同角度揭示了企业与顾客之间错综复杂的关系。

因此，不同的商业模式和交易场景对客户关系有不同的需求。一些企业可能更青睐一次性交易，对它们来说，客户关系管理可能并非首要任务，交易效率和成本控制更为关键。然而，对于那些希望维系长期合作伙伴关系的企业来说，客户关系管理则非常重要，因为稳固的客户关系是其持续发展业务和维持竞争优势的基石。

10.2.4 视频
旅游纪念品、老字号和麦当劳

2. 获得认可，取得信任

面对众多手机品牌，消费者为何钟情于某一品牌？其背后的原因多种多样。以华为手机为例，我们很容易联想到这个品牌所代表的某种特定价值或情感联系。但华为公司是如何成功塑造这种情感联系，进而将其转化为客户的忠诚度，并促使他们反复购买的呢？

消费者在首次选择华为产品时，可能并不了解鸿蒙系统或产品的整体设计理念。或许，最初的购买动机仅仅来自身边人的推荐、对品牌的好奇或其独特的外观设计制造的吸引力。其中的影响因素可能包括广告宣传、口碑传播、社交圈子交流等。

从初次购买到再次购买，消费者的心理和行为都经历了显著的变化。在初次购买阶段，消费者具有的往往是一种探索和尝试的心态，他们需要一个明确的理由来支持自己的购买决策。而在再次购买阶段，消费者已经对品牌产生了信任和依赖，他们更看重的是品牌能够持续为自己提供的价值和体验。

10.2.5 视频
建立良好的客户关系

良好的客户关系，能够赢得消费者的认可和信赖，给予他们持续选择该企业的理由。同时，企业在维护老客户上的投入，相较于开发新客户的成本，通常更为经济。老客户不仅能为企业带来稳定的收入流，还能通过口碑传播为企业带来更多新客户。因此，有效地维护客户关系，已成为许多企业持续发展的基础。

3. 在画布中填入客户关系

商业模式画布中的"客户关系"板块，旨在详细描绘企业与顾客之间关系的构建及维系过程。为了完成这一板块，企业需要思考以下几个问题：如何吸引新客户？如何保持现有客户的忠诚度？如何促进客户消费升级？提供哪些支持与服务可以增强客户满意度？

在思考这些问题时，企业应确保其回答与整体商业模式协调一致。例如，企业需要考虑目标客户的需求和偏好，以确保制定的客户关系策略能够吸引并满足这些客户。企业的价值主张也应与客户关系策略紧密相连，清晰地传达出企业能为顾客提供的独特价值。同时，由于客户关系的长期稳固性直接关系到企业的长远发展，因此在设计策略时，企业还需要特别关注它的可持续性和长期影响。

图10-2-1展示了一家位于某城市中心的高端健身房的客户关系。其专注于满足中高收入和专业健身人士的需求，通过优越的地理位置、专业的品牌营销和坚实的合作伙伴关系吸引客户，通过优质服务、会员制度和定期沟通维护客户关系，通过私人教练服务、增值服务和推荐奖励提升客户忠诚度。

10.2.6 文本
某高端健身房商业模式画布之客户关系

同时，专业团队、客户反馈机制和预约系统为客户提供了全面支持。社交媒体互动和会员社区则形成了积极的社区与网络效应。这些精心设计的策略使得该健身房能够有效地吸引、维系并提升与目标客户的关系，确保其商业模式的有效运作和业务的持续增长。

重要伙伴	关键活动	价值主张	客户关系	细分客户
		为客户提供卓越的健身环境、专业的教练团队、全面的健身服务和独特的社区文化，让他们在健身的过程中享受到无与伦比的体验和价值	客户获取策略、客户维护策略、客户提升策略、客户支持与服务、社区与网络效应	核心客户群：中高收入群体，包括企业高管、健身专业人士和富裕的健身爱好者。
	关键资源		渠道通路	重要客户群：对健身有特别需求的人，如运动员、模特、演员等
			地面推广、企业合作、社区活动、官方网站和移动应用	
成本结构			收入来源	

图 10-2-1 高端健身房商业模式画布之客户关系

三、商业模式画布的出发点

思考讨论

当我们准备构建一个新的商业模式时，应该首先从哪里出发：是从市场的需求出发，还是从企业自身的能力出发？请思考这两种出发点的优劣势，并探讨在构建成功的商业模式时如何在这两者之间找到最佳的平衡点。

1. 从需求出发与从能力出发

当我们站在商业模式画布的起点，准备描绘未来的商业蓝图时，我们将面临一个选择：是从市场的需求出发，还是从自身的能力出发？然而，无论从哪里出发，这两条路径都如同两条汇聚的河流，最终将在商业模式中实现交融。

（1）从需求出发：聆听市场的声音

从需求出发，意味着我们将耳朵紧贴市场，细心聆听每一个关于潜在客户需求和尚未满足的期望的声音。通过深入的市场调研，我们努力洞察客户的真实痛点，然后以此为起点，设计出能够精准消除这些痛点的产品或服务。这种方式要求企业具备极高的市场敏感度和深刻的客户理解力，能够将市场的微妙变化转化为具体的商业机会。

（2）从能力出发：发挥自身的优势

从能力出发，意味着我们通过挖掘自身的技术、资源、经验等，以最大化地发挥它们的价值。这种方式强调对自身的清晰认识，相信企业拥有独特的能力为客户创造真正的价值。通常，从能力出发构建商业模式意味着企业拥有某种独特的、难以被模仿或替代的核心能力或资源。

无论是从市场的需求出发，还是以企业的能力为起点，成功的商业模式都需要在需求和能力之间找到完美的平衡。好的商业模式不仅能够敏锐地捕捉市场需求，还能够将这些需求与企业的核心能力紧密结合，进而获得竞争优势。

10.2.7 视频
"如果人类可以在水下呼吸"与"你发明了一个水下呼吸器"的商业机遇分析

2. 从需求出发开始旅程

我们已经探讨过"我们经营……"项目的情境：作为没有任何特殊能力或资源的普通人，我们该如何做？正因如此，在运用商业模式画布进行项目构思时，我们选择以市场需求作为切入点。这是因为我们不能假定自己拥有特别出众的能力或资源，相对而言，从市场客户的需求出发更为切实可行和可靠。

从需求出发构建商业模式，首先需要识别和理解市场上的客户需求。这种需求可能是明确的，也可能是潜在的、尚未被完全揭示的。通过深入的市场调研、与客户的直接交流，以及对市场趋势的敏锐洞察，企业可以逐步明确这些需求，并将它们转化为具体的商业机会。

在明确了市场需求后，如何将这些需求转化为具体的产品或服务，便成为下一步的挑战。这要求企业不仅要有创新精神，更要具备将市场需求快速转化为有竞争力的产品或服务的能力。在这个过程中，企业需要对市场趋势有准确的把握，并且能够迅速响应市场的变化。

10.2.8 视频
从游戏开发到模式设计

接下来，我们就可以一步一步完成旅程了，包括选择渠道通路、确定客户关系、设计关键业务、部署核心资源、确定盈利方式等。旅程并非一成不变，我们会根据实际情况不断调整，有时甚至需要回头重新审视和修正之前的道路。这就像解密一样，需要不断寻找新的线索，收集更多的数据，最终完成商业模式的设计。

3. 从需求出发的两模块

在商业模式画布中，以需求为起点，我们首要关注的是构成商业模式基石的"细分客户"和"价值主张"两大核心模块。

（1）细分客户

在这一模块中，我们需要详细描述我们的目标客户群体，包括他们的特征、需求、期望以及痛点等。通过深入了解客户，我们可以更好地定位我们的产品或服务，以满足他们的具体需求。

例如，如果我们的项目是面向年轻人的时尚服装品牌，那么我们的细分客户可能就是追求时尚、注重个性的年轻人。他们需要独特、有设计感的服装来展示自己的个性和品位，同时他们也期望这些服装能够具有高性价比。

（2）价值主张

价值主张模块则要明确我们能为目标客户提供的独特价值是什么。这需要我们提炼出产品或服务的核心竞争力，以及它们如何解决客户的痛点或满足客户的需求。

继续以时尚服装品牌为例，我们的价值主张可能是"提供独特、有设计感的时尚服装，以合理的价格满足年轻人对个性和品位的追求"。这样的价值主张直接回应了细分客户的需求，并突出了我们的核心竞争力。

在明确了"细分客户"和"价值主张"之后，我们就可以根据这两个核心模块来构建和完善整个商业模式画布。这将涉及如何设计和提供符合客户需求的产品或服务、如何通过有效的渠道与客户建立联系等问题。

10.2.9 文本 画布中填入细分客户与价值主张——以 Elite Fitness 为例

"我来经营……"项目的摇钱树

针对"我来经营……"项目，应用商业模式画布，思考以下问题，并在画布相应位置填入内容。

1. 细分客户：你们的目标客户是谁？其主要特征和需求是什么？
2. 价值主张：产品或服务的独特之处和优势是什么？如何让客户认可和选择你们？
3. 渠道通路：规划和选择合适的渠道，考虑线上和线下的多种渠道组合？
4. 客户关系：如何增强客户黏性？如何促进客户的复购和口碑传播？

任务三　画布左端，建护城河

在商业模式画布中，左端部分主要包括核心资源、关键业务以及重要伙伴等模块。这些模块共同构成了企业的护城河，即企业保持竞争优势和防止竞争对手侵蚀其市场份额的能力。

一、如何挖护城河：关键业务

思考讨论

当你找到了一个绝佳的商业点子，但缺乏足够的保护措施或竞争优势（即没有护城河），那么你的商业点子可能面临哪些风险和挑战？如果你想构建护城河，你应该做哪些重要的事情？

_____

_____

1. 企业要做的重要事情

在商业模式的构建中，"关键业务"是挖掘和巩固企业核心竞争力的重要一环，描述的是保障商业模式正常运行所需要做的重要事情。

以一只能够产下金蛋的鸡为例，若要使这只鸡持续产出金蛋并实现其潜在的经济价值，就需要精心管理一系列关键业务。这些业务包括：饲养与日常管理、健康监测与疾病预防、安全保障，以及金蛋的市场营销和销售渠道开发。

首先，饲养与日常管理是确保这只鸡健康高产的基石。我们必须为其提供营养均衡的饲料和舒适的生活环境。这要求我们投入资源研究饲料配方，并定期进行鸡舍的清洁与维护工作。

其次，健康监测与疾病预防对于保持鸡的生产力并避免遭受经济损失至关重要。因此，定期的健康检查以及疫苗接种、驱虫等防疫措施是必不可少的。

再次，我们必须采取严密的安全保障措施来保护这只鸡，以防范任何潜在的盗窃或破坏行为。这些措施可能包括加固鸡舍结构、安装监控设备，以及严格限制对鸡舍的访问权限等。

最后，仅仅拥有优质的产品（这里是金蛋）是不够的。我们还需要通过高效的市场营销策略和畅通的销售渠道来推广我们的产品。这需要我们与分销商建立紧密的合作关系，并积极开展各类促销活动。通过完成这些重要事情（关键业务），我们才可以确保这一商业模式的正常运行。

10.3.1 视频
爱有回音创意与实施

2. 通过价值链识别关键业务

商业模式描述了企业创造价值、传递价值并最终获取价值的方式。在这个过程中，关键业务是确保商业模式正常运行的重要环节。为了向客户提供价值，企业可以借助价值链的帮助。

价值链是企业创造、传递和获取价值的一系列活动的集合。这些活动可以被划分为基本活动和辅助活动两大类。基本活动也被称为主要活动,直接参与产品或服务的创造、销售和交付过程。而辅助活动致力于为主要活动提供必要的支持和促进,包括技术开发、人力资源管理以及基础设施建设等。

在价值链中,关键业务是指那些对企业商业模式运行和实现盈利提供重要保障的活动。这些关键业务可能涉及研发创新产品、优化生产流程、降低物流成本或提供卓越的客户服务等方面。

为了准确识别这些关键业务,企业需要深入剖析其价值链中的每一个环节,明确每个活动是如何为企业创造价值的,以及哪些活动对企业的成功起到至关重要的作用。这一过程通常需要对市场需求、竞争环境、技术趋势以及企业内部能力有全面的了解。

一旦成功识别出关键业务,企业就可以有针对性地集中资源和精力,以提升自身的竞争力和市场地位。同时,企业还需要持续监控这些关键业务的表现,确保其能够随着市场环境和客户需求的变化而得到及时的调整和优化。

10.3.2 文本
童话主题餐厅
关键业务分析

3. 在画布中填入关键业务

关键业务不仅指企业日常的运营活动,它们更是那些对创造、传递和获取价值具有决定性影响的核心业务活动。在商业模式画布中填写这一板块时,我们必须深思熟虑,确保准确识别出那些构成企业成功基石的业务活动。

首先,我们要识别企业在创造价值过程中的关键活动。这可能包括产品研发、设计、生产制造等,这些活动直接关系到企业产品或服务的形成,是决定企业竞争力的基础。

其次,传递价值的关键业务也同样重要。市场营销、品牌推广、销售渠道建设等活动,都是确保企业产品或服务能够有效触达目标客户的关键。

最后,在获取价值的过程中也涉及一系列关键业务,如客户关系管理、售后服务、收款与财务管理等,这些活动直接影响到企业的盈利能力和持续运营。

在填写商业模式画布中的关键业务时,我们需要全面考虑上述各个方面,确保不遗漏任何一个对企业价值创造和获取至关重要的环节。通过这样的分析,企业可以更加清晰地认识自身的核心优势,从而合理优化资源配置,提升整体运营效率。

总之,准确填写商业模式画布中的关键业务,有助于企业构建一个完整、高效的商业模式框架。这不仅将为企业的长远发展奠定坚实基础,还能使企业在激烈的市场竞争中保持领先地位,实现持续稳健的发展。

10.3.3 文本
画布中填入关键业务——
以 Elite Fitness 为例

二、挖护城河所需：核心资源

思考讨论

护城河对于企业来说至关重要。在构建企业护城河的过程中，除了明确需要执行的行动步骤外，还有哪些关键资源或要素是不可或缺的？请思考并探讨这些要素在形成和维持企业竞争优势中的具体作用。

_____

_____

1. 企业用到的重要东西

核心资源是企业在实现价值创造过程中不可或缺的要素，是确保商业模式有效运行所必需的重要东西。它们可以是有形的，如生产设备、技术专利；也可以是无形的，如品牌、客户关系、管理团队等。核心资源不仅是企业竞争优势的来源，也是企业制定战略和进行决策的基础。

在商业模式画布中明确列出这些核心资源，有助于企业更好地理解和利用自身的优势。在识别核心资源时，企业需要思考以下几个问题：我们的价值创造中最关键的要素是什么？哪些是我们区别于竞争对手的独特之处？哪些是我们难以被模仿或替代的？

以一家专注于生产高性能运动鞋的企业为例。在思考什么是价值创造中最关键的要素时，该企业认识到，这一要素是其创新性的鞋底材料技术。这种技术将轻质、耐用性和出色的弹跳性能结合起来，为运动员提供了卓越的运动体验，成为吸引顾客和保持市场竞争力的核心支持。

为了探寻哪些资源构成了该企业与竞争对手的差异化优势，该企业发现，答案就在其独有的鞋底材料配方中。这一配方历经多年的研发与改进，确保了其产品独具一格且品质卓越，令竞争对手望尘莫及，难以简单复制。在进一步识别哪些优势是竞争对手难以被模仿或取代时，企业意识到，其研发团队所具备的专业知识和创新能力，以及专有技术的独特性和领先性，都是企业保持领先地位和持续创新的关键。

10.3.4 视频
你不是对手

2. 企业成功的秘密武器

在商业竞争中，核心资源犹如企业的"秘密武器"，它们不仅赋予企业独特的竞争优势，而且是企业持续成功和实现目标的坚实基础。

为了更好地理解这一点，让我们设想一个例子：如果你拥有一只能下金蛋的鸡，这只鸡每天为你产下一个金蛋，销售这些金蛋能为你带来稳定的收入。这里的金蛋并不是你的核心资源，而是产品。真正的核心资源，是那只能够持续下金蛋的鸡，因为没有它，金蛋就无从谈起。这只鸡，就是你财富源源不断而来的"秘密武器"。

将核心资源转化为实际能力，是企业获得竞争优势、深挖护城河的关键。华侨城在起步阶段，成功打入旅游开发市场，取得了初步的成果。但在这个阶段，他们对于自身真正具有竞争优势的核心资源尚无明确的认知，也不清楚如何将这些资源转化为市场上的长久优势。

10.3.5 视频
万达院线的爆米花

然而，随着时间的推移和市场经验的积累，华侨城开始认识到自己的强项所在，并明确了以"旅游＋地产"为核心的商业模式。在这个过程中，华侨城识别出了自己的核心能力——主题公园的开发和运营能力。他们发现，通过精心打造和运营主题公园，不仅能够吸引大量游客，还能有效提升周边地产项目的价值。于是，华侨城开始有意识地整合这两项业务，将主题公园的开发运营与地产开发紧密结合，形成了一种独特的商业模式。

3. 在画布中填入核心资源

在应用商业模式画布的过程中，对核心资源的识别和定义是重要的一步。这些资源构成了企业成功实施商业模式不可或缺的基础，对于创造和维持竞争优势、推动盈利增长具有决定性影响。

为了识别和确定核心资源，企业必须对其自身的能力和资源进行深入的分析。这既包括有形资产，如设备、设施等，也包括无形资产，如品牌、专利、知识产权和人力资源。

10.3.6 文本
画布中填入核心资源——以 Elite Fitness 为例

以某高端健身房为例，其核心业务集中在个性化健身训练和团体课程上。为了支撑这些关键业务，该健身房拥有以下核心资源。

高端健身设备，以确保会员能够享受到顶级的健身体验。

专业教练团队，他们通过长时间的培训和实践，具有深厚的专业知识和优秀的教学技能。

优雅的健身环境，为会员营造一个舒适、高端的锻炼氛围。

先进的会员系统，实现高效的会员服务和管理。

在商业模式画布中填入这些核心资源时，应简洁明了地描述每一项资源，并强调其重要性和价值所在。例如，在"核心资源"一栏下，可以依次列出：高端的健身设备、专业的教练团队、优雅的健身环境、先进的会员系统。

这样的列举方式，不仅有助于企业内部团队清晰地认识到自身所拥有的核心资源，还能让外部的合作伙伴更好地理解企业的商业模式和竞争优势。

三、与谁挖护城河：重要伙伴

 思考讨论

人类是合作动物，擅长通过合作来达到共同的目标。在商业环境中，拥有一个好的合作伙伴至关重要。请思考并讨论以下问题：合作的基础是什么，也就是什么因素构成了稳固的商业合作关系的基石？好的商业伙伴应具备哪些特质？

1. 做你原本做不了的事

每个企业都有其独特的优势和擅长的领域，这些构成了企业发展的"长板"，是企业核心竞争力的体现。然而，企业也存在很多非核心业务或不擅长的业务领域，这些即企业的"短板"，可能会限制其进一步发展。为了最大化效率和效益，企业应专注于强化自身的"长板"，而将"短板"领域交给专业的重要伙伴去处理。

在商业世界中，挑战层出不穷，如技术难题、市场拓展困境等，这些都是企业难以独自应对的。此时，"重要伙伴"的价值就显现出来了。他们如同企业的得力助手，与其共同面对并攻克这些难关，助力企业实现原本无法单独完成的目标。

以供应链中的供应商和分销商为例，他们不仅为企业提供资源和渠道支持，还可能共同参与到产品研发、市场推广等环节中。这种深度参与和协同作战的方式，使得企业可以全面利用外部资源，提升自己的竞争力。

通过与重要伙伴的紧密合作，企业能够实现运营成本的降低和运营效率的提升，进而更灵活地应对市场变化。此外，这种合作还使企业能够拓宽视野，洞察到更多的商业机会，为业务拓展提供有力支持。

这种合作共赢不仅能推动企业的快速发展，而且能在激烈的市场竞争中为企业构筑坚实的竞争壁垒。通过强强联合，企业能够更好地应对外部挑战，确保在商业世界中获得持久成功。

10.3.7 视频
形形色色的合作伙伴

2. 互补和信任是基础

在商业世界中，与重要伙伴建立稳固的关系是构建强大竞争力的关键。这种关系依赖于两大核心要素：互补和信任。互补性使得合作双方能够在资源、能力或市场策略上形成强大的合力，从而共同面对市场的种种挑战；而信任则如同合作的润滑剂，确保这种联手能够持久并稳定发展。

"龟兔赛跑"的寓言故事为我们提供了一个生动的例子。设想，如果龟和兔能够抛弃竞争，转而选择合作，那么他们各自的长处将得到充分的展现和利用。在陆地上，兔子可以驮着乌龟飞驰；而在水路中，乌龟则能载着兔子前行。这样的合作，不仅放大了他们各自的优势，还实现了双赢。

10.3.8 视频

华为向东，联想向西

但合作的成功，并不仅仅依赖于优势的互补性。在携手共进的过程中，双方必须建立起信任关系。这种信任，需要时间的沉淀、精心的栽培和共同的经历来逐步加深。例如，兔子可能会心存疑虑，担心在水路中乌龟会故意下沉，从而危及自己的安全。这种不信任的情绪，就像一颗隐形的炸弹，随时可能摧毁双方的合作。

然而，一旦双方成功建立起信任关系，那么合作将变得更加顺畅和高效。双方可以更加放心地分享敏感的商业信息、核心的资源以及宝贵的经验。这种开放和共享的态度，将极大地增强双方应对市场挑战的能力，同时为彼此的成长和发展提供强大的动力。

3. 在画布中填入重要伙伴

在商业模式画布中，重要伙伴在帮助企业实现其价值主张、推动关键业务以及获取核心资源方面扮演着举足轻重的角色。正确识别并填入这些重要伙伴，有助于企业更加清晰地理解其商业模式，并为未来的战略规划提供有力支持。

首先，企业要识别出那些在实现企业价值主张方面起到关键作用的伙伴。这些伙伴可以提供必要的服务、技术或资源，以确保企业按照既定的价值主张为客户提供满意的产品或服务。

10.3.9 文本

画布中填入重要伙伴——以 Elite Fitness 为例

其次，企业要找出那些在推动关键业务活动方面发挥重要作用的伙伴。这些伙伴可能参与了企业的生产、销售、物流等关键环节，为企业的正常运营提供保障。例如，供应商就是典型的重要伙伴，他们确保企业能够及时获得所需的原材料。

最后，企业还需要关注那些在获取核心资源方面给予支持的伙伴。这些伙伴可能在持续为企业提供资金、人才、技术或其他关键资源，以帮助企业不断提升自身竞争力。例如，金融机构、科研机构和人才培训机构等，都可能成为企业的重要伙伴。

通过将这些重要伙伴填入商业模式画布，企业可以更加清晰地看到自身与外部环境之间的互动关系，从而更好地规划未来的发展战略。同时,这也有助于企业识别并管理与这些伙伴之间的合作关系,确保双方能够在共同的目标下携手前进。

小组任务

"我来经营……"项目的护城河

请针对你们小组的"我来经营……"项目,运用商业模式画布,清晰地界定项目的关键业务、核心资源和重要伙伴。在此过程中,深入思考这些元素是如何相互结合进而实现价值创造的,并进一步探讨它们是如何共同构建企业的竞争力,从而筑起企业的防护壁垒,即企业的"护城河"的。

任务四 画布底部,找盈利模式

商业模式就是要回答以何种方式让客户心甘情愿地掏钱等一系列问题。好的商业模式很难描述,但是有一个核心特征就是相同运营效益下能赚取比对手更高的利润,能算得过别人算不过来的账。例如,Zara 就比其他服装企业更会算账:"店面+服装款式"比"广告+代言明星"更划算,"追求速度"比"物流浪费"更划算。

一、盈利模式与商业模式

思考讨论

假设你是一位创新者,想要推出一项全新的"星空体验服务",让客户能够在城市中心就观赏逼真的星空,并感受宇宙的浩瀚与神秘。你将如何构建你的商业模式来提供这项独特的服务?请同时设计出你的盈利模式。

_____

_____

1. 一块钱变成一块一毛钱

据说,硅谷风险投资顾问罗伯森·斯蒂文曾向亚信创始人田溯宁提出一个问题:"你们公司的商业模式是什么?"田溯宁反问道:"什么是商业模式?"罗伯森进行了通俗的解释:"商业模式是指一块钱通过你的公司绕了一圈,变成一块一毛。"

为了帮助理解，我们可以设想一个魔法果汁摊。摊主有一种魔法，能将普通水果转化为美味果汁。他每次只花费一块钱购买水果。顾客来到摊位时，他用魔法将水果变成诱人的果汁，并以一块一毛的价格出售。这里的"一块一毛"即果汁的售价。

在这个例子中，摊主的"成本结构"包括购买水果、租赁摊位、准备制作工具以及掌握魔法配方的费用，而其主要"收入来源"则是果汁的销售。那么多赚取的"一毛钱"从何而来呢？这其实是摊主通过其独特的魔法为果汁增加的附加值。这个"一毛钱"反映了顾客对美味果汁的认可和支付意愿，它确保了摊主的投入能得到回报，从而实现盈利。

通过这个例子，我们可以进一步理解商业模式画布底部的"成本结构"和"收入来源"。这两部分决定了企业的盈利模式，即企业如何创造和获取价值。通过优化成本结构和提高收入来源，企业可以实现更高的盈利目标。在这个例子中，"一毛钱"的增加就是盈利模式的具体体现。

10.4.1　视频
商业与盈利

2. 收支有道，盈利自然

利润＝收入－成本，这一简单的公式揭示了企业的盈利模式。为了提升利润，增加收入或降低成本就是企业经营策略的核心。迈克尔·波特的竞争战略理论为企业提供了两种主要战略选择：低成本战略和差异化战略。

通过实施差异化战略，企业可以提供高品质、高附加值的产品或服务。这种策略的核心在于创造独特性，使消费者愿意为之支付更高的价格。虽然成本相对较高，但高价销售仍能确保实现盈利。

而低成本战略侧重于通过精细化管理、技术创新和实现规模效应等手段来降低生产成本和运营成本。这一战略的目的是在售价不高的情况下，通过出色的成本控制来扩大利润空间。

10.4.2　视频
烂片也能成为
赚钱机器

以电影公司为例，它们主要通过票房收入、版权销售和衍生品销售等方式实现盈利。然而，拍摄出观众喜爱的好电影是这些盈利方式的基础。电影公司面临的挑战在于，每次推出新作品都需要不断创新和突破，因为简单的重复往往难以获得观众的认可。这使得电影行业充满了不确定性和风险。

有趣的是，有一些电影公司却采用低成本、快速制作和蹭大片热点的策略，即通过雇用不知名演员、简化制作流程和减少特效等方式降低成本。同时，他们擅长利用大片热点吸引观众。这种策略在满足观众吐槽需求的同时，也为企业带来了可观的盈利。

3. 从盈利方式看商业模式

想象一下，你开了一家小餐馆。你的商业模式就像是这家餐馆的整体运营规划：你的目标客户是谁？你的菜单上有哪些招牌菜？这些美味佳肴如何烹饪出炉？又该如何招揽食客？这些都是构建商业模式要考虑的问题。简单来说，商业模式就是关于你怎么做生意的整体思路。

而盈利模式呢？它更像是你的赚钱秘籍。还是以餐馆为例，你的盈利模式可能是通过卖出的每一道菜来赚钱，同时通过酒水、特色小吃等增加额外收入。盈利模式关注的是如何从生意中实实在在地赚到钱。

10.4.3 文本
快跑项目的
商业模式分析

商业模式涵盖企业为实现商业目标所采取的所有策略和方法。盈利模式则是商业模式中的一个重要子集，可以看作是商业模式中关于"如何赚钱"这一部分的实施细节。同时，商业模式的其他要素，如价值主张、细分客户等，必须与盈利模式相协调，以确保企业能够在竞争激烈的市场中成功地创造和获取价值。

多年前，某创业者提出了一个创业项目，如图 10-4-1 所示。这是一个有趣的项目，如何使这个项目盈利，是检验一个人商业头脑的试金石。遗憾的是，大多数人都没有理解这位创业者的商业模式和盈利方式。大多数人误以为他的收入主要来源于跑腿费，但实际上，该项目的真正盈利点在于获取商品的差价。其商业模式为：无店铺销售＋快速到家。

图 10-4-1　快跑项目的业务

二、获利起始处：收入来源

思考讨论

假设你打算开一家健身会所，准备做一个大胆的创新：健身免费。那么，在这样一个前提下，请思考你可能的收入来源有哪些？你如何通过其他方式实现盈利，以保证你的健身会所长期运营下去？

_____

_____

1. 选择适合的收入方式

当我们谈论企业的收入类型时，实际上是在探讨企业可以通过哪些途径来赚钱。这些途径多种多样，每一种都有其独特的性质和适用场景。它们不仅反映了企业所处的行业特性，也体现了企业在价值链中所扮演的角色以及其对市场的回应方式。

以下是常见的几种收入类型。

商品销售收入：企业最直接的收入方式，通过销售商品获得利润，依赖于产品的市场需求、定价、销售渠道和品牌知名度。

服务收入：服务型企业的主要收入，如提供如咨询、维修、教育培训等服务，并据此收费。服务质量和专业度是盈利关键。

订阅收入：企业提供定期更新的内容或服务，用户对此付费。企业须持续提供有价值的内容，保持用户忠诚度和提升用户续订率。

授权收入：企业通过授予专利、商标、版权等获得收入。取决于知识产权价值、被授权方支付能力和协议条款。

广告收入：适用于拥有大量用户的平台，通过展示广告获得投放费用，与平台流量、用户黏性和广告效果相关。

交易费用：中介或平台的收入方式，通过促成交易并收取佣金或手续费盈利，取决于交易规模、用户信任度和费用结构。

10.4.4　视频

头脑风暴：一家健身房可能的收入方式

选择适合的收入类型对企业盈利和增长非常重要，不同的收入类型适应不同的发展阶段、市场环境和竞争策略。企业应根据自身情况灵活选择并优化收入结构，以实现长期稳定的发展。

2. 不是所有的钱都要赚

一家健身房里，会员的汗水与热情交织在一起，私人教练在一旁指导，而柜台上则摆放着各式各样的健身器材和营养品。这些都有可能成为健身房的收入方式。然而，为了确保健身房的长期稳定发展，并在激烈的市场竞争中脱颖而出，健身房需要策划并选择其主要的收入方式。

在商业世界中，企业会面临很多赚钱机会。然而，"不是所有的钱都要赚"这一观念提醒我们：企业在选择赚钱途径时，应有明确的策略和选择性。

以一家制药公司为例，当其研发出一种特效药时，本可以通过高昂的定价来获取巨额利润。然而，该公司并未选择这条路。因为它深知，过高的价格会阻碍许多患者获得治疗，这与公司秉承的"为公众提供可负担药品"的使命相违背。因此，公司决定采用更为合理且患者可负担的价格策略。

同样地，专注于高端市场的奢侈品品牌，不会因短期利益而涉足低端市场，以免损害其精心塑造的品牌形象和市场地位。同样，提供专业技术服务的企业也会选择与自身业务高度相关的盈利模式，避免涉足不相关的收入领域。

"不是所有的钱都要赚"的理念强调，企业在选择盈利途径时，必须综合考虑自身使命、愿景和长期战略，而非仅仅关注眼前的利益。有时，放弃某些诱人的短期利润，反而能为企业带来更稳健、更长远的发展。

10.4.5 文本

从"想做，可做，能做"分析"不是所有的钱都要赚"

3. 在画布中填入收入来源

商业模式画布中的"收入来源"部分，是解析企业如何盈利的关键环节。它详细描绘了企业通过哪些业务活动实现现金流入。为了准确填写这一部分，企业需要明确识别出其产品或服务如何为客户创造价值，并将这些价值转化为自己的收入。

以某知名高端健身房为例，其收入来源包括以下几部分：会员费、私人教练费、团体课程费、餐饮销售收入、零售商品收入及场地租赁费。其中，会员费占比最高，占总收入的60%左右，这得益于其专业的服务和良好的健身环境。私人教练费也占据了总收入的20%，并持续稳定增长，反映出市场对个性化健身指导的需求十分强烈。此外，团体课程售卖、餐饮销售、健身相关零售商品的销售以及场地租赁等，也为健身房带来了稳定的收入。

为了确保收入的稳定性和持续增长，该健身房实施了多项有效措施，包括定期更新团体课程内容以保持新鲜感，对私人教练进行持续的专业培训以提升服务质量，不断优化会员服务体系以增强客户满意度，同时加大市场营销力度进一步扩大品牌影响力。

商业模式是一套组合拳，这意味着这些收入来源应与商业模式画布中的其他模块相互关联，如精确的细分客户、独特的价值主张、多样化的渠道通路、稳固的客户关系以及重要的合作伙伴等。它们相互补充，共同支撑着商业模式的成功运行。

10.4.6 文本

某高端健身房的商业模式画布之收入来源

三、价值链背后：成本结构

思考讨论

假设你是一位太空旅游公司的创始人，你计划为客户提供一次前所未有的太空体验。太空旅行无疑是激动人心的，但提供这样的服务也会带来巨大的成本，包括高科技设备的维护、宇航员的培训、安全保障等。你有哪些策略来优化成本结构，以确保太空旅游服务在实现盈利的同时，也能为客户提供一次难忘的旅程？

1. 价值链背后：成本链

在商业世界中，有一个普遍受到认可的说法：世上没有免费的午餐。这意味着，当企业为消费者创造价值并提供产品或服务时，其背后必然伴随着一系列的成本和资源消耗。这些成本并不是凭空产生的，而是与企业创造价值的过程紧密相连。

10.4.7 文本
避难所公司（The Asylum）的价值链与成本结构

迈克尔·波特提出的价值链概念，很好地阐述了这一点。价值链描述了企业从原材料采购到最终产品销售的所有活动。这些活动包括内部后勤、生产作业、外部后勤、市场和销售以及售后服务等基本活动，以及采购、技术开发、人力资源管理和企业基础设施建设等辅助活动。每一个环节都在为最终的产品或服务增加价值，但同时也产生了相应的成本。

换句话说，价值链的另一面就是成本链。如图 10-4-2 所示，在创造价值的过程中，企业需要投入各种资源，如原材料、劳动力、资金、技术等，并承担相应的成本。这些成本是企业运营不可或缺的部分，也是企业维持和提升竞争力的基础。

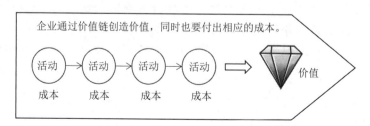

图 10-4-2 价值链的另一面是成本链

因此，要理解一个企业的盈利模式，就必须深入分析其价值链和成本链。只有了解了企业在创造价值过程中所产生的所有成本，才能更准确地评估企业的盈利能力和市场竞争力。同时，通过优化价值链和降低成本，企业也可以提升自身的盈利能力和市场竞争力。

2. 视之有度，用之有节

(1) 视之有度：清晰洞察，精准衡量

"视之有度"要求企业准确地衡量各项成本，并深入了解它们对整体盈利能力的影响。为实现这一目标，企业需要做到以下几点。

深入洞悉市场趋势，以便准确预见未来成本的可能变动。

敏锐分析竞争对手的成本结构，发掘和保持自身的优势。

对自身财务状况有清晰认识，确保成本数据的准确性。

(2) 用之有节：精打细算，控制成本

"用之有节"强调企业应精打细算，确保资金得到效利用。以下是一些具体措施。

合理规划各项支出，确保资金根据战略重要性进行分配。

采取高效的运营策略和优化流程，以降低日常运营成本并提升整体工作效率。

保持投入与产出的均衡，以实现企业的长远发展。

(3) 优化成本结构，提升盈利能力

在理解了"视之有度，用之有节"的理念后，就可以进一步探讨如何优化成本结构以提高企业的盈利能力。以下是一些常见的做法。

10.4.8 视频

避难所公司（The Asylum）的取舍之道

降低固定成本：例如，通过以租代买、使用共享资源等方式减少固定资产投入。

减少变动成本：寻找成本更经济、质量更稳定的供应商，通过技术创新提高生产效率。

提高运营效率：引入先进的系统，实现流程自动化和智能化，降低人工成本。

控制营销成本：精准定位目标市场，通过高效的策略提高品牌知名度和扩大市场份额。

3. 在画布中填入成本结构

在商业模式画布中，成本结构描述了企业运营过程中所涉及的成本，不仅反映了企业在提供产品或服务时的资源投入，还体现了企业的管理效率和盈利能力。下面通过一个实例来具体说明，如何填写商业模式画布的成本结构部分。

以某电商公司为例，他们首先确定了几个关键的成本类别，包括商品采购成本、运营成本、物流成本、市场营销成本和人力资源成本。然后，他们对每个类别进行了详细的拆解。例如，商品采购成本被进一步细分为各类商品的直接采购费、相关税费，以及退货和商品损耗成本等。

10.4.9 文本
填入成本结构——
以某电商公司为例

在完成上述工作后，团队对每个成本项目进行了金额和比例的估算。结果显示，商品采购成本占总成本的40%，是占比最大的成本项目。估算完成后，他们对这些信息进行整理，并将其填入商业模式画布的"成本结构"部分。为了更直观地展示这些信息，他们还利用图表显示各类成本在总成本中的比例。

经过深入分析，团队发现商品采购和物流成本占比较大。因此，他们将这两部分作为成本优化的重点。为此，他们决定采取一系列措施，包括优化供应链管理以降低商品采购成本，提升物流效率以减少物流成本，实施精准的市场营销策略以降低不必要的广告费用，以及通过培训和技能提升来提高员工工作效率，进而降低人力资源成本。

小组任务

"我来经营……"项目的商业模式设计

针对你们小组的"我来经营……"项目，利用商业模式画布设计并构建你们的商业模式。在这个过程中，你们需要深入思考并明确自己项目商业模式的九个关键模块，确保你们的商业模式既具有可行性，又能展现出独特的竞争优势。

版权声明

为了方便学校教师教授和学生学习优秀案例,促进知识传播,本书选用了一些知名网站、公司企业和个人的原创案例作为配套资源,部分案例根据网上或图书资料信息改写而成。基于对这些内容所有者权利的尊重,特在此声明:上述案例资源中所涉版权、著作权等权益,均属于原作品版权人、著作权人。在此,本书作者衷心感谢所有原始作品的相关版权权益人及所属公司对高等教育事业的大力支持!